Theater- und Tanzperformance zur Einführung

Gerald Siegmund

Theater- und Tanzperformance zur Einführung

JUNIUS

Junius Verlag GmbH
Stresemannstraße 375
22761 Hamburg
www.junius-verlag.de

Umschlaggestaltung: Florian Zietz
Titelbild: Meg Stuart, *A Long Lasting Affair*,
Tanzkongress Dresden 2019, © Klaus Gigga
Satz: Junius Verlag GmbH
Printed in the EU 2020
ISBN 978-3-96060-316-0

Bibliografische Information der Deutschen Nationalbibliothek
Die Deutsche Nationalbibliothek verzeichnet diese Publikation in der Deutschen Nationalbibliografie; detaillierte bibliografische Daten sind im Internet über http://dnb.dnb.de abrufbar.

Zur Einführung ...

... hat diese Taschenbuchreihe seit ihrer Gründung 1977 gedient. Zunächst als sozialistische Initiative gestartet, die philosophisches Wissen allgemein zugänglich machen und so den Marsch durch die Institutionen theoretisch ausrüsten sollte, wurden die Bände in den achtziger Jahren zu einem verlässlichen Leitfaden durch das Labyrinth der neuen Unübersichtlichkeit. Mit der Kombination von Wissensvermittlung und kritischer Analyse haben die Junius-Bände stilbildend gewirkt.

Seit den neunziger Jahren reformierten sich Teile der Geisteswissenschaften als Kulturwissenschaften und brachten neue Fächer und Schwerpunkte wie Medienwissenschaften, Wissenschaftsgeschichte oder Bildwissenschaften hervor. Auch im Verhältnis zu den Naturwissenschaften sahen sich die traditionellen Kernfächer der Geisteswissenschaften neuen Herausforderungen ausgesetzt. Diesen Veränderungen trug eine Neuausrichtung der Junius-Reihe Rechnung, die seit 2003 von der verstorbenen Cornelia Vismann und zwei der Unterzeichnenden (M.H. und D.T.) verantwortet wurde.

Ein Jahrzehnt später erweisen sich die Kulturwissenschaften eher als notwendige Erweiterung denn als Neubegründung der Geisteswissenschaften. In den Fokus sind neue, nicht zuletzt politik- und sozialwissenschaftliche Fragen gerückt, die sich produktiv mit den geistes- und kulturwissenschaftlichen Problemstellungen vermengt haben. So scheint eine erneute Inventur der Reihe sinnvoll, deren Aufgabe unverändert darin besteht, kompetent und anschaulich zu vermitteln, was kritisches Denken und Forschen jenseits naturwissenschaftlicher Zugänge heute zu leisten vermag.

Zur Einführung ist für Leute geschrieben, denen daran gelegen ist, sich über bekannte und manchmal weniger bekannte Autor(inn)en und Themen zu orientieren. Sie wollen klassische Fragen in neuem Licht und neue Forschungsfelder in gültiger Form dargestellt sehen.

Zur Einführung ist von Leuten geschrieben, die nicht nur einen souveränen Überblick geben, sondern ihren eigenen Standpunkt markieren. Vermittlung heißt nicht Verwässerung, Repräsentativität nicht Vollständigkeit. Die Autorinnen und Autoren der Reihe haben eine eigene Perspektive auf ihren Gegenstand, und ihre Handschrift ist in den einzelnen Bänden deutlich erkennbar.

Zur Einführung ist in der Hinsicht traditionell, dass es den Stärken des gedruckten Buchs – die Darstellung baut auf Übersichtlichkeit, Sorgfalt und reflexive Distanz, das Medium auf Handhabbarkeit und Haltbarkeit – auch in Zeiten liquider Netzpublikationen vertraut.

Zur Einführung bleibt seinem ursprünglichen Konzept treu, indem es die Zirkulation von Ideen, Erkenntnissen und Wissen befördert.

Michael Hagner
Ina Kerner
Dieter Thomä

Inhalt

Anhang

Vorwort

»Ist das überhaupt noch Theater?« oder »Das hat doch mit Tanz nichts mehr zu tun« – das sind typische Reaktionen von Zuschauer*innen, die man nach dem Besuch zeitgenössischer Theater- und Tanzaufführungen hören kann. Sie sind Ausdruck einer Theater- und Tanzpraxis, die sich in den vergangenen zwanzig Jahren radikal verändert hat und den Erwartungshorizont zahlreicher Zuschauer*innen durchbricht, vielerorts sogar enttäuscht. Viele zeitgenössische Theater- und Tanzkünstler*innen suchen mit ihrer Arbeit eine direktere Auseinandersetzung mit gesellschaftlichen Fragen und Problemen, als dies tradierte Vorstellungen von Theater als Inszenierung von Dramentexten oder von Tanz als Ausdruck universeller menschlicher Bewegtheit erlauben. Künstler*innen suchen Theater und Tanz als Erfahrungsraum zu begreifen, der Gesellschaft nicht nur repräsentiert, sondern in erster Linie auch modelliert und herstellt. Sie möchten gesellschaftlich intervenieren und Stellung beziehen. Zuschauer *innen möchten angesprochen und ins Geschehen involviert werden weit über die gängige Praxis distanzierter Betrachtung und empathischer Einfühlung hinaus.

Die vorliegende Einführung versucht, einen systematischen Blick auf diese Veränderungen zu werfen und Begriffe zu finden, die zu ihrer Beschreibung und ihrem Verständnis beitragen können. Dabei geht es nicht darum herauszufinden, was Theater und Tanz ›eigentlich‹ sind. Der Band möchte keine essenzialistische Definition von Theater und Tanz geben, sondern er möchte erkunden, was Theater und Tanz heute umtreibt, was sie tun, welche Formen und Formate sich entwickelt haben und worauf diese abzielen. Er wirft aus theoretischer Sicht einen Blick auf die Praxis, die den theoretischen Überlegungen immer vorausgeht. Um diesen Blick wagen zu können, ist zum einen ein Rekurs auf historische Phänomene wie die Avantgarde-Bewegungen und theoretische Positionen wie jene von Denis Diderot, Bertolt Brecht und Antonin Artaud unumgänglich. Diese werden jedoch nicht herangezogen, um eine Geschichte der Theater-, Tanz- oder gar der Performancekunst zu schreiben. Vielmehr geht es mir darum, ihre Relevanz für zeitgenössische Theater- und Tanzperformances herauszustellen, gleichsam ihr oftmals unbemerktes Fortleben im Heute zu akzentuieren. Sie stellen ihre Relevanz dadurch unter Beweis, dass ihre Konzepte unter stark veränderten gesellschaftlichen Bedingungen im Hier und Jetzt weitergedacht und verändert werden. Zum anderen greife ich auf einzelne Texte der philosophischen Ästhetik zurück. Dabei steht keineswegs im Vordergrund, ihr Denken in der Kunst wiederzufinden, sondern mit der Art und Weise, in der die Texte selbst über Theater und Tanz nachdenken, ein besseres Verständnis zeitgenössischer Praktiken zu ermöglichen.

Damit ein solches Unterfangen nicht eine bloße Auflistung von Kategorien wird, habe ich meine Überlegungen unter einen Leitbegriff gestellt, der einen übergeordneten Zusammenhang zwischen all den Einzelbeobachtungen herzustellen vermag. Für die eingangs beschriebenen Veränderungen sind bereits verschiedene Konzepte wie Partizipation, Intervention oder einfach ›die Rolle des Zuschauers‹ in Zirkulation. Demgegenüber hat sich hier der breiter aufgestellte, auch traditionelle Zuschauerpositionen beinhaltende Begriff der *Situation* als tragfähig erwiesen. Zeitgenössische Theater- und Tanzperformances stellen Situationen her. Was dies bedeutet, darum soll es in diesem Buch gehen. Damit versucht es auch, einen theoretischen Beitrag zur Definition der Theatersituation zu leisten.

Deutlich wird dabei, dass Theater und Tanz vielfach ineinander übergehen, mithin ein modernistisches Verständnis von Gattungen mit spezifischen Eigenschaften und Verfahren, die ihre Grenzen hin zu anderen Kunstformen bestimmen, nicht mehr haltbar ist. Theater und Tanz stehen heute vielmehr in einem differenziellen Verhältnis zueinander: Das Theater wird körperlich, der Tanz diskursiv und theatral. Für diese grenzüberschreitenden Formen, die sich keiner Gattung mehr eindeutig zuordnen lassen, hat sich Performance als eine Art *umbrella term* eingebürgert. Die vorliegende Einführung verwendet den Begriff in eben diesem Sinne und nicht als Beschreibung eines im Feld der bildenden Kunst in den 1960er Jahren entstandenen eigenen Genres, wobei auch hier selbstredend die Übergänge zu tänzerischen und theatralen Praxen fließend sind. Dem differenziellen Verhältnis der Künste zueinander versucht das Buch auch in der Auswahl der Beispiele Rechnung zu tragen. Für die einzelnen Punkte werden, so möglich, Beispiele aus beiden Bereichen angeführt, um parallele Entwicklungen, aber auch Unterschiede, die keineswegs verschwiegen werden sollen, aufzuzeigen. Der Kürze des Formats ist es geschuldet, dass die Beispiele, so ungerecht es den einzelnen Produktionen gegenüber auch sein mag, oft nicht in ihrer ganzen Komplexität analysiert werden können. Dies würde den vorgegebenen Rahmen bei Weitem sprengen. Die ausgewählten Beispiele sind subjektiver Natur, in der Regel also entweder meiner eigenen Seherfahrung oder meiner Überzeugung von ihrer Relevanz geschuldet, wobei oft ein exemplarischer Aspekt mit Blick auf das verhandelte Problem ausschlaggebend für die Auswahl war.

Warum also eine Einführung in die Theater- und Tanzperformance? Um was »geht es«? Es geht um nichts Geringeres als um die Grundfrage nach der Relevanz von Kunst, bei der sich Menschen begegnen. Da sich Theater und Tanz stets nur relational zu ihrem jeweiligen historischen, gesellschaftlichen und ökonomischen Umfeld re-formieren und Bedeutung erlangen, ist diese Frage nie endgültig zu beantworten, sondern immer wieder neu zu stellen. Das vorliegende Buch kann daher mit der Frage nach der Relevanz von Kunst auch nicht fertig werden. Es versucht sie lediglich neu zu stellen. Mein besonderer Dank gilt an dieser Stelle Eva Holling für ihre kritischen Anmerkungen und Anregungen, die zur Klarheit des Arguments wesentlich beigetragen haben.

Gerald Siegmund

1. Einleitung

Wenn das Publikum das kleine Studio, Kammer 3, im dritten Stock des Gebäudes der Münchner Kammerspiele betritt, sind die Künstler*innen bereits anwesend. Sie sitzen um einen achteckigen Tisch aus Holz herum und betrachten die hereinströmenden Gäste. Wir werden gebeten, uns zu ihnen an den Tisch zu setzen. Wem die Nähe, die zugleich auch eine Teilnahme an einem noch unbekannten Geschehen verspricht, zu riskant ist, kann auf der leergeräumten Zuschauertribüne Platz nehmen und das, was passiert, aus der Distanz heraus beobachten.

Die in Brüssel und Berlin ansässige amerikanische Choreografin Meg Stuart hat mit *With* (Mit) ein Format entwickelt, für das sie insgesamt 16 internationale Künstler*innen aus verschiedenen kulturellen Kontexten rund um den Globus mit unterschiedlichen biografischen Hintergründen, Gender-Identitäten, Hautfarben und Graden der Behinderung eingeladen hat, sich zusammenzusetzen, um »anhand choreografischer Methoden und gemeinsam mit dem Publikum herauszufinden, was sie verbindet und was auf dem Spiel steht« (Münchner Kammerspiele 2020).[1] »*With* bittet zu Tisch«, heißt es dazu im Programmzettel der Kammerspiele (ebd.). Dabei vollzieht sich das Herausfinden zunächst untereinander unter Ausschluss der Öffentlichkeit. Lediglich für ein paar Stunden am Tag ist bei der Veranstaltung Publikum zugelassen, wobei die Türen die ganze Zeit geöffnet bleiben, sodass man den Raum jederzeit wieder verlassen kann. Alle Teilnehmer*innen, die um den Tisch herum sitzen, können in eines der bereitgestellten Mikrophone sprechen. Auf diese Weise werden Vorschläge für Aktionen gemacht, die, eingebettet in kleine Geschichten, zugleich auch diskursiv begründet werden. In der Vorstellung, die ich besucht habe, erzählt eine Teilnehmerin von ihren Erfahrungen mit alltäglichem Rassismus und macht den Vorschlag, dass alle Teilnehmer*innen im Raum mit weißer Hautfarbe die Augen vom Tisch abwenden sollen, um den kolonialen Blick auf andere Körper zumindest für einige Minuten auszuschalten. Uns werden Aufgaben gestellt, die wir ausführen können. Wir werden gebeten, uns unter den Tisch zu legen, um im Dunkeln unsere Fantasie besser aktivieren zu können. Einige Teilnehmer*innen entziehen sich den Unannehmlichkeiten, die das Liegen auf dem Boden bedeutet, und nehmen auf der Tribüne Platz. Weitere Vorschläge werden gemacht, die die ursprüngliche Situation immer wieder modifizieren, wobei die etablierten Rollen und Positionen von zuschauenden Zaungästen und Mitspielern durcheinandergebracht werden.

With ist eine Veranstaltung, die von Mal zu Mal anders aussieht und je nach Gesprächsbedarf und gesetztem Thema eine andere inhaltliche Wendung nimmt. Ob sie mehr zu einer Diskussions- oder Tanzveranstaltung tendiert, hängt ganz von den Vorschlägen der Beteiligten und ihrem Handeln ab. Hier wird über weite Strecken nichts vorgestellt, sondern ausprobiert, wie man sich verhalten kann. Trotzdem nehmen wir, wenn auch nur vorübergehend, Rollen ein. Wir tun so, als ob wir den kolonialen Blick tatsächlich ausblenden könnten, und spielen schuldbewusste Weiße, wobei uns diese Aktion zugleich in die Lage versetzt, auf unsere eigene Position und unsere Haltung in Bezug auf die Frage nach rassistischer Diskriminierung zu reflektieren. *With* trägt durchaus auch theatrale Züge. Von einer Vorstellung im Sinne einer Aufführung zu sprechen führt dennoch in die Irre. Es ist eine Aufführung, die nichts darstellen möchte und die, obwohl sie ohne Zweifel inszeniert ist, ihren Inszenierungscharakter etwa durch subtil wechselnde Lichtstimmungen und Musikeinspielungen ständig an der Schwelle zum Wahrnehmbaren hält.[2] In *With* werden Vorstellungen im Sinne von Möglichkeiten durchgespielt, die sich im Hier und Jetzt ereignen. Da das, was sich ereignet, aufgrund der je nach Anlass wechselnden Fragen und verschiedenen Konstellationen streng genommen unwiederholbar ist, kann man von *With* auch als Performance sprechen. Tanz, Theater und Performance verhalten sich in diesem Sinne nicht mehr länger »medienspezifisch«: Ihre Verfahrens- und Darstellungsweisen greifen auf Verfahrens- und Darstellungsweisen anderer Medien zurück. Wurde diesem Aspekt zeitgenössischer Theater- und Tanzproduktionen bisher in der Diskussion um die Intermedialität zeitgenössischer Kunstformen[3] Rechnung getragen, versucht das vorliegende Buch einen anderen Zugriff.

Für Meg Stuart stellt *With* Fragen nach der Möglichkeit, zusammen-mit-anderen-sein zu können, die ich für symptomatisch für viele zeitgenössische Tanz- und auch Theaterproduktionen halte. Diese Möglichkeiten sucht die Produktion quer zu etablierten Gattungskonventionen zu beantworten. Die Einmaligkeit und der Verzicht auf fiktionales Rollenspiel erinnern an eine Performance, der Einsatz von Sprache und das Bearbeiten eines Konflikts rufen das Theater auf, die Rahmung als Tanzvorstellung sowie die choreografischen Elemente verorten die Produktion im Feld des zeitgenössischen Tanzes, wo sie in erster Linie auch wahrgenommen wird. Im Verlauf des Buches wird es andere Beispiele geben, die sich im Feld des Theaters ereignen, sich in Bezug auf die einzelnen Genres aber ebenso unspezifisch verhalten wie *With*. Was sie verbindet, ist die Frage nach den Möglichkeiten, Bedingungen und Ausprägungen des Zusammenkommens, die deshalb auch hier ins Zentrum gerückt werden soll, wenn es darum geht zu verstehen, was zeitgenössische Theater- und Tanzperformances ausmacht. *With* eröffnet verschiedene Möglichkeiten des Miteinanderumgehens, von denen der Tanz nur eine Möglichkeit neben anderen darstellt.

In solchen Momenten kommt die Veranstaltung einer Tanzvorstellung am nächsten. Tänzer und Nichttänzer trennen sich schon allein aufgrund ihrer unterschiedlichen Fertigkeiten und etablieren für einige Momente eine Aufführungssituation, bei der jede*r einzelne Zuschauer*in sich entscheiden kann, den Tänzer*innen beim Tanzen zuzuschauen. Vom Rand aus betrachtet ergeben sich zahlreiche Möglichkeiten, distanziert ästhetische Urteile zu fällen und die eigene Wahrnehmung zu schärfen. So fallen Art und Intensität des körperlichen Einsatzes auf, interessante oder weniger interessante Lösungen beim Versuch der körperlichen Kommunikation drängen sich auf, und faszinierende oder weniger faszinierende Körperbilder entstehen. Doch diese Beobachtungen können aufgrund ihrer Ausschnitthaftigkeit keinen Anspruch auf Gültigkeit für die gesamte Veranstaltung erheben, zumal die Beobachter beim nächsten Vorschlag schon wieder zu den Teilnehmenden gehören könnten.

Der Tanz im engeren Sinn als rhythmisch organsierte körperliche Bewegung und Verausgabung von Energie ist hier nur noch ein Moment neben anderen. Er ist aus dem Zentrum gefallen und entsteht eher zufällig aus der Situation heraus. Tanz ist nur noch ein Rest in einem ausgedehnten diskursiven Feld, das nur momenthaft Aufführungscharakter annimmt. Dennoch ist das »Forum«, wie es heißt, keineswegs frei von choreografischen Elementen. Jeder Vorschlag, was die Teilnehmer als Nächstes versuchen sollten, folgt bestimmten Regeln und verändert ihr räumliches Verhältnis zueinander, versetzt sie in Bewegung und re-strukturiert den Raum. So ist *With* sicherlich eine Choreografie, die

Körper in Raum und Zeit anordnet. Die Veranstaltung jedoch guten Gewissens als Tanz zu bezeichnen fiele wesentlich schwerer. Wenn es das Anliegen der Künstler*innen ist, »gemeinsam zu arbeiten und soziale Situationen zu schaffen« (ebd.), so erscheint das Soziale, das durch die Arbeit entstehen und erprobt werden soll, selbst als Resultat choreografischer Prozesse.

Meg Stuarts *With* wirft Fragen auf, die, so die These dieses Buches, exemplarisch sind für das, was in vielen zeitgenössischen Tanz-, aber auch Theaterperformances auf dem Spiel steht: Ist das überhaupt noch Kunst oder schon eine Diskussionsveranstaltung? Warum ist das Publikum dazu geladen, wenn es doch im strikten Sinne nichts mehr zu sehen gibt, dem Publikum also nichts mehr gezeigt wird, das es nach ästhetischen Kriterien beurteilen kann? Warum sollen alle an Spielen teilnehmen, die mehr an eine Therapiesitzung erinnern als an ein Kunstereignis? Warum beschäftigt sich die Künstlergruppe mit sich selbst und ihren eigenen Anliegen und Problemen, anstatt uns in eine andere, fiktionale Welt zu entführen? Was ist daran noch repräsentativ für eine breite Öffentlichkeit, was rein privatistischer Zeitvertreib?

Als einleitendes Beispiel für diese Einführung thematisiert *With* das zentrale Spannungsfeld, das in den folgenden Kapiteln anhand wichtiger theoretischer Texte und weiterer Beispiele ausgebreitet, vertieft und diskutiert werden soll. Dieses Spannungsfeld ist das Spannungsfeld zwischen Ästhetik und Ethik. Zeitgenössische Tanz- und Theaterperformances agieren auf je singuläre Weise den Konflikt der Kunst zwischen autonomen und heteronomen Bestimmungen aus, zwischen Zuschauen und Spielen auf der einen und zwischen Handeln und Leben auf der anderen Seite. Dieses Spannungsfeld begleitet die Kunst schon seit dem ausgehenden 18. Jahrhundert, erlangt aber unter heutigen gesellschaftlichen Bedingungen eine neue Virulenz.[4] Kunst, so scheint es zumindest auf den ersten Blick, will nicht mehr Kunst sein. Sie will Handlung, mehr noch: gute Handlung für ein gutes (gesellschaftliches) Leben sein, ohne dabei aber, und dies wird zu argumentieren sein, ihren Kunstcharakter gänzlich abstreifen zu können. Diese Entwicklungen sollen daher als Entwicklung aus dem Ästhetischen selbst heraus beschrieben werden, also als Ent-Faltung der Spannung, die in der Kunst selbst angelegt ist. Theater und Tanz erscheinen als das zentrale Austragungsfeld dieses Konflikts,[5] weil beide nie nur Kunst, sondern immer auch ein lebendiger Interaktionszusammenhang zwischen Darstellenden und Zuschauenden sind. Es gehört nachgerade zur Definition von Theater, dass es auf Zuschauer*innen angewiesen ist, dass man sich im Theater versammelt. Das Gleiche gilt für den Tanz als Bühnenkunst, wobei dem Tanz auch abseits des Theaters eine gesellschaftliche Dimension und eine gemeinschaftsstiftende rituelle Funktion in Form von Gesellschaftstänzen oder Club- und Partytanzveranstaltungen zugesprochen wird.

Das Beispiel Meg Stuarts hat zudem bereits Begriffe aufgeworfen, die für die weitere Untersuchung wichtig werden. Die hier angesprochenen Verschiebungen im Verhältnis von Ästhetik und Ethik wurden bisher vor allem unter dem Gesichtspunkt des Zuschauers (Fischer-Lichte 1997; Deck und Sieburg 2008) und dessen Formen der Partizipation im Theater (Bishop 2012; Burzynska 2016) untersucht. *With* bringt nun explizit den Begriff der Situation ins Spiel: Die Veranstaltung solle eine »soziale Situation« schaffen. Was in der Situation geschieht, erscheint als ein »Durchspielen« und »Ausprobieren« von Möglichkeiten des Handelns. Beide Begriffe – Situation und Durchspielen – tauchen in den Diskussionen um die Partizipation von Zuschauer*innen immer wieder auf.[6] Sie laufen mit, drängen sich auf, ohne dass zumindest der Situation bisher systematischere Aufmerksamkeit geschenkt wurde. Dies soll in der vorliegenden Einführung geschehen. Sie versucht unter Rückgriff auf Situationsbegriffe aus verschiedenen Disziplinen einen Begriff der Theatersituation zu entwickeln (vgl. Kapitel 3 und 4). Situation erscheint somit als Leitkonzept für ein Verständnis von zeitgenössischen Tanz- und Theaterperformances, die sich dadurch auszeichnen, dass sie das Ethische ins Feld des Ästhetischen eintragen (vgl. Kapitel 5). Auf welche vielfältige Art und Weise das geschehen kann, ist Thema des vorliegenden Buches. Hierbei sollen Theater und Tanz weitgehend parallel betrachtet werden, wobei sich aufgrund unterschiedlicher historischer Entwicklungen und verschiedener Problemstellungen Unterschiede darin ergeben, was in einer Theater- im Gegensatz zu einer Tanzsituation geschieht. Deshalb sind die Kapitel 5 und 6 in erster Linie dem Theater, die Kapitel 7 und 8 dagegen überwiegend dem Tanz gewidmet. Die Veränderungen sind einerseits auch eingebettet in eine Verschiebung im Theatersystem der Bundesrepublik Deutschland und seiner Werte, das sich spätestens seit den 1990er Jahren aufteilt in ein Stadttheatersystem und die Freie Szene. Andererseits haben die Entwicklungen im Feld der zeitgenössischen Theater- und Tanzperformance Anteil an einer viel älteren Entwicklung der Kunst seit dem ausgehenden 18. Jahrhundert, deren Möglichkeiten sie unter den aktuellen gesellschaftlichen Bedingungen neu und anders zu artikulieren trachtet. Die beiden folgenden Abschnitte beschreiben so eher allgemeine Veränderungen und Entwicklungen, die zum besseren Verständnis der aktuellen Situation beitragen sollen.

2. Zusammenkommen

Die Veränderungen, die Theater und Tanz in den vergangenen zwanzig Jahren durchlaufen haben, gehen einher mit einem institutionellen Wandel in der deutschsprachigen Theaterlandschaft. Seit der Herausbildung und Etablierung einer Freien Szene in den 1990er Jahren existieren mit dem etablierten Stadttheatersystem und der Freien Szene zwei Theatersysteme mit unterschiedlichen Werten und Zielsetzungen sowie mit unterschiedlichen Produktions- und Präsentationsweisen nebeneinander. Dieser Wandel ist verbunden mit veränderten Ästhetiken und Spielweisen, die Theater und Tanz als dezidiert zeitgenössischen Kunstformen eine andere Dringlichkeit und gesellschaftliche Relevanz erspielen wollen. Dem institutionellen Wandel ist im Hinblick auf die unterschiedlichen Legitimationen, die den beiden Systemen zugrunde liegen, der folgende Abschnitt 2.1 gewidmet. Im Anschluss daran soll auf die Veränderungen im Bereich der Ästhetik eingegangen werden (Abschnitt 2.2) Die zeitgenössische Theater- und Tanzperformance erweist sich dabei nicht als Neuerfindung, sondern lediglich als eine neue Spielart ästhetischer Fragestellungen, die schon im späten 18. Jahrhundert in Bezug auf die Kunst und das Theater diskutiert wurden. Obwohl das Erbe des 18. Jahrhunderts bis heute fortwirkt, sind die Antworten heutiger Künstler*innen auf die Fragen und Probleme, die sich damals schon stellten, andere. Dies führt zur These des Buches, die besagt, dass in der Theatersituation das Spannungsverhältnis zwischen Ästhetik und Ethik ausgetragen wird, und die in den anschließenden Kapiteln entwickelt werden soll.

2.1 Von der Interpretation zur Produktion

Die deutschsprachige Theaterlandschaft war bis in die 1980er Jahre hinein nahezu ausschließlich von einem flächendeckenden Stadt- und Staatstheatersystem geprägt, das mit seinen Dreispartenhäusern die Gattungen Oper, Schauspiel und Tanz/Ballett unter einem Dach vereinte. Die Institution Theater, die nach wie vor den Hauptanteil der Subventionen im Kulturhaushalt der Kommunen und der Länder für sich beanspruchen darf, legitimierte sich nach dem Zusammenbruch des Zweiten Weltkriegs in Westdeutschland in erster Linie durch die Aufgabe, zur Humanisierung der Deutschen beizutragen, die in den beiden Teilen Deutschlands jedoch anders verstanden wurde. In der ehemaligen DDR sollte Theater einen weltanschaulichen und ideologischen Beitrag zum Aufbau einer sozialistischen Gesellschaft leisten. Nach dem Zivilisationsbruch des Holocaust war das Theater in Westdeutschland ein probates Medium zur »Reeducation« oder »Umerziehung« der Deutschen. Das Theater der 1950er Jahre machte sich daher auf die Suche nach einem ›metaphysischen Kern‹ des Menschen (Brauneck 2018: 123–131).

Vergleichbar mit den Museen kommt dem Theater in dieser Traditionslinie auch die Funktion eines Archivs oder Gedächtnisses zu. Wo die Museen Kunstgegenstände sammeln, um sie der Nachwelt zugänglich zu machen und in wechselnden Ausstellungen immer wieder anders zu präsentieren, stellen die Theater ihrem Publikum kanonische Texte aus verschiedenen historischen Epochen vor. Museen und Theater überführen Artefakte und Texte damit aus dem kulturellen Gedächtnis in einen aktuellen Kommunikationszusammenhang und befragen ihre Gegenstände vor dem Horizont der Gegenwart auf ihre Gültigkeit hin neu. Was haben uns die Klassiker heute noch zu sagen? Welches Bild von Gesellschaft entwerfen zeitgenössische Autoren, das sie im Theater einer breiten Öffentlichkeit zur Diskussion stellen? Gesellschaft verständigt sich im Theater über sich selbst und ihr eigenes Gewordensein.

Durch die Studentenproteste und den allgemeinen gesellschaftlichen Wandel hin zu mehr individuellen Freiheitsrechten erlebte auch das Theater in den 1960er Jahren in Westdeutschland einen weitgehenden Funktionswandel, der aber letztlich nichts am Primat des Literaturtheaters änderte. An die Stelle zeitloser humanistischer Werte, wie sie im Sprechtheater der Nachkriegszeit durch die Inszenierungen antiker Tragödien oder im Ballett durch das Ideal der Schwerelosigkeit und die damit verbundene Vorstellung von Schönheit vermittelt werden sollten, traten andere Werte, die die Institution Theater legitimierten. Der damalige Frankfurter Kulturdezernent Hilmar Hoffmann formulierte die neuen Aufgaben des Theaters als »emanzipatorische Weiterbildung« der Zuschauer, die letztlich nicht nur zur individuellen, sondern auch zur gesellschaftlichen Emanzipation beitrage (Hoffmann 1979: 45). Theater steigere die Kritikfähigkeit des Einzelnen: »Widersprüche bewußt machen, ihre Ursachen aufdecken. Theater als gesellschaftlicher Seismograph setzt den urteilsmündigen, politisch bewußten Zuschauer voraus, der selber denkt und nicht das Theater für sich denken läßt.« (ebd.: 46) Um der »durchrationalisierten Gesellschaft« etwas entgegenzusetzen, komme dem Theater aber auch die Aufgabe zu, die Fantasie der Zuschauer anzuregen. Theater vermag etwas »zur Ausbildung der Gefühls- und Empfindungskraft sowie der Sensibilisierung der Wahrnehmungsqualitäten beizusteuern« (ebd.: 52).

Ästhetisch war dieser Funktionswandel verbunden mit der Herausbildung des Regietheaters und im Bereich Tanz mit der Entstehung des Tanztheaters. Beide Formen machten den Regisseur und die Choreografin zu Autoren ihrer eigenen Werke und leiteten eine Entwicklung ein, die die Emanzipation der Theater- und Tanzaufführung als eigenständiges Kunstwerk vorantrieb jenseits der Forderung nach Werktreue und dem Dienst an den Klassikern, die allerdings nach wie vor Ausgangspunkt der Auseinandersetzung für die Künstler*innen blieben. Die kritische Befragung der Dramentexte, in deren Dramaturgie häufig eingegriffen wurde, ging einher mit der kritischen Befragung der Gesellschaft, in deren Tradition die Texte stehen. Sowohl das Regie- als auch das Tanztheater entwickelten zudem eine andere Form der Körperlichkeit, die sich, je nach individuellem Ansatz der Regisseure, mal mehr oder weniger ausgeprägt darstellte. Buch und Text als Träger von Kultur erwuchsen Konkurrenz durch den Körper und die Einsicht, dass sich Kultur ebenso über verkörperte Prozesse und Verhaltensweisen herausbildet und tradiert wie durch das Lesen und Sprechen von Texten. Das körperbetonte Spiel in den Regiearbeiten von Peter Zadek oder die Abkehr vom idealen Ballettkörper im Tanztheater, welches sich stattdessen dem gesellschaftlich geprägten Körper zuwandte, seien hier exemplarisch genannt. Mit dem Aufkommen neuer Ästhetiken verbunden ist auch eine kritische Auseinandersetzung mit der Repräsentationsfunktion von Tanz und Theater. Beide repräsentieren keine vorgegebenen Welten mehr, sie thematisieren immer auch ihre eigenen Herstellungsprozesse, indem sie in der Probenarbeit auf emergente Situationen und Ereignisse setzen, die schließlich die Inszenierung ausmachen. Wie etwa bei Pina Bausch entsteht dadurch eine Durchlässigkeit zwischen dem Leben und den Erfahrungen der Darsteller*innen auf der einen und eine Öffnung hin zum Publikum etwa durch Aktionen im Zuschauerraum auf der anderen Seite.[7]

Diese ästhetischen Entwicklungen und Neuerungen bleiben aber über lange Zeit an die Organisationsform Stadt- und Staatstheater gebunden, die die Veränderungen hin zu mehr Mitbestimmung der Künstler*innen an den Entscheidungs- und Probenprozessen sowohl intern in den betrieblichen Abläufen als auch extern im Zusammenspiel mit der Kulturpolitik aushandeln musste. Choreograf*innen wie Pina Bausch verwirklichten ihre Vorstellungen am Stadttheater Wuppertal, Gerhard Bohner zunächst am Hessischen Staatstheater Darmstadt und später zusammen mit Reinhild Hoffmann am Theater Bremen. Regietheatergrößen wie Claus Peymann, Hans Neuenfels oder Peter Stein arbeiteten an den großen Häusern in Stuttgart, Bochum, Frankfurt am Main und Berlin, Wolfgang Langhoff und Benno Besson in Ost-Berlin (Rischbieter 1999).

Diesem monolithischen System, das es über lange Zeit hin verstand, institutionelle Stabilität mit künstlerischer Innovation zu verbinden, erwuchs im Laufe der 1990er Jahre Konkurrenz von der sogenannten Freien Szene mit ihren eigenen Produktionshäusern, die von vornherein auf internationalen Austausch in Form von Gastspielen und (inter-)nationalen Ko-Produktionen zwischen den Häusern und Institutionen ausgerichtet waren.[8] So entstanden Gastspiele und Koproduktionen mit internationalen Gruppen wie The Wooster Group aus den USA oder Needcompany und Jan Fabre aus Belgien, die klassische Dramentexte eher als Material für das szenische Spiel denn als Vorlagen für eine psychologisch-realistische Rollengestaltung auffassten. Künstlergruppen wie Gob Squad, She She Pop oder Rimini Protokoll, aber auch Regisseure wie René Pollesch oder Hans-Werner Kroesinger und Choreograf*innen wie Helena Waldmann, Sasha Waltz und Jo Fabian inszenierten gar keine

›fremden‹ Dramentexte mehr, sondern beschäftigten sich mit den Mitteln und Möglichkeiten des Theaters selbst, um aktuelle Themen und Fragen zu bearbeiten. Theater wurde nicht mehr in erster Linie als Bildungsgut aufgefasst, dessen Stoffe einem heutigen Publikum nähergebracht werden sollten. Die Auseinandersetzung mit der Geschichte und ihrer Erinnerungsfunktion im Drama machte einer Beschäftigung mit der Gegenwart und der Zukunft Platz, die als Möglichkeitsraum erspielt wird. Es wird ein direkter Zugriff auf die Gegenwart und ihre Probleme gewagt, die häufig auch die konkreten Probleme der Theatermacher*innen selbst sind, sich in der heutigen Welt zu verorten und zu verhalten.

Mit diesen Veränderungen einher geht eine Überprüfung der Funktionen der Darstellung, die nicht mehr fraglos als fiktives Rollenspiel vor einem Publikum aufgefasst wird. Das Problem der Darstellung und deren Beobachtung, das ein genuines Problem des Theaters ist und das in manchen Spielarten des Regietheaters, vor allem aber auch im Tanztheater seit den 1970er Jahren schon Thema war, wird im Kontext der Freien Szene mit ihren anderen Produktionsstrukturen weiterentwickelt.[9] Bestanden die Ensembles des Regietheaters noch aus professionellen Schauspieler*innen, betreten heute nicht ausgebildete Tänzer*innen und Darsteller*innen als Performer*innen die Bühne, worin man vordergründig ein weiteres Indiz für den Abbau des Ästhetischen zugunsten der Wirklichkeit, des Lebens selbst sehen kann. Laien, »Experten des Alltags«, wie sie die Gruppe Rimini Protokoll nennt, und Performer*innen aus verschiedenen gesellschaftlichen Kontexten, die schauspielerisch nicht ausgebildet sind wie z.B. Geflüchtete, Kinder und Jugendliche, Senioren, überführen die Darstellung von Menschen im Theater in eine Grauzone zwischen Fiktion und Authentizität, die die Konstruktion von Subjektivität und Identität einsehbar und beobachtbar macht (Berg,

Hügel und Kurzenberger 1997). Dazu werden Texte verwendet, die aus dem Probenprozess unter Mitwirkung aller Beteiligten hervorgegangen sind, und es werden Textsammlungen aus Interviews, Dokumenten und autobiografischem Material angelegt und bearbeitet. Mit der Entwicklung der Freien Szene verbunden ist also vor allem auch die Entwicklung anderer Arbeitsweisen. Im Gegensatz zur Arbeit am Stadttheater, die eine klare Arbeitsteilung zwischen Regisseur, Dramaturg, Schauspieler*innen und Technikern vorsieht, arbeiten zahlreiche Künstlerinnen in Kollektiven, in denen die klare Rollenzuteilung brüchig wird und jeder und jede eine Aufgabe übernimmt, die jedoch von Produktion zu Produktion verschieden sein kann.

Thomas Oberender, Intendant der Berliner Festspiele, beschreibt den institutionellen Wandel vom Stadttheater zur Freien Szene als Artikulationsform, die ein Produkt neoliberaler entsicherter Ökonomien darstelle und deren Logik der Logik des Projekts folgt.[10] Damit etabliert sich ein »Zweiklassensystem« der öffentlichen Förderung, deren Legitimation hinsichtlich der beiden Theatertypen unterschiedlich ausfällt. Die institutionelle Förderung subventioniert ein Haus, das aus seinem Etat die einzelnen Produktionen ermöglicht und die Künstler*innen bezahlt. Demgegenüber steht die Förderung einzelner Projekte freier Gruppen oder Künstler*innen, die das Geld für ihre Arbeiten immer wieder neu bei verschiedenen Förderinstitutionen und Kulturfonds beantragen müssen. Mit der Projektförderung wandelt sich jedoch nicht nur die Institution Theater, sondern es verändern sich vor allem auch die Werte, die diese Institution legitimieren. Thomas Oberender definiert diese Werte wie folgt:

> »Projektförderung ist Förderung von Kreationen. Institutionelle Förderung lässt sich, zugespitzt, verstehen als Förderung von Interpretationen. Kreationen sind Aufführungen, die sich personell an die Hervorbringen-

> den binden, also nicht nachspielbar sind, weil das Werk in der Regel durch seinen Schöpfer selbst dargestellt wird. Interpretationen leben hingegen davon, dass jemand anderes das Gleiche anders machen kann.« (Oberender 2013: 82)

Goethes *Faust* kann auf unzählige Arten und Weisen immer wieder anders interpretiert und umgesetzt werden. Will man daraus nicht ein eigenes künstlerisches Projekt mit neuer Autorschaft machen, lässt sich demgegenüber eine Performance von Christoph Schlingensief nur schwer wiederholen. Institutionelle Förderung legitimiert sich mithin »durch forschendes Erinnern«, das Werke des Repertoires »als fruchtbare Fremdkörper einer anderen Zeit der unseren vorstell[t]« (ebd.). Projektförderung zielt dagegen auf die Förderung von Innovation. Im Gegensatz zur Beschäftigung mit der Tradition steht hier das Denken der Zukunft. In der institutionellen Förderung wird die Gegenwart, so Oberender, von etwas Vergangenem durchdrungen, um diesem Aktualität zu verleihen. »Die Produzentenförderung hingegen deutet die Gegenwart und spielt nach vorn.« (ebd.: 84)

Oberenders Gegenüberstellung der beiden Systeme ist sicherlich als idealtypische zu verstehen, die es ermöglicht, Unterschiede in den Zielsetzungen beider Theatertypen überhaupt ausmachen zu können. Nun ist aber seit geraumer Zeit eine Annäherung der Systeme zu beobachten. Die Stadttheater öffnen sich zum Beispiel in Stadtraumprojekten für Ästhetiken und bis zu einem bestimmten Grad auch Organisationsweisen der Freien Szene.[11] Künstler*innen der Freien Szene wie etwa Anta Helena Recke arbeiten an Stadt- und Staatstheatern. Für viele, wie für den Regisseur Milo Rau oder den Choreografen Laurent Chétouane, ist die Arbeit in dem einen oder dem anderen Kontext abhängig von der Art des Projekts, das realisiert werden soll. Gruppen wie She She Pop stützen ihre Stücke auf klassische Dramentexte wie etwa Shakespeares *König Lear* für ihre Erfolgsproduktion *Testament* (UA 2010). Die Öffnung der Systeme hat unterschiedliche Gründe. Um ihre Legitimation nicht zu verlieren, besteht von Seiten der Stadttheater die Notwendigkeit, sich aufgrund einer z.B. durch Migration veränderten Gesellschaft und einer pluralisierten Öffentlichkeit neue Publikumsschichten jenseits der bürgerlichen gebildeten Mittelschicht zu erschließen. Aufgrund einer veränderten demografischen Lage müssen sie sich der Forderung nach Veränderung, wenn nicht gar Innovation, stellen. Die durch die Digitalisierung vorangetriebene Medienkonkurrenz im Freizeitverhalten der Bürger tut dabei sicher ihr Übriges. Von Seiten der Freien Szene besteht oftmals der Wunsch, die prekären Arbeitsverhältnisse, die durch die (dis-)kontinuierliche Projektarbeit entstehen, zumindest teilweise zu stabilisieren. Sie muss sich aufgrund ökonomischer wie künstlerischer Anforderungen wie z.B. der Möglichkeit, ein Repertoire und damit eine Art Gedächtnis herausbilden zu können, der eigenen Institutionalisierung stellen. Die Verschiebung innerhalb aktueller Theater- und Tanzperformances hin zu ethischen Fragen des Zusammenlebens kann man aus der Erfahrung der Freien Szene mit ihren instabilen Netzwerkstrukturen heraus durchaus auch als Resultat einer Verlusterfahrung beschreiben. Ihre Arbeiten kompensieren den realen oder gefühlten Verlust an Gemeinschaft und gesellschaftlichem Zusammenhalt, und sie können dies tun, weil Theater und Tanz die gemeinschaftlichen Kunstformen schlechthin sind.

Die vorliegende Darstellung klammert die spezifischen Entwicklungen im Bereich des Regietheaters ebenso aus wie aktuelle Entwicklungen im Bereich des Bühnentanzes mit seinen Versuchen, neo-klassische und zeitgenössische Formen des Tanzes zu verbinden. Er nimmt also nur einen Ausschnitt aktueller Theater- und Tanzproduktion in den Blick im Bewusstsein, dass es sowohl im Stadttheatersystem mit Regisseur*innen wie Nicolas Stemann, Falk Richter, David Bösch, Susanne Kennedy oder Karin Beier Entwicklungen gibt, deren Ansätze und Fragen Anteil haben an der hier beschriebenen Entwicklung. Im Fokus stehen dabei in jedem Fall die Position der Zuschauer*innen sowie Fragen der Partizipation am theatralen Geschehen, die selbstredend auch im Stadttheaterkontext gestellt werden, wenn etwa Nicolas Stemann in seiner Inszenierung von Elfriede Jelineks Text *Wut* einen Teil des Publikums auf die Bühne bittet und es durch Sicherheitsschleusen schiebt, nur um es dann mit dem Fallen des eisernen Vorhangs vom Rest der Zuschauer*innen im Parkett zu isolieren. Das Buch versucht mithin, eine *strukturelle* Tendenz zu beschreiben, an der verschiedene Künstler*innen in unterschiedlichen Systemen und je nach Produktion und gewählten Formaten auch zu unterschiedlichen Graden teilhaben. Diese Tendenz ist gemeint, wenn hier von Theater- und Tanzperformance gesprochen wird.

2.2 Vom Guckkasten zur Situation

Wie lässt sich diese Tendenz nun genauer bestimmen? Meg Stuarts *With* ist als Veranstaltung auf einem Tanzfestival gerahmt und ruft dadurch bei den Zuschauer*innen je spezifische Erwartungen an die Gattung Tanz auf. Die Produktion aktiviert mithin historisches Wissen, Konventionen und im Umgang mit Tanz- und vielleicht auch Theateraufführungen erlernte Verhaltensweisen, die hier jedoch allesamt auf die Probe gestellt werden. So werden die Zuschauer*innen nicht etwa auf Distanz gehalten, sondern auf unterschiedliche Arten und Weisen direkt angesprochen und als Teilnehmende ins Geschehen involviert. Die räumliche Trennung zwischen Bühne und Zuschauerraum entfällt, sodass mitunter auch ein körperlich-gestischer Austausch zwischen Akteur*innen und Zuschauer*innen möglich wird. Die Tänzer*innen kommunizieren nicht nur mit ihren Körpern und ihren Bewegungen, sondern sie erzählen Geschichten, artikulieren ihre Meinungen, machen Vorschläge, was zu tun ist, und müssen inmitten all der anderen Interessen, die mit am Tisch sitzen, das gemeinsame Vorgehen letztlich aushandeln. Diese Veränderungen sind nun keineswegs neu. Spätestens seit der Theatermoderne an der Wende zum 20. Jahrhundert rückt das Verhältnis zwischen Zuschauenden und Spielenden als den beiden konstitutiven Elementen von Theater ins Zentrum zahlreicher künstlerischer Entwürfe.

1907 erhob der russische Theatermacher Wsewolod E. Meyerhold den Zuschauer zum »vierten Schöpfer« (Meyerhold 1979: 135) des Theaters. In der Zusammenarbeit zwischen dem Autor, dem Regisseur und den Schauspielern soll entgegen naturalistischen Tendenzen auf der Bühne ein stilisiertes Theater entstehen, das, gerade weil es auf der Bühne nicht alles milieugerecht darstellt, die Zuschauer dazu auffordert, eigenständig und aktiv am Geschehen teilzunehmen. »Das stilisierte Theater schafft Inszenierungen«, so Meyerhold, »in denen der Zuschauer mit seiner Vorstellungskraft schöpferisch beendet, was die Bühne nur andeutet.« (ebd.) Erika-Fischer Lichte spricht im Zusammenhang mit diesen Entwicklungen von »der Entdeckung des Zuschauers« in der Moderne (Fischer-Lichte 1997). Dieser sollte, wie Meyerhold exemplarisch deutlich macht, nicht mehr länger passiv in seinem Sessel sitzen bleiben und als Voyeur aus dem abgedunkelten Zuschauerraum heraus dem Geschehen auf der Bühne distanziert zuschauen können. Vielmehr sollte er aktiviert und zum Teil des Geschehens werden können, womit sich in aller Regel auch die politische Utopie gesellschaftlicher Emanzipation, wenn nicht sogar, so etwa bei Erwin Piscator, einer kommunistischen Revolution verband.

Doch ist die Entdeckung des Zuschauers keineswegs, wie es Fischer-Lichte formuliert, eine Sache der Moderne. Schon das Wort Theater leitet sich vom griechischen Wort *theatron* ab, das den Zuschauerraum der Theateranlage bezeichnet. Theater gibt etwas zu sehen, es bietet etwas der Schau dar. Von daher ist die Entdeckung des Zuschauers so alt wie das Theater selbst. Doch werden dessen Rolle und Funktion in der Geschichte des Theaters immer wieder anders definiert. Mit den Entwicklungen zum bürgerlichen Theater in der zweiten Hälfte des 18. Jahrhunderts geht ein Funktionswandel des Zuschauers einher, der am Anfang einer Traditionslinie steht, die sich bis heute auch in Formen des postmodernen oder postdramatischen Theaters fortsetzt. Im Zentrum dieser Entwicklung stehen die Ablehnung rhetorisch verfasster Kunst und die Forderung nach einer anderen Form der Teilhabe und der Teilnahme der Zuschauer*innen an der Aufführung.

Die Entfaltung des Sinnlichen

Für den französischen Philosophen Jacques Rancière steht die Vorstellung einer rhetorisch verfassten Kunst in der aristotelischen Tradition der Mimesis. Die Tragödie ist Nachahmung von Handlung, deren Zweck es ist, bei den Zuschauer*innen eine kathartische Wirkung zu erzeugen. Diese Wirkung wird dann am stärksten sein, wenn die Handlungsführung der Tragödie bestimmten Regeln folgt, die Gegenstand von Aristoteles' *Poetik* sind. Für Rancière liegt darin der Keim für das, was er das »mimetische Modell« der Kunst nennt (Rancière 2009a: 65). Dieses zeichnet sich dadurch aus, dass eine kausale Logik oder »ein sinnliches Kontinuum zwischen der Produktion von Bildern, Gesten oder Worten« (ebd.: 67) und deren Rezeption angenommen wird. Was ein Theaterstück bedeutet und was es auslöst, geht zurück auf eine Ursache, die richtige Führung der Handlung durch den Autor, die die gewünschte Reaktion bei den Zuschauern auslöst. Kunstwerke sind demnach nicht frei in ihrem Bedeuten und Wirken, sondern sie lösen über rhetorische Figuren oder die richtige dramaturgische Handlungsführung das aus, was der Autor bezwecken wollte: die Sitten zu verbessen oder das Laster anzuprangern.

Seit der Mitte des 18. Jahrhunderts nun, so argumentiert Rancière, wurde dieses Regime von zwei Seiten kritisiert. Auf der einen Seite steht Jean-Jacques Rousseaus Ablehnung des Theaters, die er 1758 in seinem Brief an den Enzyklopädisten Jean-Baptiste Le Rond d'Alembert ausführlich begründet hat. Wie könne das Theater für eine Stadt wie Genf nützlich sein, wenn es doch das, was es anprangere, Verstellung und Täuschung, selbst vollziehe? Da Theater sich geradezu durch seinen Charakter des So-Tun-als-ob definiert, steht es der Verbesserung der Sitten im Wege. Rousseau lehnt nun Spektakel keineswegs ab. Vielmehr solle sich die Bürgerschaft von Genf selbst ein Schauspiel machen, d.h. in Festen und Feiern solle sie ihre Gemeinschaft selbst aufführen und damit zugleich begründen. Rancière bezeichnet die Vorstellung einer direkten Wirkung von Kunst als »archi-ethisches Modell« (ebd.: 69) der Kunst: Theater ahmt keine Handlung mehr nach. Es wird selbst zur guten Handlung.

Auf der anderen Seite wurde von der aufkommenden Autonomieästhetik Einspruch gegen die Repräsentationsfunktion von Kunst erhoben. Im »ästhetischen Regime« der Kunst (ebd.) wird die Kausalität zwischen Autor und Zuschauer unterbrochen, die Wirkung der Kunstwerke wird freigesetzt. Das Kunstwerk stellt nun ein Drittes dar und her, auf das jede*r frei zugreifen kann. In der autonomen Kunst entfaltet sich und ordnet sich das Sinnliche, das zugleich das Wahrnehmbare, Intelligible wie auch das

Sinnhafte als Bedeutungsdimensionen umfasst, neu und auf unvorhergesehene Weise an. Es repräsentiert nicht, es stellt dar. Kunst im ästhetischen Regime ist nicht mehr rückführbar auf Autorintentionen, noch ist sie reduzierbar auf eine richtige Wirkung oder einen Zweck. Das, was sie auslöst, ist ebenso individuell wie unbestimmt. Doch gerade in dieser Offenheit und Freiheit der Kunst liegt für Rancière die große Chance gesellschaftlicher Emanzipation. In der Affizierung durch das Kunstwerk sind wir alle unterschiedlich, aber darin doch alle gleich (vgl. Kapitel 3.3).

In eine vergleichbare Richtung argumentiert auch Marita Tatari, wenn sie das Kunstwerk und vor allem das dramatische Kunstwerk seit dem Übergang vom 18. zum 19. Jahrhundert selbst bereits als »Handlung« begreift (Tatari 2017). Unter Handlung versteht sie nun weder die Handlungen der Protagonisten im Drama noch die Handlungen eines Autors oder Zuschauers mit Blick auf das Drama. Als Handlung bezeichnet sie »die Art, wie das Sinnliche in einem Kunstwerk erscheint, bzw. zur Anschauung und Empfindung kommt« (ebd.: 10). In diesem Sinne begreift sie die Forderung nach »Natürlichkeit«, die im bürgerlichen Theater zur Norm der Darstellung avanciert, auch nicht als Postulat gelungener Nachahmung etwa von Menschen und deren konfliktreichem Handeln. Vielmehr zeigt sich in der Natürlichkeit der Darstellung das Entfaltende »als solches« (ebd.: 32). Das Kunstwerk bildet Handlung nicht ab oder fordert zu dieser auf. Es *ist* qua ästhetischer Verfasstheit selbst Handlung – die Handlung des Erscheinenlassens von Sinnlichem. Die Entfaltung des Sinnlichen bezieht sich in diesem Prozess auf sich selbst und bildet durch ihren Selbstbezug eine Form ästhetischer Subjektivität aus, deren Wirksamkeit nicht in der Nachahmung einer Gesellschaft liege. Der »sich entfaltende Selbstbezug« ist dagegen »mit der Vorstellung einer Emanzipierung aus der vorgegebenen Ordnung der Welt verbunden« (ebd.: 33). Diese Öffnung, die in der Entfaltung des Sinnlichen und deren Empfindbarkeit liegt, übersteigt die Individualität der Beteiligten; ja, sie entleert sie sogar (ebd.: 36). Sie kann dies tun, weil sie unbestimmt und in ihrer Potenzialität unendlich ist. Genauso sehr wie es unendliche Möglichkeiten der sinnlichen Realisierung eines Dramas gibt, entfaltet sich das Sinnliche in einer Weise, von der wir noch nicht wissen, was es auslöst und wie wir mit ihr umgehen können.

Für Tatari ist die Aufführung deshalb strukturell mit dem dramatischen Text verbunden, weil dieses »Sich-auf-sich-beziehen die sinnliche Gegenwart des Theaters« ist (ebd.: 34). Die Entfaltung des Sinnlichen in der Aufführung wird so zum anderen Schauplatz des Textes, der dem Text ein »Draußen« (ebd.) und damit einen Raum eröffnet, der sich dadurch etabliert, dass sich durch ihn Dinge (Körper, Gesten, Klänge, Bilder etc.) berühren und affizieren können. Die Aufführung und deren Darbietung ist somit »Raumzeit einer unbestimmten Bezugnahme, d.h. der Öffnung auf eine Alterität« (ebd.).

Vor diesem Hintergrund erscheinen zeitgenössische Theaterformen nur als weitere Variante und Möglichkeit der Entfaltung des Sinnlichen und gerade nicht als Überwindung tradierter dramatischer Formen von Theater. Postdramatisches Theater ist, wie es Hans-Thies Lehmann in seinem gleichnamigen Buch selbst schreibt, nur eine weitere, eine andere Form, Theater zu machen (Lehmann 1999, 14).[12] Aktivistische oder partizipative Formen von Tanz und Theater schaffen somit die ästhetische Dimension von Theater keineswegs ab. Vielmehr stehen auch sie in der Traditionslinie der Entfaltung und Neuanordnung des Sinnlichen, die schon im ausgehenden 18. Jahrhundert ein »Mit« etablierte, das die Zuschauer*innen zur Teilnahme im Sinne eines Affiziertwerden-Könnens aufforderte.

Nun ist die Entfaltung des Sinnlichen, wie sie sich in der Kunst des späten 18. Jahrhunderts herausgebildet hat, sicherlich ein Element auch in zeitgenössischen Theater- und Tanzperformances. In ihrem Versuch, Theater jenseits eines geschichtsphilosophischen Fortschritts- und Überwindungsmodells zu denken, legt Tatari eine strukturelle, ästhetische Dimension von Theater frei, die jedoch wenig Raum lässt für die spezifischen historischen Ausprägungen der Entfaltung des Sinnlichen. Dieses findet heute unter anderen Bedingungen statt als noch im 18. Jahrhundert. Das »Erscheinenlassen« von Gesten und Körpern ist nicht nur deshalb bereits Handlung, weil es im Sinne einer Autonomieästhetik Gesten und Körper in ihrer Unbestimmtheit und Vielheit wahrnehmbar macht, sondern es wird zur Handlung, weil mit diesem Erscheinenlassen im Sinne von Rancières ethischem Modell der Kunst zugleich etwas bezweckt werden soll, nämlich das Herstellen einer Gemeinschaft, die sich *in actu* während der Aufführung herausbildet und sich selbst thematisiert.[13] Im zweiten Teil von Jeremy Wades Tanzperformance *Together Forever* werden die Zuschauer*innen auf die Bühne gebeten und hinter eine Trennwand geführt, die die Bühne in der Mitte abteilt.[14] Im hinteren Raum ohne Blick auf die Zuschauertribünen werden in der Folge verschiedene Möglichkeiten ausagiert, aufeinander Bezug zu nehmen, aufeinander zu achten oder sich einander zuzuwenden und umeinander zu kümmern. So hängen etwa Stoffbänder an einem Ring befestigt von der Decke. Jede*r greift sich eines und zeigt dadurch Verbundenheit mit den anderen. Das »Mit« ist hier also zum Greifen nahe. Für eines dieser Fürsorge-Experimente werden zwei Gruppen eingeteilt, wovon die erste die Aufgabe erhält, die zweite zu füttern. Zu diesem Zweck ist an der Bühnenrückwand ein üppiges Büffet mit verschiedenen Speisen aufgebaut, das uns zum Vollladen der Teller geradezu einlädt. Um diese Aufgabe zu erfüllen, sollen sich die Teilnehmer*innen paarweise zusammenfinden und an einem langen Tisch Platz nehmen, wobei der aktive Part sich nach den Essensvorlieben des passiven erkundigt, um ihm oder ihr im Anschluss das Essen in den Mund zu schieben. Die Personen, die gefüttert werden, dürfen nicht sprechen oder ihre Arne bewegen. Allein die Frage, ob man mit einem Löffel oder einer Gabel füttern soll, erfordert einiges Nachdenken, um die Gefahr einer Verletzung möglichst auszuschließen. Wie Löffel oder Gabel halten, um die Nahrungsaufnahme für den Partner möglichst angenehm zu gestalten? Langsam entwickele ich ein Gespür dafür, wie viel meine Partnerin überhaupt auf einmal in den Mund nehmen und schlucken kann, ohne das Gefühl zu haben, sie müsse ersticken. Die Aufgabe des Fütterns erfordert also eine sensible Bezugnahme auf den jeweils Anderen, der keineswegs nur passiv, sondern durch kleine Kopfbewegungen oder Blicke das Füttern steuert, um so einen Tanz zwischen Hand, Löffel und Mund, Mund, Blicken und Gesten in Gang zu setzen. Sie erfordert in der ästhetischen Entfaltung des Sinnlichen als Choreografie der Gesten und Bewegungen auch eine gewisse Selbstreflexion und Kontrolle dem eigenen Verhalten gegenüber, um die Aufgabe der Fürsorge, die hier nicht nur eine ästhetische, sondern eine konkret soziale ist, erfolgreich erfüllen zu können. Das »Mit« beginnt an der Spitze meines Löffels, die den anderen berührt. Ohne die Aktivitäten der Teilnehmer gibt es keine Aufführung. Sie *ist* unser Handeln, während die Künstler in einem Wechsel der Rollen dabei zu Zuschauern werden. In der Vorstellung, die ich besucht habe, werden am Ende beide Gruppen wieder zusammengeführt. Ein Disco-Hit erklingt, bis man schließlich ausgelassen gemeinsam tanzt.

Aufführungen wie die des Berliner Choreografen werfen zumindest die Frage auf, ob Handlung nicht doch weiter und vielleicht sogar konkreter gefasst werden muss, als dies Marita Tataris Vorstellung einer autonomen Kunst vorsieht. Denn das Sinnliche entfaltet sich nicht nur heute bei Jeremy Wade, sondern bereits im Theater des 18. Jahrhunderts in einer bestimmten gesellschaftlichen Konstellation, die nicht nur eine ästhetische, sondern zugleich schon eine soziale ist. Die Szene konfiguriert bestimmte handelnde Personen sowohl als Figuren auf der Bühne als auch als Zuschauende jenseits der Rampe und agiert dieses Verhältnis aus. Im Moment des Selbstbezugs des Sinnlichen konstituiert sich mithin nicht nur ästhetische, sondern immer schon soziale Subjektivität: die des Bürgers, der erlernt, das Sinnliche überhaupt wahrzunehmen und gesellschaftlich zu seinem Vorteil zu nutzen. Die Entfaltung des Sinnlichen findet im Theater in einem geteilten Raum statt. Zum Moment des Affiziert-werden-Könnens tritt damit auch die Trennung, die im Theaterraum architektonisch durch die Rampe vollzogen wird, die es den Zuschauer*innen ermöglicht, das Geschehen zu beobachten und zu reflektieren. Das Sinnliche als Unendliches und Unbestimmtes wird durch den konkreten Vollzug der Handlung als Endliches und Bestimmtes von sich selbst *getrennt*. Die Entfaltung des Sinnlichen ist in sich paradox strukturiert. In der Entfaltung des Sinnlichen im Theater öffnet sich ein *Spalt* zwischen der Entfaltung von Sinnlichkeit und deren Beobachtung. Dieser Spalt ist nicht nur konstitutiv für das bürgerlich-dramatische Theater, sondern auch für das, was auf den Theater- und Tanzbühnen heute geschieht.

Einen Einblick in diese Spaltung gibt uns der französische Dichter, Aufklärer und Intellektuelle Denis Diderot, der als einer der Erfinder des bürgerlichen Theaters gelten kann. Diderots Beitrag zum Theater auf die Erfindung der vierten Wand zu reduzieren, die für viele zeitgenössische Theatermacher*innen die Wurzel allen Übels darstellt, hieße die Komplexität und Abgründigkeit seines Entwurfs für ein bürgerliches Theater zu verkennen. Diese schlägt sich schon in der Verschachtelung seiner Texte nieder, die die Grenzen zwischen Dramentext, Erzählung, poetologischer Reflexion und sozialer Kommunikation geschickt zu verwischen verstehen. 1757 veröffentlichte Diderot das erste von zwei Trauerspielen, *Der natürliche Sohn*, das von einem fiktiven Dialog zwischen einem Ich-Erzähler und der Figur des Dorval, dem (fiktiven) Autor des Stücks, der in ihm zugleich als Figur auftritt, ein- und ausgeleitet wird. Gefolgt wird der Dramentext von insgesamt drei Unterredungen mit dem Titel *Dorval und ich*. 1758 wurde dann *Der Hausvater* veröffentlicht, an den sich eine weitere poetologische Reflexion, *Über die dramatische Dichtkunst*, anschließt (Diderot 1984a und b).

Interessanterweise modelliert Diderot die neue Form des bürgerlichen Theaters nicht an bereits bestehenden Bühnenformen, sondern entwirft für sein neues bürgerliches Trauerspiel gleich zwei miteinander verflochtene Urszenen. Das Besondere an Diderots Überlegungen ist nämlich, dass er das bürgerliche Theater als Überlagerung zweier Räume und damit zweier Einstellungen und Praxen begreift, wovon die eine ethischer, die andere ästhetischer Natur ist. Diese Verflechtung macht sie für unseren Argumentationszusammenhang, der davon ausgeht, dass der Grundkonflikt zeitgenössischer Theater- und Tanzperformances jener zwischen Handeln und Spielen ist, interessant.

In der ersten Urszene wird räumlich nicht zwischen Bühne und Zuschauerraum unterschieden. Dies hat zum Ziel, das Geschehen als wahres und wahrhaftiges Geschehen zu etablieren, das auf rituelle Weise an eine reale Begebenheit, den Tod des Familienvaters, erinnern soll. Damit werden die Handlungen und Vorgänge als reale Vollzüge betrachtet, in denen Darsteller und Dargestellte in eins fallen. Die Familie erinnert sich an eine Begebenheit, die ihr zugestoßen ist, und führt diese vor sich selbst auf. Der Ich-Erzähler, der dem Schauspiel gern beiwohnen möchte, wird von Dorval heimlich in den Raum, einen Saal, geschmuggelt, wo er sich in einer dunklen Ecke unbemerkt von den Spielern verstecken kann. Die Wirkung der Szenen ist unmittelbar ethisch, weil sie qua Vollzug einer Handlung eine (Familien-) Gemeinschaft etabliert. Das »Modell der Innerräumlichkeit«, wie es die Kunsthistorikern Beate Söntgen genannt hat, trennt den Beobachter in seiner Ecke räumlich nicht vom übrigen Geschehen ab, sodass die Grenze zwischen Zuschauen und Spielen fließend werden kann. Im Innenraum finden »die Szenen statt, die das Leben selbst schreibt« (Söntgen 2012: 128). Damit diese sich in ihrer ganzen Emotionalität entfalten können, müssen sich die Protagonisten unbeobachtet fühlen. Machte sich der Zuschauer in der Ecke bemerkbar, produzierte dies, so Diderot, Scham oder Verlegenheit, die den »natürlichen« Ausdruck unmöglich machen würde (Diderot 1984a: 161). Beinahe, so Diderots Erzähler, wäre er am Ende aus Mitgefühl in die Szene eingestiegen, habe sich aber gerade noch zurückhalten können, indem er sich daran erinnert habe, dass er ja nur Zuschauer gewesen sei (ebd.: 165). Der Modus des Zuschauens ist mithin einer des Bezeugens. So wie der unsichtbare Zuschauer, der zum anderen Teilnehmer am Geschehen wird, die Emotionen der Protagonisten des Spiels in der anderen Hälfte des Saals bezeugt, vergewissern sich auch die Spieler untereinander ihrer Leidenschaften und erkennen sie auf diese Weise an.

Daneben existiert eine zweite Urszene, die von der Trennung zwischen Bühne und Zuschauerraum ausgeht, also eine tradierte Form von Theater aufruft. Diese wird nun in doppelter Hinsicht verändert. Einerseits kappt Diderot in dieser Vorstellung die Verbindung zwischen Zuschauerraum und Bühne. In Frankreich war die Bühne bis Mitte des 18. Jahrhunderts mit adeligen Zuschauern bevölkert sowie mit ins Parkett reichenden Treppen ausgestattet, was die Übergänge zwischen Parkett und Bühne fließend machte. Andererseits bräuchte Diderots Dramatiker Dorval, wie er in der zweiten Unterredung feststellt, »bloß ein recht großes Theater«, auf dem er »verschiedene Orte zeigen könnte, die soweit verteilt wären, dass zwar der Zuschauer die ganze Handlung sehen könnte, vor den spielenden Personen aber ein Teil davon verborgen bliebe« (ebd.: 191). Diese Art der simultanen Darstellung von Szenen, die in der Logik der Handlung auch gleichzeitig ablaufen, erlaubte es dem Zuschauer, aus der Distanz heraus einen Überblick über das Geschehen zu gewinnen mit dem Zweck, Einsichten in die Konstruktion von emotionaler Wirkung zu erhalten. Denn der Zuschauer sieht in dieser Anordnung, deren primäres Ziel das Beobachten ist, stets mehr als die Figuren auf der Bühne. Er antizipiert Wirkung, indem er in seiner Vorstellung die verschiedene Szenen verbindet, sich vorstellt, was gleich geschehen wird und wie die Figuren darauf reagieren werden (ebd.: 192).

Auch um den Modus der Beobachtung zu aktivieren, muss der Zuschauer für die Spieler »unbewusst« oder abwesend bleiben. »Man stelle sich am äußeren Rande der Bühne«, so Diderot, »eine große Mauer vor, durch die das Parterr abgesondert wird. Man spiele, als ob der Vorhang nicht aufgezogen würde.« (Diderot 1984b: 284) Diese berühmte vierte Wand, darauf hat Johannes Friedrich Lehmann hingewiesen, dient aus kommunikationstheoretischer Perspektive keineswegs dazu, die Illusionierung des Bühnengeschehens und damit die Täuschung des Zuschauers zu perfektionieren. Vielmehr wird sie eingeführt, um das Beobachten des Beobachtens zu inszenieren und zu strukturieren.

Die vierte Wand ermöglicht, so Lehmann, »die Kombination mehrerer Ausschnitte nebeneinander«, wobei es »um eine Reflexion von Bedingungen von Beobachtung« geht (Lehmann 2000: 162). Wenn Diderot schreibt: »Nicht auf dem Theater, in dem Saale müssen Sie mein Stück begutachten!«, deutet er auch an, dass der Saal zum Theater für das »Stück« wird (Diderot 1984a: 171). Der Saal oder das »Innenraummodell« wird auf diese Weise zum bürgerlichen Salon, auf dessen Parkett Theater gespielt wird. Sowohl im Salon als auch im Theater wird sich der Betrachter bewusst, dass er »immer schon Teil der Szene ist, die er betrachtet« (Söntgen 2012: 128). Mit diesen Überlegungen schreibt sich der Salon, das Leben, als Modell in die Theatersituation ein, wobei er aber vom Theater verdeckt wird. Auf der anderen Seite schreibt sich das Theater, die Kunst, als Modell der Beobachtung in den Salon ein, der ebenso theatralen Gesetzen folgt. Die Bühne wird zum Salon, in dem das Theater durch wirkliche Gefühle verdeckt wird, und der Salon wird zur Bühne, auf dem einstudiertes soziales Verhalten gezeigt wird. Die Distanz des Beobachters im Theater schlägt um in emotionale Nähe; die teilnehmende Nähe am Gespräch im Salon schlägt um in distanzierte Beobachtung. In der gegenseitigen Überblendung der beiden Modelle bleiben Risse, die die Geschlossenheit von Salon und Theater bedrohen. Denn die an der ersten Urszene beteiligten Personen wissen, dass es sich um ein Theaterspiel handelt, weil der verstorbene Vater durch eine andere Person, die seine Rolle übernimmt, gespielt werden muss. Auf der anderen Seite erscheinen die scheinbar natürlichen Verhaltensweisen im Salon als einstudiert. »Die Suche nach dem ›Natürlichen‹«, schreibt Günther Heeg über Diderots Theater, »verkehrt sich in die nach dem höchsten Grad der Täuschung.« (Heeg 2000; 68–69) Das Bezeugen durch Dabeisein wandelt sich zu einem Beobachten von anderem und von eigenem Verhalten. Die Figur der

Verbindung von Salon und Theater ist die vierte Wand. In der vierten Wand treffen und verflechten sich Salon und Theater, Teilnahme und Trennung, Nähe und Distanz, Kontemplation und kühle Beobachtung, Zeuge und Beobachter. Sie aktiviert zur Imagination und zur Teilnahme durch imaginierte Teilnahme und teilnehmende Imagination.

Die Situation – Austragungsort von Ästhetik und Ethik

Mit diesen Überlegungen soll nicht gesagt werden, dass postdramatische Theaterformen oder zeitgenössische Tanzperformances dasselbe seien oder gar dasselbe täten wie das bürgerliche Theater. Schon allein ein Blick auf die Vielzahl und Pluralität heutiger Theater- und Tanzformen würde diese Behauptung Lügen strafen. Was sich seit dem 18. Jahrhundert jedoch abzeichnet, ist eine Konfliktlinie, die auch zeitgenössische Theater- und Tanzperformances durchzieht und entlang deren sie ihr ästhetisches Spannungspotenzial entfalten. Was heute auf dem Spiel steht, lässt sich nicht allein auf die Fortführung der Entfaltung des Sinnlichen reduzieren. Es lässt sich vor allem auch als Spannungsverhältnis von Ethik und Ästhetik beschreiben, mithin also von Rousseaus Kritik am Theater als Repräsentationsapparat, der auf Lügen und Täuschungen basiere, einerseits und einer Autonomievorstellung von Kunst andererseits, die das theatrale oder tänzerische Geschehen als, wie bei Diderot, abgegrenztes und herausgehobenes Geschehen mit eigenen Gesetzen, Wirkungsweisen und Möglichkeiten der Entfaltung des Sinnlichen in Form von Gesten und Gefühlen auffasst.

Mit meiner Lesart von Diderots Theaterentwurf als Paradox von Theater und Salon – der Theatersaal als Modell für den Salon, der Salon als Modell für die Theaterbühne – wird der Widerspruch zwischen realem Vollzug und Handeln einerseits sowie dem Nach-Spielen und So-Tun-als-ob andererseits ins Zentrum des bürgerlichen Theaters *eingetragen*, wo er wie etwa von den historischen Avantgarden in unterschiedlichen Formen und Kontexten und mit unterschiedlichen Zielsetzungen bis heute wieder *ausgetragen* wird. Die zeitgenössische Theater- und Tanzperformance trägt diesen Konflikt zwischen Ethik und Ästhetik aus. Sie wird zum Ort dieser Auseinandersetzung, wobei Ort hier durchaus konkret als Spiel-Ort verstanden werden kann. Eben dieser Austragungsort als Ort, der sich selbst aus dem Theater austrägt, sich von ihm wegbewegt, sich andere Orte sucht, ohne das Theater jedoch aus den Augen zu verlieren, soll hier als Situation bezeichnet werden. Die Überblendung, die bei Diderot stattfindet, löst sich entlang ihrer Bruchlinien auf und macht sowohl das Theater als auch den Salon als zwei distinkte Phänomene wieder sichtbar, ohne jedoch ihre Verbindung vollkommen auflösen zu können. Situationen schaffen Orte und stellen Räume zwischen mindestens zwei Beteiligten Personen und/oder Dingen her, die ihr Verhältnis als Handelnde, Spielende und Zuschauende in wechselseitiger Bezogenheit aus- und verhandeln. Um die Spielweisen des Verhältnisses von Ethik und Ästhetik soll es im Folgenden gehen.

In der Bewegung vom Guckkasten hin zur Situation *entfaltet* sich auch der Grundwiderspruch von Theater – und gibt sich Raum. Er *faltet sich auf* und macht sich damit selbst zum Thema. Man könnte auch sagen, dass das Theater sich selbst denkt und reflektiert. Hans-Thies Lehmann hat in seinem Buch *Postdramatisches Theater* immer wieder darauf hingewiesen, dass Theater zugleich realer Vollzug und fiktionales Geschehen ist (1999: 12). Ähnlich formuliert Erika Fischer-Lichte, wenn sie in ihrer *Ästhetik des Performativen* dem Theater eine phänomenologische und eine semiotische Dimension zuweist, die sich beide überlagern.

Im Theater kommen Menschen im Hier und Jetzt zusammen, um gemeinsam etwas zu erleben. Und doch wohnen sie einem Geschehen bei, das sich von dieser Wirklichkeit unterscheidet, indem es mithilfe von Zeichen eine andere Wirklichkeit darstellt (Fischer-Lichte 2004: 255–261). Mit dem bürgerlichen Theater wird diese spannungsreiche Grundkonstellation zugunsten der ästhetischen Dimension von Theater entschieden. Dass man gemeinsam im Theater sitzt, wird ausgeblendet zugunsten einer imaginären Einbeziehung jedes und jeder einzelnen Zuschauer*in ins Bühnengeschehen, das emotional fesselt. Tritt dagegen die Dimension des realen Vollzugs in den Vordergrund, wird auch das Verhältnis von Ethik und Ästhetik neu verhandelt. Damit befragt sich Theater immer auch in seinen Möglichkeitsbedingungen. Was kann Theater sein? Was Tanz? Was kann Theater tun, wenn es sich als Zusammenkommen von Menschen und Dingen versteht? Wie ist Handeln möglich? Wie Zuschauen? Mit dem Thematischwerden der Situation können diese Fragen gestellt werden. Auch daraus erklärt sich die Vervielfältigung zeitgenössischer Theater- und Tanzformen.

Mit dem Fokus auf der Situation rückt die Vorstellung von Theater als einem in sich geschlossenen und statischen Werkzusammenhang in den Hintergrund. Für Fischer-Lichte wird der Werkbegriff abgelöst vom Aufführungsbegriff, mithin also von einem Begriff, der das gesamte Geschehen im Theaterraum inklusive der Reaktionen der Zuschauer und deren Wechselwirkung mit dem Bühnengeschehen umfasst (Fischer-Lichte 2004: 57). Der Begriff der Situation erweist sich auch deshalb für zeitgenössische Entwicklungen als interessant, weil er über den Begriff der Aufführung hinausgeht. Er erlaubt es also, Performances wie Meg Stuarts *With* zu fassen, in denen selbst die von Fischer-Lichte als für die Aufführung zentral angesehenen Kategorien von Materialität, Körperlichkeit und Atmosphäre, wenn überhaupt, nur noch eine untergeordnete Rolle spielen. Wie ich in *With* die Körperlichkeit meiner Mitspieler erfahre, ist nur ein Nebeneffekt unseres gemeinsamen Handelns, und zwar so lange, bis sie zum Thema gemacht und verhandelt wird. Situation wäre mithin der umfassendste Begriff, der die Aufführung beinhalten kann. Diese wiederum vermag die Inszenierung mit ihren Verabredungen und Festlegungen als Werk in sich aufzunehmen.

Um Missverständnisse zu vermeiden, muss am Ende dieses einführenden Kapitels noch eine Präzisierung erfolgen: Unser Leitbegriff der Theatersituation soll nicht einseitig allein auf die tatsächliche Zusammenkunft von Zuschauern und Akteuren abzielen. Nicht das gemeinsame Erleben allein steht hierbei also im Vordergrund. Obwohl auch diese bereits den Sachverhalt einer Situation darstellt (vgl. Kapitel 4), soll hier im emphatischen Sinn erst dann von Situation gesprochen werden, wenn die andere Seite, das »Ästhetische«, mit im Spiel ist. Situation soll also tatsächlich ein Spannungsverhältnis beschreiben, das nicht einfach ohne Verluste in die eine oder andere Richtung aufgelöst werden kann. Denn verschwände die ästhetische Dimension der Situation zugunsten der ethischen, würde sie sich ganz im Alltag auflösen und aufhören, Theatersituation zu sein. Abhanden käme der Situation dann die Möglichkeit, auf eine spezifische Art und Weise von und mit Dingen zu sprechen oder Sachverhalte zu verhandeln, die auch die Artikulation von Paradoxien, Aporien und Widersprüchen mit einschließt. Verschwände umgekehrt die ethische Dimension der Situation ganz in der ästhetischen, verkäme sie zum folgenlosen L'art pour l'art.

Eine in diesem Sinne verstandene Theatersituation begreift ihre Handlungsdimension nicht allein als Entfaltung des Sinnlichen, das durch Ausdrucksqualitäten oder -signale auf die Zuschauer*innen einwirkt und deren Wahrnehmung oder Haltung steigert oder verändert. Da dies im Prinzip sowohl im Alltag als auch auf der Bühne ständig geschieht, soll dieser Begriff von Handlung im Folgenden als schwacher Handlungsbegriff bezeichnet werden (vgl. Kapitel 4.2). Handlung, wie sie hier verstanden werden soll, meint darüber hinaus vor allem die tatsächlichen Handlungen, die das Theater und seine Produzent*innen vollziehen, um sich als Theater zu konstituieren. Der Handlungsbegriff zielt daher auf die Praxis des Theaters, die sich zum Thema macht und damit in ihren Möglichkeitsbedingungen zur Diskussion stellt. Dabei spielt die Tatsche des Zusammenkommens eine zentrale Rolle, ebenso wie die Produktions- und Entstehungsbedingungen der Aufführung, die aufgegriffen und ins Spiel gebracht werden. Diesem starken Handlungsbegriff kommt daher eine intentionale und zielgerichtete Dimension zu. Werden sie aber ins Spiel gebracht, verändern sie ihre Qualität. Das Verhältnis von Ethik und Ästhetik in der Theatersituation ist mithin eines der Spaltung oder des Widerspruchs, der das Ästhetische durch das Ethische und das Ethische durch das Ästhetische von sich selbst trennt (vgl. Kapitel 5).

Im folgenden Kapitel soll zunächst auf das Erbe der Avantgarden im Hinblick auf das beschriebene Spannungsverhältnis zwischen Ethik und Ästhetik eingegangen werden: Was wurde im avantgardistischen Schaffen mit Blick auf dieses Verhältnis postuliert? Wie gestalten sich avantgardistische Situationen, und was ist, bringt man die hier verfolgte Definition von Situation in Anschlag, die Kritik daran?

3. Das Erbe der Avantgarden: Kunst oder Leben

Zeitgenössische Theater- und Tanzperformance unter dem Gesichtspunkt der Situation zu betrachten ruft unweigerlich ältere Theaterexperimente auf den Plan, in denen das Herstellen von Situationen bereits Thema war. In Verbindung mit der Auseinandersetzung um die Position des Zuschauers (vgl. Kapitel 2) ist auch die Vorstellung, Theater schaffe Situationen, eng mit den historischen Avantgarden nach der Wende zum 20. Jahrhundert sowie mit den Neo-Avantgarden nach dem Zweiten Weltkrieg verbunden. Das Verhältnis zwischen Darsteller*innen und Zuschauer*innen wurde im Umfeld neo-avantgardistischer Vorstellungen von Kunst und Theater dahingehend diskutiert und praktiziert, dass die Kunst im Leben aufgehen möge, Theater solle also wieder ›echt‹ gemacht und als Ort der Repräsentation abgeschafft werden. Die Kunst solle im Leben aufgehoben werden in dem Sinn, dass sich das Leben selbst in eine Abfolge intensiver entrückter Momente mit gesteigertem Empfindungs- und Wahrnehmungsvermögen überführen lasse, womit die Kunst überflüssig gemacht werde. Weil im Theater Menschen zusammenkommen, um gemeinsam etwas zu erleben, ermöglicht Theater eine authentische Erfahrung, die der Vermarktung durch den Konsumkapitalismus entgeht. Die Austragung der gesellschaftlichen Situation im Theater selbst führt zu zahlreichern Formen der Partizipation, in denen das Verhältnis von Gruppe und Individuum, Kollektiv und Einzelnem oder Gesellschaft und Subjekt auf dem Spiel steht. Es sind mithin Verhandlungen über das Soziale, die von dem Wunsch getragen werden, Theater möge zum gesellschaftlichen Wandel beitragen.

Unter dem Vorzeichen der Situation zeichnen sich einige Gemeinsamkeiten, aber auch signifikante Unterschiede mit Positionen der Neo-Avantgarden ab, die mit ihrer Kunst gesellschaftlicher Entfremdung entgegenwirken wollten. Um diese Gemeinsamkeiten und Unterschiede soll es in diesem Kapitel gehen. Die angestrebte Transformation des täglichen Lebens wurde dabei verbunden mit der Erschaffung und Nutzung von Räumen, die dem Theater bisher fremd waren. In diesen alternativen Räumen werden bestehende Räume umgewertet und ein anderer Umgang der Teilnehmer miteinander erprobt. Zwei dieser Entwürfe sollen im Folgenden zur Diskussion gestellt werden. Das ist zum einen das Konzept der »konstruierten Situation«, wie es die neoavantgardistische Formation der Situationistischen Internationale in den 1950er Jahren entwickelt hat. Zum anderen ist es Richard Schechners Versuch eines »environmental theater« aus dem Jahr 1967, das aus praxeologischer Sicht das Verhältnis von Kunst und Leben, Theater und Gesellschaft zu bestimmen versucht. Trägt die Situationistische Internationale die Situation schon in ihrem Namen, entsteht sie bei Schechner durch eine veränderte räumliche und sinnliche Bezugnahme der Teilnehmer zueinander im »environment«. In beiden verbinden sich räumliche Aspekte von Theater mit Aspekten veränderter theatraler Kommunikation, die bis heute Blaupausen für zahlreiche Performances im Stadtraum oder im ortspezifischen Umfeld darstellen.

3.1 Guy Debord, die Situationistische Internationale und der Stadtraum

Die radikalste Forderung nach einer Gleichheit von Akteuren und Zuschauern, ja sogar nach deren Abschaffung, hat wohl der französische Autor und Filmemacher Guy Debord aufgestellt. Als Gründungsmitglied der Situationistischen Internationalen betrachtet Debord das Herstellen von Situationen als Ausweg aus der Entfremdung der kapitalistischen Konsumgesellschaft. In der Situation gibt es nur Teilnehmende: Alle werden zu Spielern, die ihr eigenes Handeln und ihr Leben selbst zur Kunst machen.

Die Situationistische Internationale war eine Avantgarde-Bewegung der Nachkriegszeit, die 1957 neben anderen, kleineren Bewegungen aus der Internationale lettriste hervorging. Die Gruppe umfasste etwa zwanzig Mitglieder, darunter Maler, Architekten und Schriftsteller aus ganz Europa. Am bekanntesten sind wohl der dänische Maler Asger Jorn und der Philosoph und Filmemacher Guy Debord, dessen 1967 veröffentlichtes Buch *Die Gesellschaft des Spektakels* bis heute nachwirkt. Darin formuliert Debord aus marxistischer Perspektive eine grundlegende Kritik am Spätkapitalismus, der für ihn in den Zustand des »Spektakels« übergegangen ist, in dem Bilder die Funktion von Mythen und Religion eingenommen haben. »Das Spektakel ist nicht ein Ganzes von Bildern«, so Debord im vierten Aphorismus seines Buches, »sondern ein durch Bilder vermitteltes Verhältnis zwischen Personen.« (Debord 1996: 14) Was das Spektakel auszeichnet, ist demnach die Abstraktion von unmittelbaren sozialen Beziehungen zwischen den Menschen zugunsten von vermittelten Beziehungen über Bilder, die kapitalistischen Verwertungslogiken folgen. In Zeiten von Social Media und Selfie-Kulturen sind solche Gedanken vielleicht wieder aktueller denn je. Wie die Lettristen vor ihnen suchten auch die Situationisten nach dem wahren, nicht-entfremdeten Leben hinter der Fassade des Konsumkapitalismus. Der kritische Impuls der Gruppe bestand darin, das Leben in Situationen zu verwandeln, die das kapitalistisch spektakuläre »Haben« wieder in ein »Sein« der Menschen verwandeln sollen.

Vor diesem Hintergrund, der sich wie ein Grundakkord durch Debords Denken zieht, nehmen die Aktivitäten der Situationisten, die zumeist über Selbstversuche innerhalb der kleinen Gruppe nicht hinauskamen, eine gesellschaftskritische Dimension an. Situationistische Ideen zum Stadtraum etwa spielen auch heute in Urbanismus- und Gentrifizierungsdebatten ebenso wie in Arbeiten mit mobiler temporärer Architektur noch eine wichtige Rolle. Dem Theater als Repräsentationsapparat und Ort der Bilderproduktion stand Debord kritisch gegenüber. Einzig und allein Brechts Berliner Ensemble schrieb er eine gewisse Bedeutung für die Konstruktion von Situationen zu, weil es Brecht gelungen sei, »sich der Dummheit des sozialistischen Realismus an der Macht zu widersetzen« (Debord 2008a: 37). Dennoch bleibt das Theater als Kunstform, die es zu überwinden gilt, dialektisch mit Debords Verständnis der Situation verbunden. Er bedient sich zur Beschreibung dessen, was eine Situation ausmacht, immer wieder des Vokabulars des Theaters. Die Konstruktion von Situationen ist die Lösung für das Problem der Kunst im Spätkapitalismus: Sie hebt sich selbst in der Situation auf und entgeht damit ihrem Objektstatus und Warencharakter.

Im Juli 1957, auf der Gründungskonferenz der Situationistischen Internationalen in Italien, präsentierte Guy Debord den programmatischen Text »Rapport über die Konstruktion von Situationen« (2008a). In der ersten Ausgabe der Zeitschrift *Situationistische Internationale*, die im Juni 1958 erschien, finden sich zwei weitere zentrale Texte zum Thema: »Vorbereitendende Probleme bei der Konstruktion einer Situation« (2008b) sowie »Beitrag zu einer situationistischen Definition des Spiels« (2008c). Debords »Rapport« stellt klar, dass die »Konstruktion von Situationen [...] jenseits des modernen Zusammenbruchs des Begriffs des Spektakels« beginnt (2008a: 41), wobei mit Spektakel, frz. *spectacle*, an dieser Stelle explizit das Theater gemeint ist. »Es ist leicht zu sehen, wie sehr gerade das Prinzip des Spektakels (d.h. des Theaters, G.S.) – die Nichteinmischung mit der Entfremdung der alten Welt verknüpft ist.« (ebd.) Das moderne Theater beruht für Debord auf der Nichtintervention des Publikums ins Geschehen. Dies korrespondiert für ihn mit dem Prinzip der Entfremdung in der kapitalistischen Gesellschaft: Die Zuschauer konsumieren, aber produzieren nicht selbst. Anders als im Theater, wo sich der Zuschauer mit dem Helden identifizieren soll, wird der Zuschauer sich in den Situationen seiner eigenen Fähigkeiten, »das eigene Leben umzugestalten«, gewahr (ebd). Dies wird dadurch ermöglicht, dass er die Situation gemeinsam mit anderen herstellt und sie dann selbst erleben kann. Die Rolle des Publikums als Zuschauende wird »ständig kleiner werden, während der Anteil derer zunehmen wird, die zwar nicht Schauspieler, sondern in einem neuen Sinn des Wortes ›Lebe-Männer‹ genannt werden können« (ebd.). Die ehemaligen Zuschauer und die ehemaligen Schauspieler verschmelzen zu Erlebenden ihrer eigenen Situation. Sie leben in der Situation und erleben diese.

Das Verfahren, das Debord ins Feld führt, um Situationen herzustellen, ist das Umherschweifen, frz. *dérive*. Das Umherschweifen ist »eine Technik des eiligen Durchquerens abwechslungsreicher Umgebungen« (Debord 2008d: 64). Es ist mithin eine urbane Praxis, bei der es um einen radikal subjektiven, vom Begehren geleiteten Zugang zum Leben und zur Stadt geht. Durch rasche Ortswechsel und ein zielloses Treibenlassen in der Stadt wird die Geografie der Stadt dahingehend verändert, dass plötzlich Orte in der Stadt eine subjektive Wichtigkeit erhalten, die im Gegensatz zur zweckgemäßen Nutzung von Straßen und Plätzen stehen. Dabei geht es Debord vor allem um Stimmungen und Atmosphären, die an diesen Orten wahrnehmbar werden und deren Wechsel Einblick gewähren soll in das, was er die »Psychogeographie« der Stadt und ihrer Bewohner nennt. Vor dem Hintergrund von Debords Kritik am Spektakel als einer Verdinglichung zwischenmenschlicher Beziehungen durch Medienbilder öffnet das Umherschweifen andere Kanäle der sinnlichen Wahrnehmung diesseits des dominanten Gesichtssinns. Zwar könne man auch allein durch die Stadt streifen, Debord schlägt jedoch vor, dies in wechselnden Kleingruppen von zwei bis drei Teilnehmern zu tun. Die natürliche Zeitspanne für eine *dérive* sei »der Tag zwischen zwei Schlafensperioden« (ebd.: 65). Der amerikanische Subkulturforscher Greil Marcus fasst die Ziele des Umherschweifens wie folgt zusammen: »They were an attempt to fashion a new version of daily life – a new way of how people organized their wishes, pains, fears, hopes, ambitions, limits, social relationships. And identities, a process that ordinarily took place without consciousness.« (Marcus 2002: 5) Für Debord ist der Wunsch nach einem anderen Leben und einer anderen Gesellschaft unbewusst bei jedem vorhanden. In den Situationen soll nun dieser Wunsch zur bewussten Idee werden, die zur Handlung und zur Ausführung gelangt.

Mit ihren Stadtspaziergängen, von denen es nur wenige, relativ uninformative Protokolle gibt, können die Situationisten zurückgreifen auf ähnliche Verfahren der historischen Avantgarden. Schon in den 1920er Jahren organisierten die Dadaisten Stadtspaziergänge, um die Praxis offizieller touristischer Stadtführungen zu parodieren (Bishop 2012: 69). Für die Surrealisten waren ihre nächtlichen Rundgänge über Kirchhöfe ein Weg, eine größere Verbindung zwischen Kunst und Leben herzustellen (ebd.: 71). Für die Situationisten geht diese Verbindung einher mit der Auf- und Umwertung des Spiels, das von seiner einseitigen Ausrichtung auf den von Konkurrenzdenken getragenen Wettkampf abrücken solle. Nur dann könnten die »ursprünglichen sozialen Funktionen des Spiels« (Debord 2008c: 47) wieder zum Vorschein kommen, die darin bestünden, dass man gemeinsam eine spielerische Situation schafft, die letztlich nicht mehr unterschieden werden kann vom Alltagsleben: »Der Hauptunterschied, den es zu überwinden gilt, ist der zwischen Spiel und gewöhnlichem Leben« (ebd.), sodass das Spiel letztlich keine aus dem Alltag herausgehobene Tätigkeit mehr sei, sondern das Leben selbst. Wie das Umherschweifen hat auch das Spiel das Ziel, »Kampf für ein der Begierde angemessenes Leben« (2008c: 48) zu sein, was etwas freundlicher klingt, wenn man es als lustvolles Spiel mit dem eigenen Begehren, Idiosynkrasien, Vorlieben und Wünschen begreift. Das, was in Situationen geschieht, unterscheidet sich von der Freizeitgestaltung in kapitalistischen Gesellschaften, weil es sich nicht an Konsumenten richtet, sondern an Produzenten. Sowohl Spiel, Umherschweifen als auch die Situation, die durch das spielerische Umherschweifen hergestellt wird, machen ein »direktes Erleben« (ebd.) möglich.

Was bedeutet dies nun für das situationistische Verständnis von Situation? Debord lässt keinen Zweifel daran, dass eine Situation bewusst hergestellt werden muss. Dies dient dazu, ein einheitliches Prinzip zu etablieren, welches zwar Zufälle nicht ausschließt, aber eine »Gesamtheit von Eindrücken, die die Qualität des Moments bestimmen« (2008a: 41), ermöglicht. Aufgrund der Möglichkeit, Kräfte zu bündeln und Emotionen zu intensivieren, steht die hergestellte Situation im Gegensatz zu den unzähligen Situationen, die das alltägliche Leben des Menschen bestimmen und die für Debord alle irgendwie gleich sind. Im Alltag heben sich die »voneinander abweichenden Emotionen« der isolierten Individuen gegenseitig auf »und erhalten ihre solide Umwelt der Langeweile aufrecht« (Debord 2008c: 50). Durch die hergestellte, bewusst initiierte und kontrollierte Situation gehen diese Emotionen in einem Kollektiv auf und erhalten damit die Kraft zur Veränderung. Ein weiteres Merkmal der Situation ist es, dass sie zu Forschungszwecken hergestellt wird. Debord wird nicht müde, darauf hinzuweisen, dass er Umherschweifen und lustvolles Spiel als »experimentelle Forschung« (2008a: 43) begreift, die dazu dient, zukünftiges Verhalten im Umgang mit der Wirklichkeit und der urbanen Lebenswelt zu erproben. Situationen sind künstlich herbeigeführte Laborversuche in situ: Sie sind Probehandeln im Stadtraum.

Situationen machen direktes Erleben möglich. Und dennoch spricht Debord davon, dass eine Situation zugleich auch die »Darstellung eines solchen Lebens« sei (2008c: 48). Dies wirft die Frage auf, für wen die Situation, die ein dem Begehren angemessenes Leben herstellt, im Modus der Darstellung erscheint. Für die Spieler selbst, deren Einstellung sich dann aber aufspalten müsste in die von Handelnden und den eigenen Handlungen Zuschauende? Zuschauende, die ihre Handlungen und deren Folgen zudem überblicken können müssten? Oder für den Initiator des Spiels, das zwar als kollektive Aktion ausgeführt wird, für dessen Anfänge Debord aus pragmatischen Gründen aber doch eine Art »Regisseur«, wie er selbst sagt, installieren möchte? Ihm käme die Aufgabe zu, die Ausstattung der zum Experiment der »Forschungsgruppe« nötigen Mittel zu koordinieren und gegebenenfalls auch in die Ereignisse einzugreifen, um den Fortgang des Spiels subtil in bestimmte Bahnen zu lenken. Spätestens hier macht sich ein Moment der Manipulation bemerkbar, das die Frage nach den Machtverhältnissen innerhalb der Situation aufwirft. Die bewusste Steuerung des Versuchsaufbaus durch einen Leiter, dessen Eingriffe den anderen jedoch »unbekannt bleiben würden« (2008b: 49), verschafft diesem einen Informationsvorsprung, der die Situation durchaus nicht derart »frei« erscheinen lässt, wie es Debords Ideal darstellt.

Beide Widersprüche, sowohl jener zwischen Erleben und Darstellen als auch jener zwischen kollektiver Aktion und individueller Steuerung, haben Auswirkungen auf die zentrale Forderung, welche die Situationisten mit allen historischen Avantgarde-Bewegungen teilen: jene der Aufhebung der Trennung von Kunst und Leben. Debord wirft seinen Vorgängern vor, gerade an diesem zentralen Ziel gescheitert zu sein. In *Die Gesellschaft des Spektakels* formuliert er: »Der Dadaismus wollte *die Kunst wegschaffen, ohne sie zu verwirklichen*; und der Surrealismus wollte *die Kunst verwirklichen, ohne sie wegzuschaffen.* Die seitdem von den *Situationisten* erarbeitete kritische Position hat gezeigt, daß die Wegschaffung und die Verwirklichung der Kunst die unzertrennlichen Aspekte ein und derselben Aufhebung der Kunst sind.« (Debord 1996: 164–165) Die Kunst soll nicht nur »weggeschafft« werden, sondern sich in ihrer eigenen Abschaffung auch noch verwirklichen. Guy Debord präsentiert die Avantgarde-Bewegung der Situationisten hier im Hegel'schen Sinne als Synthese und Aufhebung aller vorhergegangenen Avantgarde-Bewegungen, die einzige Bewegung, die Kunst im Leben auflösen und dort zugleich bewahren könne. Erst wenn das ganze Leben ästhetisch geworden ist, erfüllt sich dessen Ethik als ein gutes Leben und Handeln jenseits von Konsumgesellschaft, Arbeitsteilung und Entfremdung. Wie die Kunsthistorikerin Claire Bishop konstatiert, appelliert Debords Abschaffung der Kunst auf dialektische Weise nach wie vor an die Existenz der Kunst, die als Negativfolie immer noch aufgerufen und präsent gehalten wird

(Bishop 2012: 102). Das Spiel als »höheres« Spiel sowie die Darstellung des Lebens im Moment des Erlebens selbst führen einen wenn auch minimalen Spalt in das Erleben ein, der es trotz gegenteiliger Aussagen eigentlich verhindert, dass die Kunst vollkommen im Leben aufgeht. Die alten Spaltungen von Handelnden und Zuschauenden, dem Regisseur als Produzent und dem Publikum als Konsument, haben nie völlig ihre Bedeutung verloren oder sind gar in einem völlig enthierarchisierten Verhältnis aufgegangen. Die Abschaffung des Theaters als Kunstform durch die spielerische Ästhetisierung des Lebens selbst trägt das Theater dennoch ins Leben ein und umgekehrt. Der Eintrag des Ethischen ins Ästhetische und des Ästhetischen ins Ethische trennt beide voneinander und hält sie so auf Distanz. Dass diese Distanz für Debord nur eine vorläufige sein kann, die sich dann aufhebt, wenn die Revolution des Lebens einmal erfolgt sei, verstärkt nur den utopischen Charakter der Forderung. Die Aufhebung der Kunst im Leben bleibt letztlich eine Forderung, die keine theatrale Praxis nach sich ziehen kann. Oder umgekehrt: Die Existenz einer theatralen Darstellungspraxis wie des Umherschweifens macht das restlose Aufgehen der Kunst im Leben unmöglich.

Trotz dieser Paradoxien im Verhältnis zwischen Ästhetik und Ethik zeigt sich Debords Konzept des Umherschweifens als ungeheuer produktiv und wirkmächtig. Stadtraumerkundungen und -spaziergänge, Theater- und Tanzprojekte im öffentlichen Raum sowie Audiowalks erfreuen sich seit der Wende zum 21. Jahrhundert größter Beliebtheit. Für das Projekt *urban drifting* des österreichischen Choreografen Willi Dorner etwa, das 2010 im Rahmen des Festivals »Theater der Welt« gezeigt wurde, zog eine Gruppe farbig gekleideter Tänzerinnen und Tänzer durch die Straßen Essens. Durch ihre körperlichen Interventionen und skulpturalen Anordnungen, wenn sie etwa die Lücke in einem

Hauseingang zwischen Tür und Hauswand ausfüllten, entstand eine andere Wahrnehmung der Architektur, wobei das Publikum angehalten war, der Gruppe zu folgen und sich an jeder Station ihr gegenüber körperlich neu zu positionieren (Holling 2012: 3).

Dabei spielt die zentrale Frage der Avantgarde, die Verschmelzung von Kunst und Leben, heute eine eher untergeordnete Rolle. Was dagegen in den Fokus rückt, ist die Suche nach Möglichkeiten, mithilfe der Kunst die Wahrnehmung des Alltäglichen zu verändern, um damit Stadt und Umgebung als prinzipiell veränderbar erscheinen zu lassen. Statt Kunst im Leben aufzuheben, wird Kunst dazu benutzt, ein anderes Handeln zu ermöglichen, dessen Möglichkeiten sich nur dadurch eröffnen, dass Kunst *als Kunst* in den öffentlichen Raum interveniert. Die britische Gruppe Wrights & Sites, die 1997 in Exeter gegründet wurde, schließt mit ihren Stadtraumprojekten direkt an die Ideen der Situationistischen Internationale an. In ihrem Manifest *A Manifesto for a New Walking Culture: ›Dealing with the city‹*, das 2005 zum ersten Mal in Zürich im Rahmen der sechsten internationalen Konferenz zum Thema *Walking in the 21st Century* vorgetragen wurde, verweist die Gruppe sogar explizit auf Guy Debord und das Konzept des Umherschweifens als Technik (Wrights & Sites 2006). So schlagen sie etwa vor, die Warenauslagen einer Shopping Mall als »hyperrealistische Museen der Konsumentenkultur« zu betrachten oder an Bushaltestellen kleine Tänze aufzuführen und das gemeinsame Gehen mit Passanten als Geschenk zu begreifen (ebd.: 115, 116).[15] 2003 veröffentlichte die Gruppe ihr Buch *An Exeter Mis-Guide*, in dem sie neue Wege, die Stadt Exeter zu erkunden, aufzeigte. Die Stadt soll dabei fremd gemacht werden und auf diese Weise den Explorierenden die Möglichkeit eröffnen, ihre eigene »mythogeography« zu schreiben: »the personal, mythical, fictional and fanciful mappings that intertwine or subvert the official, municipal identities and histories of a place« (ebd.: 121). Das Fehlgeleitetsein, das Abdriften wird darin zum Prinzip erhoben, um Städte wie München, New York, Neapel oder Paris, um nur einige der Städte zu nennen, in denen solche »Mis-Guides« veranstaltet wurden, anders erfahren zu können. Das Manifest, so Wrights & Sites, verstehe Kunst nicht als passiven Ausdruck einer Bewunderung für eine Stadt, indem etwa Kunst die Stadt ästhetisiert und »verhübscht«, sondern als aktive Möglichkeit, die Stadt zu verändern.

Ein anderes Beispiel für eine Stadtrauminszenierung stellt das Projekt *Evakuieren* des japanischen Regisseurs Akira Takayama dar, das dieser 2010 entlang einer U-Bahnlinie in Tokio zum ersten Mal veranstaltet hat. 2014 war das Großprojekt als Gemeinschaftsproduktion verschiedener Theater im Rhein-Main-Gebiet zwischen den Städten Frankfurt, Mainz, Darmstadt und Hanau zu erleben. Dabei gestalteten lokale und internationale Künstler und Künstlergruppen etwa vierzig Haltstellen des öffentlichen Nahverkehrs um, um den Teilnehmer*innen einen Ausstieg aus ihrer alltäglichen Wirklichkeit hinein in eine andere Realität zu ermöglichen. Von dargebotenen kleinen Performances über Filmvorführungen in einem Gartenhäuschen auf einem Baumarktgelände bis hin zu Anweisungen, etwa in einem Gorilla-Kostüm durch Frankfurt zu laufen, boten sich den Teilnehmer*innen zahlreiche Möglichkeiten, ihrem Alltag zu entfliehen und die Stadt neu zu entdecken. Takayamas Verständnis von Theater trifft dabei die zentrale Frage nach dem Verhältnis zeitgenössischer Theater- und Tanzästhetik zu ethischen Fragen des Zusammenseins. Theater, so Takayama, könne nur dann noch Theater sein, wenn es sich verstecke (Boldt 2014). Es muss sich im Stadtraum verstecken, wo die Teilnehmer*innen es entlang der Routen erst entdecken müssen, wo es sich ihnen vielleicht auch auf überraschende Weise zeigt. Theater taucht an Orten auf, wo es traditionell nichts zu suchen hat, und soll auf diese Weise ungeahnte Begegnungen ermöglichen. Takayamas Vorstellung von Theater geht einen Schritt weg vom Theater als Kunsttheater und verlegt es in die alltägliche Umgebung der Menschen. Doch dadurch wird das Theater keineswegs abgeschafft oder gar mit dem Leben verschmolzen. Im Gegenteil. Was durch die Inszenierungen der einzelnen Orte erzielt wird, ist eine Art romantischer »Poetisierung des Alltags« (Magel 2014), seine Überhöhung durch Kunst, deren Grenzen zum Leben durch unterschiedliche Rahmungen immer wieder umspielt, gebrochen und neu etabliert werden.

In Verbindung mit Stadtraumprojekten können auch Audiowalks betrachtet werden, die sich allerdings ganz klar von situationistischen Vorgaben absetzen. Denn die Fragen nach arbeitsteiligen Hierarchien, Machtverhältnissen und kollektivem Erleben stellen sich bei den meisten Audiowalks erst gar nicht. Zum einen werden die Teilnehmer*innen, mit Kopfhörern und Audiogerät ausgerüstet, im Abstand von wenigen Minuten einzeln auf den Parcours geschickt. Zum anderen werden über die Audiospur konkrete Anweisungen erteilt, welche die Teilnehmer*innen befolgen müssen, wollen sie sich nicht wirklich verirren und den Ablauf der Aktion nicht in Gefahr bringen. Die Teilnehmerinnen werden also ganz bewusst geführt; sie folgen einer aufgezeichneten Stimme, die für den Zeitraum der Exkursion ihre Blicke lenkt und ihr Handeln bestimmt. Stefan Kaegi, heute Teil der Theatergruppe Rimini Protokoll, und Bernd Ernst haben unter dem Label »Hygiene Heute« im Jahr 2000 drei solcher Audiowalks für drei Städte (Gießen, Frankfurt am Main und München) entwickelt, die alle um die Geschichte eines verschwundenen Bibliothekars, eines Herrn Kirchner, kreisen. Der Münchner Walk *Kanal Kirchner* wurde 2019 im Rahmen des Spielart-Festivals sogar wieder aufgenommen. Dabei begeben sich die Teilnehmer*innen auf die Spur von Kirchner und werden im

Rahmen einer Kriminalgeschichte zu Detektiven und Zeugen, Verfolgern und Verfolgten. 2005 entwickelten Rimini Protokoll mit *Call Cutta* einen mittlerweile berühmt gewordenen Audiowalk, bei dem die Teilnehmer*innen in Berlin per Handyanruf mit einem Call-Center-Agenten oder einer Agentin im indischen Kalkutta verbunden wurden, die sie anschließend per Handy durch die Stadt Berlin führten. Ähnlich verfahren Janet Cardiff und George Bures Miller in ihren Audiowalks, so z.B. 2004 im New Yorker Central Park *Her Long Black Hair* und in *Ghost Machine* im Berliner Theater Hebbel am Ufer 2005, wobei sie dort die Teilnehmer*innen zusätzlich mit einer Videokamera ausgestattet hatten.

Ein zentrales Verfahren der Audiowalks, das ihren großen Reiz ausmacht, ist die Aufspaltung der Wahrnehmung in mindestens zwei getrennte Räume. Über die Audiospur flüstert mir eine fremde Stimme Anweisungen ins Ohr und erzählt mir eine Geschichte, während ich durch eine mir bekannte oder unbekannte Stadt laufe, deren Eindrücke sich nicht unbedingt mit der Geschichte decken. Das, was ich höre, ist nicht deckungsgleich mit dem, was ich sehe. Der fiktionale Raum, der sich mir über das Hören eröffnet, trifft auf den realen Stadtraum, in dem ich mich bewege. Durch die Wechselwirkungen von Hören und Sehen werden die Teilnehmer*innen dazu aufgefordert, eigene Verbindungen zwischen Hören und Sehen zu ziehen, wobei das, was ich höre, das verändert, was ich sehe, und umgekehrt. Häufig ist die erste Reaktion die des Zweifels. Ist der Mann, der an der Ampel steht und von dem mir die Stimme sagt, ich solle auf ihn achten, ein Verdächtiger im Fall Kirchner? Gehört er gar zur Inszenierung und wurde absichtlich dort positioniert oder ist er tatsächlich nur ein harmloser Passant, der mir plötzlich als ein anderer erscheint, weil ich ihn in die Geschichte einbaue? Auf diese Weise wird mir der Stadtraum zur Bühne, auf der mir die vertrauten Dinge, Häuser, Wege, Laternen plötzlich fremd und anders erscheinen. Sie werden transformiert. Gleichzeitig bleiben sie aber banale Dinge des Alltags. Auf der anderen Seite werde auch ich zum herausgehobenen Element im Stadtraum. Für die nichtsahnenden Passanten erscheint mein Verhalten merkwürdig: Ich zögere, bleibe stehen und schaue mich verdächtig um. Auch dies sind alltägliche Handlungen, die mir im Kontext eines Audiowalks aber plötzlich bewusst werden. Audiowalks können daher auch als Beispiele für ein Theater ohne Schauspieler und Zuschauer gelten, wie es die Situationisten und vor ihnen schon Bertolt Brecht (vgl. Kapitel 5.2) konzipierten. Beide Gruppen erscheinen nur noch als funktionale Positionen in einem Spiel der Blicke, die je nach Einstellung wahlweise die jeweils anderen zu Schauspielern oder Zuschauern machen. Durch die Trennung der Hör- und Sehräume treten das Theater als Kunstraum und Ort der Fiktion und das Theater als gesellschaftlicher Ort der Begegnung auseinander, ohne sich voneinander loszusagen. Der sich eröffnende Zwischenraum, in dem sich die Teilnehmer*innen bewegen, ermöglicht eine Reflexion auf das alltägliche Theater und die Funktionsweise von Theater als Ort der Verbindung zwischen Hören und Sehen.

3.2 Richard Schechner und das Environmental Theater

Der amerikanische Regisseur und einflussreiche Performance-Theoretiker Richard Schechner verfasste 1967 einen manifestartigen Text, der aus der Theaterpraxis heraus versuchte, Theater jenseits des Literaturtheaters anders zu bestimmen.[16] »Six Axioms for Environmental Theater« wirft ebenso Fragen nach der Position der Zuschauer auf wie solche nach Möglichkeiten der Partizipation und der Teilhabe der Zuschauer am theatralen Geschehen. Ziel ist es auch hier, Theater durch Betonung seiner gemeinschaftsstiftenden Funktion nicht nur Kunst sein zu lassen, sondern es sozial wirksam zu machen. Der Text greift dabei zurück auf die Entwicklungen im Bereich der bildenden Kunst wie der darstellenden Künste seit Beginn der 1950er Jahre, die im Zuge ihrer performativen Wende ihre traditionellen Gattungsgrenzen hinter sich ließen und mit verschiedenen Mitteln und Darstellungsformen zu experimentieren begannen. Bildende Künstler wie Allan Kaprow oder Carolee Schneemann lassen die Zweidimensionalität der Leinwand hinter sich und entdecken für ihre Happenings und Performances den dreidimensionalen Raum als Gestaltungsmittel, in dem viele Aktionen gleichzeitig stattfinden konnten. Die Betonung des Körpers als Material in Theaterformen wie jenen des Living Theatres oder später in der Body Art von Marina Abramović, die Auseinandersetzung mit neuen Medien wie dem Fernsehen, dem Super-8-Film und später Video im Fluxus oder die Arbeit mit alltäglichen Bewegungen und Zufallsprinzipien im postmodernen Tanz stellten prinzipiell den Objektcharakter von Kunst infrage und hoben stattdessen ihre soziale Funktion hervor.

In diesem Kontext fasst Schechner auch die grundlegende Möglichkeit von Theater ins Auge, dass Menschen zusammenkommen, um gemeinsam etwas zu tun. Auch im dramatischen Theater gibt es das gesellschaftliche Moment des Zusammenkommens, das aber lediglich stillschweigend vorausgesetzt wird. Eine Anerkennung der Möglichkeitsbedingung von Theater, das gemeinsame Erleben, findet für Schechner in offeneren, entgrenzten theatralen Formen wie dem Happening oder gar dem Protest auf der Straße statt. Schechner geht in seinem Text von der These aus, dass die Wurzel des Theaters im Austausch von Reizen bestehe: »The exchange of stimuli – either sensory or cognitive or both – is the root of theater.« (Schechner 1994: xx) Schechner macht dabei keinen Unterschied zwischen sinnlichen Reizen sowie deren Wahrnehmung und kognitiven Verstehens- und Deutungsprozessen, die beide gleichberechtigte Teile der Performance sind. Derart grundsätzlich definiert, lässt sich Theater kaum noch kategorisch von anderen Formen des Austauschs wie etwa sozialen Formen der Kommunikation oder anderen Kunstformen wie dem Tanz abgrenzen. Für Schechner besteht daher ein Theatralitätskontinuum, das von öffentlichen Ereignissen und Demonstrationen über offene Kunstformen wie das Happening und das, was er »environmental theater« nennt, bis hin zum traditionellen literarischen Theater reicht. Alle Stufen gehen ineinander über, sodass auch Formen öffentlichen Protests nicht nur als theatrale Ereignisse begriffen, sondern diese Formen sogar als Voraussetzung für Kunsttheater verstanden werden können. Durch Stilisierung, Abstraktion oder Übernahme bestimmter Formelemente gehen Formen des Protests oder des Handelns ins Kunsttheater über. Schechner macht sich für seine Bestimmung von Theater eine relationale Sichtweise zu eigen, die Theater nicht essenzialisiert und auf die Inszenierung von Dramentexten reduziert. Zwischen dem »unreinen Leben« und der »reinen Kunst«, wie er schreibt, besteht ein »performance continuum« (ebd.: xxiii), entlang dessen sich auch die Rollen von Akteuren und Zuschauern immer mehr ausdifferenzieren bis hin zum traditionellen Theater, in dem die Zuschauer klar abgegrenzt von den Performern diesseits der Rampe Platz nehmen. Wer bei einer Demonstration im öffentlichen Raum dagegen Performer, wer Zuschauer ist, lässt sich nicht genau definieren, zumal die Rollen fließend wechseln und ineinander übergehen können. Im Gegensatz zur Situationistischen Internationalen geht es Schechner nicht darum, das Theater zu überwinden und im Leben aufzuheben. Vielmehr trägt er die Darstellungsebene in die Ebene des Dargestellten ein und macht auf diese Weise die Form zum Inhalt des Theaters. Die Form des Theaters ist das Zusammenkommen von Menschen, das sich nun aber unter ästhetischen Gesichtspunkten zeigt, weil sie Inhalt des Stücks wie der Aufführung wird, deren Abgeschlossenheit wiederum von ihrer ethischen Dimension – eben das Zusammenkommen und das gemeinsame Tanzen – infrage gestellt wird. Diese Operation bewirkt mithin eine Spaltung sowohl des Ästhetischen als auch des Ethischen in sich: Ästhetisches und Ethisches stehen sich nicht als different gegenüber, sondern weisen bereits in sich die Spaltung in ästhetisch-ethisch und ethisch-ästhetisch auf. In diesem Sinne arbeitet Schechner an der Herstellung von Theatersituationen.[17]

Für Schechner ist allen Formen von Theater ein Moment der Konfrontation eigen: Konfrontation des Schauspielers mit der Rolle, der Darsteller mit dem Publikum, der Protestierenden auf der Straße mit der hegemonialen Ordnung der Gesellschaft (ebd.: xx). Es ist dieses agonale Moment, das Theater generell auszeichnet. Theater als Kunstform definiert sich einzig durch einen höheren Organisationsgrad seines Materials. Dazu gehört neben der klaren Definition der Rollen auch die Herausbildung einer in sich geschlossenen fiktionalen Welt, die sich, unterstützt durch eine entsprechende Spielweise der Schauspieler*innen, auf der Bühne entfaltet. Der Agon der Straße verwandelt sich in das agonale Prinzip der Protagonisten des Dramas, den Kampf zwischen Held und Gegenspieler; der gesellschaftliche Konflikt fungiert als Motor der Fiktion. Im Gegensatz zum klassischen literarischen Theater, das die Zuschauer diesseits der Rampe ins Dunkle verbannt, beschreibt Schechners Begriff des »environmental theater« eine Stufe theatraler Formen, die die Rampe bearbeitet. Theater formt ein »environment«, eine Art Raum-Installation, das die Zuschauer von allen Seiten bewusst einschließt:[18] »All the space ist used for the performance.« (ebd.: xxviii) Diese Umgebung kann ein vorgefundener Ort sein wie etwa eine alte Fabrikhalle oder ein Gelände, dessen Eigenheiten bewusst in den Austausch der Stimuli und damit ins Spiel einbezogen werden. Die Umgebung kann aber auch, wie Schechners eigene Inszenierungen mit der Performance Group in New York zeigen, ein gestalteter Raum sein, der den realen Ort, eine Garage im New Yorker Stadtteil SoHo als Spielstätte der Gruppe, in ein »environment« verwandelt. In Schechners berühmter Inszenierung von Euripides' Tragödie *Die Bakchen*, der er den Titel *Dionysus in 69* gab, werden die Zuschauer von den Darstellern in den Raum auf ihren Platz geführt. Hierfür stehen im Raum verteilte Sitzpodeste zur Verfügung, die die einheitliche Front von Zuschauern hinter der Rampe auflösen und die Zuschauergruppen auf ihren jeweiligen Inseln als Teil der räumlichen Gestaltung erfahrbar machen. Schechner geht es hierbei aber nicht darum, die Rampe zu leugnen und die Trennung von Zuschauern und Performern aufzuheben. Zuschauer und Darsteller sind beide in ihren jeweiligen Rollen als Zuschauer und Darsteller gleichberechtigte Teilnehmer an der Aufführung. In einer Szene in *Dionysus in 69* wird das Publikum aufgefordert, die Spielfläche zu betreten und mit den Darstellern zusammen zu tanzen. Inhaltlich motiviert, greift hier der Inhalt des Stücks – Pentheus beobachtet die Bacchantinnen beim Tanz in den Wäldern – auf die Form über: Der Inhalt wird gleichsam zur Form der Darstellung. Das gemeinschaftsstiftende Ritual der Bacchantinnen auf fiktionaler Ebene wird zumindest für die Dauer der Szene als gemeinschaftsstiftendes Ritual zwischen Darstellern und Zuschauern ausagiert. In solchen partizipativen Szenen wird das Publikum bei seinem Eintritt in die Szene gleichsam fiktionalisiert: Es tritt als Chor der Bacchantinnen in die Sphäre der Geschichte ein, es übernimmt eine Rolle im Stück, bevor es, durch Performer angeleitet, wieder in seine Rolle als Beobachter zurückgeführt wird. Gleichzeitig wird das gemeinsame Tanzen von den Zuschauern aber auch als reale Aktion aufgefasst, als ein befreites Tanzen jenseits gesellschaftlicher Rollen und Konventionen nämlich, das das Gemeinschaftserlebnis mit den Darsteller*innen ermöglicht und durch Körperkontakt steigert. Durch die kontinuierliche Modulation des Verhältnisses Zuschauer/Darsteller, durch das Ein- und Ausblenden der Zuschauer in und aus der Szene, werden die Zuschauer sich ihrer aktiven Rolle als Zuschauer bewusst und in den Stand der Reflexion auch über ihr eigenes Tun versetzt (Fischer-Lichte 1997: 35).[19]

Um Theater als gemeinsame Situation von Zuschauenden und Spielenden zu etablieren, sind verschiedene Verfahren nötig. Neben dem räumlichen Um- und Einschließen des Publikums sind es vor allem zwei weitere Verfahren, die Schechner hierfür anführt. Zum einen handelt es sich um die Enthierarchisierung der Theatermittel, die den Zuschauer*innen vielfältige Möglichkeiten der Wahrnehmung und damit der Erfahrung ermöglichen (ebd.: xl). Zum anderen beschreibt Schechner Techniken der Aufmerksamkeitslenkung und der Adressierung des Publikums, die die Wahrnehmung individualisieren (Schechner 1994: xxxvi-xxxix). Zur Enthierarchisierung der Theatermittel: Der Austausch von Stimuli kann, wie traditionell üblich, zwischen den Performern auf der Bühne und zwischen Bühne und Parkett stattfinden. Die Performer interagieren miteinander aufgrund von bestimmten Signalen, Stichwörtern oder Geschehnissen. Diese Interaktion ruft wiederum beim Publikum bestimmte Reaktionen hervor. Sie kann aber auch allein zwischen den Zuschauern stattfinden, was ebenso Teil der Aufführung ist. Schechner geht sogar noch weiter und bezieht auch den Austausch zwischen Produktionselementen wie Requisiten, Licht und Ton in ihrem jeweiligen Verhältnis zueinander, zu den Darstellern und den Zuschauern sowie zum gesamten Raum der Performance in seine Überlegungen ein. Damit rückt er auch jene Theatermittel ins Zentrum des Geschehens, denen im literarischen Theater eher eine dienende Funktion zukommt. Licht dient nicht mehr länger dazu, die Schauspieler ins rechte Licht zu rücken, sondern kann zu einem eigenständigen Gestaltungsmittel werden. Das Spiel der Performer muss nicht mehr zwangsläufig nur zwischen ihnen im Dialog stattfinden. Es kann auch ein Drittes, Licht oder ein Objekt etwa, einbeziehen, wodurch sich wiederum das Verhältnis der Performer zueinander verändert. Alle Elemente sprechen ihre eigene Sprache und tragen gleichberechtigt zum Geschehen bei. Damit hebt Schechner die Unterordnung des Bühnengeschehens unter einen verbalen Text auf, dessen Sinnpotenziale die Wahrnehmung und Interpretation des Geschehens steuern: »The text need be neither the starting point nor the goal of a production. There may be no verbal text at all.« (ebd.: xli)

In einer derart gestalteten Umgebung von gleichberechtigten Mitteln, in der Zuschauerräume und Spielorte sich durchdringen, kann vieles gleichzeitig geschehen. Als zentrales Verfahren der Aufmerksamkeitslenkung stellt Schechner daher die Arbeit an der Adressierung der Zuschauer heraus. Im traditionellen Theater richtet sich die Aufmerksamkeit der Zuschauer auf die Bühne. Sie wird in eine Richtung gebündelt. Für Schechner ist dies jedoch nicht die einzige Option, mit dem Blick der Zuschauer umzugehen. So können in einem durch mehrere Spielflächen gekennzeichneten Raum verschiedene Aktionen gleichzeitig stattfinden, die von verschiedenen Positionen aus, mal besser, mal schlechter einsehbar sind. Die Aufmerksamkeit der Zuschauer wird demnach herausgefordert; ihr Blick oszilliert zwischen verschiedenen Szenen, die sich wiederum für einige sogar der Wahrnehmung ganz entziehen. In *Dionysus in 69* sind immer wieder Schauspieler zu beobachten, die sich zwischen die Zuschauer drängen, sich neben sie setzen, um ihnen geradezu intim Dinge ins Ohr zu flüstern, die nur für sie und vielleicht noch für ihre unmittelbare Umgebung bestimmt sind. Zwischen dem, was Schechner »single-«, »multi-« und »local-focus« nennt, wird deutlich, dass es im Prinzip die eine Aufführung, die für alle Zuschauer gleich wäre, nicht gibt. Durch die unterschiedliche Adressierung vervielfältigt sich der Raum in lauter kleine Performance-Räume, die immer nur für Teile des Publikums entstehen, sich öffnen und wieder schließen. Die Beweglichkeit der Zuschauer, die für Schechner ein flexibler Teil des »performance environments« ist (ebd.: xxxvi), schafft ständig neue, veränderte Räume, in denen das Verhältnis zwischen Performern und Zuschauern umgewertet wird.

Schechners Überlegungen zu einem offenen Theater, das alle Elemente inklusive der Zuschauer als aktive, an der Aufführung Beteiligte betrachtet, ebnen den Weg für zahlreiche zeitgenössische partizipative Theaterformen. Das Umschließen der Zuschauer in einer installationsartigen Umgebung ist ein zentraler Bestandteil des immersiven Theaters (vgl. Kapitel 6.2). Schechners Betonung des Agon, des Wettstreits, bildet die Grundlage für zahlreiche Theatermacher, die ihr Theater in die Nähe des politischen Aktivismus rücken (vgl. Kapitel 6.3). Als Beispiel für die Arbeit mit verschiedenen Modi der Zuschaueradressierung soll hier die Arbeit der Gruppe »The Agency« angeführt werden.[20] Für ihre Stücke, die oft zusammen mit dem Schriftsteller Leif Randt entstehen, orientiert sich die Gruppe an performativen Formaten unserer neoliberalen Ökonomie wie dem Coaching, dem Selbstoptimierungsworkshop mit Feedbacksession oder der Dating-Plattform. The Agency geht ähnlich wie Schechner von einem Performance-Kontinuum aus, das gerade in unserer konsumorientierten Kreativwirtschaft jeden und jede auch im Alltag ständig dazu anhält, möglichst gut zu performen, um sich dabei selbst zum vermarktbaren Produkt zu machen.[21]

The Agency wiederholen die dazu eingesetzten Formen und Formate im Theater auf eine auf den ersten Blick scheinbar völlig kritiklose und affirmative Weise. Im Unterschied zu Schechner verzichtet die Gruppe auf jegliches agonale Moment, das das Theater in einen Konflikt stürzen und diesen zum Thema der Aufführung machen könnte. Stattdessen gibt es in der schönen neuen Geschäftswelt nur noch positive Rückmeldungen, Ermutigungen und Empfehlungen an die Teilnehmer*innen in einer gesäuberten Sprache, die vermeintlich niemanden verletzt.

In ihrer Produktion *Love Fiction* (UA 2016/17) werden die Teilnehmer*innen in verschiedene Gruppen eingeteilt und in ein riesiges Plastikzelt geführt, das den Theaterraum ausfüllt. Darin zu stehen ist unmöglich. Also sitzt man oder lümmelt vermeintlich entspannt auf dem Boden herum. Das Zelt ist in verschiedene Zellen oder Kabinen unterteilt, in die die Gruppen nun einzeln geführt werden, um sich dort unter Anleitung fachkundiger Mitarbeiter und Mitarbeiterinnen der fiktiven Firma Rylon verschiedenen Tests zu unterziehen. Das Coaching soll uns fit machen für die neuen Partnerschaftsformen der Zukunft, die nicht mehr länger auf einer monogamen Zweierbeziehung basieren, sondern offene, flexible Formen darstellen, in denen Partnerwechsel ebenso willkommen sind wie polyamouröse Beziehungen zu mehreren Partnern quer über die Geschlechtergrenzen hinweg. So werden wir aufgefordert, uns auf den Boden zu legen und unserem Gegenüber intensiv in die Augen zu schauen. Um das Zulassen von Nähe und Vertrauen einzuüben, müssen wir einen Gummischutz über einen unserer Zeigefinger ziehen, bevor wir ihn unserem Sitznachbarn in den Mund stecken dürfen. Unser Verhalten wird bei all diesen Gruppenaktivitäten beobachtet. Eine freundliche Dame mit Clipboard in der Hand spricht mich direkt an, um mir Feedback zu geben und mir zu versichern, dass mein Nähe-Distanz-Verhältnis zu den anderen

Teilnehmer*innen sehr ausgewogen sei. Sehr zu ihrer Zufriedenheit kann sie die Häkchen auf ihrem Bewertungszettel alle an der richtigen Stelle setzen. Anscheinend bin ich zukunftsfähig. Doch sind es die anderen auch? Und wenn ja, was haben sie dafür getan und was wurde ihnen geraten? »Rylon«, so heißt es im Programmheft, »eröffnet den Teilnehmenden des Coachings postpragmatisches Beziehungsenhancement – *to maximize your performance.*«

In *Perfect Romance* (UA 2018) werden wir eingeladen, an einem Abend der Firma Romantic Love Cooperation teilzunehmen, einer Agentur, die Liebe vermittelt. Der Abend gestaltet sich als fiktives Firmenevent, auf dem den Liebesbedürftigen echte Begegnungen versprochen werden. Acht sogenannte Love Agents stehen Spalier und begrüßen jeden Einzelnen fast überschwänglich und freuen sich, dass wir wieder dabei sind. Einige halten einen roten Luftballon wie ein Versprechen in der Hand. Am Eingang ist eine Bar aufgebaut, an der man sich einen Drink holen kann, wobei man aber zuerst nach seinem Namen gefragt wird. Familiär soll es hier zugehen, auf diesem neoliberalen Ball der einsamen Herzen. Der Raum ist nach hinten abgegrenzt durch eine Art Fototapete mit kitschigem Sonnenuntergang. Die Leinwand hat Löcher, durch die später Trockeneisnebel in den Raum geleitet wird. Davor sind vier Podeste aufgebaut, die zu Sitztreppen abgestuft sind. Die Teilnehmer*innen verteilen sich auf den Podesten oder bleiben irgendwo im Raum stehen. Drei Séparées, die aussehen wie runde Duschkabinen, sind im Raum verteilt. Im Laufe des Abends werden die Love Agents immer wieder einzelne Personen im Raum ansprechen und sie bitten, mit ihnen in eines der Separées zu kommen.

Das Podest an der Stirnseite des Raumes dient als Versammlungsort der Love Agents, die den ganzen Abend über wie ferngesteuerte Roboter mit Dauergrinsen wirken. Zuerst verkünden sie uns, dass unser Verlangen nach der romantischen Liebe einem Script folge. Heute spielten sie Script C, »Open End«. Beziehungen mit offenem Ausgang sind also das Thema, wenn sich die Agents vorne postieren, um Beziehungsgeschichten zu erzählen, die sie an den ganzen Raum und damit an alle Teilnehme*innen des Events adressieren. Doch hören die Auserwählten in den Séparées auch zu oder sind sie mit anderen Dingen beschäftigt? Daneben gibt es auch individuelle Ansprachen, die z.B. dadurch zustande kommen, dass sich ein Agent einfach neben mich setzt. Welcher Romance-Typ ich sei, will sie wissen. Liebestod, romantische Landschaft oder Road Trip habe sie zur Auswahl. Ich entscheide mich für die romantische Landschaft. Pech gehabt. Ausgerechnet die sei leider heute nicht verfügbar. Sie sei aber in der Filiale in Düsseldorf erhältlich, weshalb ich doch dort mal vorbeischauen solle.

Spätestens jetzt weiß ich, es wird nicht mein Abend. Und tatsächlich werde ich von keinem der freundlichen Love Agents ins Séparée gebeten, weshalb sich mir dieser Teil der Performance auch völlig entzieht. Was dort gesprochen oder getan wird, bleibt mir verschlossen. Ich habe also eine in wesentlichen Teilen völlig andere Aufführung erlebt als andere Teilnehmer*innen. Durch lokale und individuelle Ansprachen gestaltet sich der Theaterabend zu einem mehr oder weniger individuellen Erleben, werden Geschichten gesponnen, die nur von einzelnen Teilnehmer*innen verfolgt werden können. Die Aufteilung des Raumes in multiple lokale Zentren bei gleichzeitigem immersiven Einschließen des Publikums erschafft eine Theatersituation, in der Begegnungen, wenn auch nur gescriptete, möglich sind.

3.3 Jacques Rancière und die autonome Kunst

Das Erbe, das uns die Avantgarden für die Frage nach der Situation hinterlassen haben, ist die Forderung nach der Auflösung der Kunst im Leben, welches durch diesen Schritt selbst spielerisch-künstlerische Qualitäten annimmt. Je weiter sich das Theater vom reinen Kunsttheater entfernt, desto stärker kommt seine soziale Komponente zum Tragen. Theater wird zum Leben, es entwickelt sich ›zurück‹ zum Leben, wenn es seine Kunstfunktion abstreift. Damit einher geht die Arbeit an fluiden Zuschauer- und Darstellerpositionen, die letztlich auf die Abschaffung der Zuschauer zugunsten von reinen Teilnehmer*innen hinausläuft. Und damit fällt, wie bei Schechners Beispiel der Demonstrationen, die Produktion mit der Rezeption der Situation zusammen. Doch wie sowohl das Beispiel der Situationisten als auch jenes von Schechner gezeigt haben, ist diese Aufhebung der Kunst im Leben nie vollständig zu bewerkstelligen. Setzte sich diese Forderung durch, könnte sich für das Theater als Theater keine eigenständige Praxis mehr entwickeln, weil es als solches gar nicht mehr wahrnehmbar oder handlungsfähig wäre. Dass Theater heute sehr wohl handlungsfähig ist, davon legen die zahlreichen neuen zeitgenössischen Theaterformen in ihrer ganzen Vielfalt ein beredtes Zeugnis ab. Die Verschmelzung von Kunst und Leben kann daher für zeitgenössische Theater- und Tanzkünstler*innen in ihrer radikalen avantgardistischen Ausprägung kein Thema mehr sein. Vielmehr nehmen sie die Voraussetzung von Theater und Tanz, ein Zusammenkommen von Menschen zu sein, ernst und loten dessen Möglichkeiten aus.

Die wohl berühmteste kritische Stimme, die der avantgardistischen Forderung nach der Abschaffung der Zuschauer und damit auch des Theaters widerspricht, ist jene des französischen Philosophen Jacques Rancière. In seinem Text »Der emanzipierte Zuschauer« macht er einen anderen Vorschlag, wie die gesellschaftliche Relevanz des Theaters zu denken sei. Für Rancière reiht sich Guy Debord mit seinen Überlegungen zur Situation in die lange abendländische Tradition der Theaterfeindlichkeit ein (Rancière 2009b: 16). In seinem Text argumentiert Rancière nun dafür, dass die Emanzipation des Zuschauers im Theater nicht daraus resultiere, dass die Zuschauerposition abgeschafft und die Zuschauer zu Akteuren gemacht würden. In der Geschichte des Theaters gebe es eine lange Tradition, die von Philosophen wie Platon und Theaterkünstlern wie Bertolt Brecht oder Antonin Artaud vertreten werde und wonach nur dasjenige Theater ›gut‹ sei, das sich selbst als Theater abschaffe. Das Theater schaffe sich aber dann als Theater ab, so Rancière, wenn es den Zuschauer abschaffe und ihn in einen Akteur verwandele.

Den Grund für diese Ablehnung des traditionellen Theaters, bei dem sich Bühnengeschehen und Zuschauer gegenüberstehen, sieht Rancière in der seit Platon gängigen Vorstellung, dass das Theater den Zuschauern nichts als Trugbilder und Illusionen vermittele, die diese davon abhielten, die Wirklichkeit so zu sehen, wie sie ist. Vom eigentlichen Leben durch die entstellende Repräsentation abgeschirmt, werde der Zuschauer zum passiven Betrachter und Bilderkonsumenten degradiert. Für die Kritiker des Theaters stelle das Theater das eigentliche Medium des Gemeinschaftlichen schlechthin dar. Um diese Funktion jedoch ausspielen zu können, müsse es sich selbst überwinden. Nur dadurch bringe es sich in die Lage, die Äußerlichkeit und Oberflächlichkeit der Bilder zu überwinden, um erneut zur lebendigen gemeinschaftlichen Wirklichkeit vorzustoßen. Durch ihre aktive Teilnahme könnten sich die Zuschauer gleichsam ohne Vermittlung direkt ihr Leben wieder aneignen. Dies sei das Ziel des ›guten‹ Theaters (ebd.: 17). Will Theater gesellschaftlich und politisch relevant sein, müsse es die Trennung von Akteuren und Zuschauern überwinden und den Zuschauern Handlungsmacht über sich zurückgeben.

Für Rancière stehen in der ersten Hälfte des 20. Jahrhunderts Brecht und Artaud für die Forderung nach der Selbstaufgabe des Theaters. Für Brecht, so Rancière, soll im Theater die Illusion durchbrochen werden zugunsten einer Einsicht in die Gemachtheit und damit in die Veränderbarkeit der gesellschaftlichen Verhältnisse. Ist diese Einsicht erfolgt, vermag der Zuschauer außerhalb des eigentlichen Theaters auf gesellschaftliche Veränderung hinzuwirken. Für Artaud müsse der Körper der Zuschauer von Energien und Kräften transformiert werden, um ihn wieder mit ihren körperlichen wie mit ihren geistigen Fähigkeiten in Kontakt zu bringen.

Dem Modell der Wiedergewinnung von subjektiver wie gemeinschaftlicher Selbstpräsenz durch die Aufhebung der räumlichen und funktionalen Trennung zwischen Bühne und Zuschauerraum setzt Rancière ein anderes Modell von Emanzipation entgegen. Für ihn reicht die Annahme, dass Theater schon per se ein Medium des Gemeinschaftlichen sei, zur Bestimmung der emanzipatorischen Kraft von Theater nicht aus. »Die kollektive Macht«, schreibt Rancière,

> »die den Zuschauern gemeinsam ist, liegt nicht in ihrer Eigenschaft, Mitglieder eines Kollektivkörpers zu sein, oder in einer spezifischen Form der Interaktion. Es ist die Macht, die jeder oder jede hat, das, was er/sie wahrnimmt, auf seine/ihre Weise mit dem besonderen intellektuellen Abenteuer zu verbinden, die sie jedem anderen ähnlich macht, insofern dieses Abenteuer keinem anderen gleicht. Diese gemeinsame Macht der Gleichheit der Intelligenzen verbindet die Individuen, lässt sie ihre intellektuellen Abenteuer untereinander austauschen, insofern sie sie getrennt voneinander hält, die sie alle fähig sind, die Macht aller zu verwenden, um ihren eigenen Weg zu gehen.« (ebd.: 27)

Jeder einzelne Zuschauer hat die Macht, »zu assoziieren und zu dissoziieren« (ebd.: 28), das Gesehene und Gehörte mit seinen eigenen Erfahrungen, seinem Wissen und seinen Wünschen zu verbinden, um sich das Kunstwerk auf diese Weise zu eigen zu machen. Im Zentrum dieser Gleichheit liege ein Unwissen darüber, was der Gegenstand, das Kunstwerk, die Performance eigentlich bedeute. Die ästhetische Erfahrung basiert für Rancière auf der Trennung von Intention und Wirkung, also auf dem freigesetzten autonomen Kunstwerk, das nicht mehr länger auf eine bestimmte Wirkung oder einen bestimmten Zweck wie etwa die sittliche und moralische Erbauung durch das Kunstwerk reduziert werden kann (ebd.: 24). Für Rancière fungiert das autonome Kunstwerk daher als »eine dritte Sache«: als ein gemeinsamer Referenzpunkt, der weder in der Intention seiner Produzenten (Regisseure, Autoren) noch in einer richtigen Interpretation aufgehe (ebd.: 25). Statt die Zuschauer zu belehren, was für Rancière einer verdummenden Pädagogik gleichkäme, regt die Aufführung zur kreativen Auseinandersetzung an und produziert auf diese Weise eine Art Gleichheit zwischen den Menschen, worin das utopische Versprechen der Kunst seit der Wende zum 19. Jahrhundert liege (vgl. Kapitel 2.3).

Nun liegt auch in dieser Ansicht der Gleichheit der Intelligenzen und der Emanzipation der Zuschauer im Hinblick auf unsere Fragestellung nach der Theatersituation eine Schwierigkeit. Rancière bescheinigt der Performance eine »Distanz, die der Performance selbst innerlich ist« (ebd.: 25), was so viel bedeutet, dass sich die Performance zu ihrem Entstehungskontext und dessen Bedingtheiten ebenso auf Abstand hält, wie sie sich letztlich der einseitigen Vereinnahmung von Seiten der Zuschauer*innen sperrt. Die Performance zieht sich zurück; das macht sie autonom. Sie verschließt sich in sich im gleichen Moment, in dem sie sich der freien Deutung öffnet. Nur so ist das freie Spiel der

Meinungen im Sinne des Kant'schen *sensus communis* möglich. Diese Feststellung muss nun aber auch Konsequenzen für die Art der Erfahrung haben, die die Zuschauer*innen im Zusammenhang mit der Performance machen können. Erfahren sie sich einerseits als aktive und kreative Produzenten, muss ihnen doch andererseits ihre eigene Erfahrung aufgrund der Distanz, die der Performance selbst »innerlich« ist, fremd werden. Betont Rancière die Unverfügbarkeit des Kunstwerks, dessen »Sinn niemand besitzt« (ebd.: 25), muss dieselbe Unverfügbarkeit auch die Erfahrungen und das Wissen der Rezipienten von sich trennen, anstatt sie in ihrem je individuellen Wissen, das allen anderen Wissen ebenbürtig ist, zu bestätigen. Die »Selbstgenügsamkeit des Urteilens« wird, wie Juliane Rebentisch betont, durch das »Bewusstsein für die Mittel der Darstellung« (Rebentisch 2013: 88), also die Aufmerksamkeit für die Form, die der innere Rückzug der Performance zu sich selbst möglich macht, zersetzt.[22]

Fassen wir zusammen: Rancières Vorstellung eines autonomen Kunstwerks und damit verbunden eines emanzipierten Zuschauers vernachlässigt die Situation, in der die Performance stattfindet, vollkommen. Aus dieser Perspektive heraus betrachtet, unterscheidet sich eine Performance auch nicht vom Betrachten eines Gemäldes. Eine gemeinschaftliche Situation stellt sich erst im Nachhinein durch den Austausch der Sichtweisen und Erfahrungen ein. Während Guy Debord die Kunst im Leben aufgehoben wissen, sie also zugunsten eines sich selbst präsenten Lebens abschaffen wollte, hebt sich für Rancière das Leben in der Kunst auf. Hier wird das Leben zugunsten der Kunst abgeschafft, die aufgrund ihrer formalen Selbstpräsenz ein anderes Leben verspricht. Rancières Autonomieästhetik produziert ethische Effekte, weil sie »das erfüllte Leben des Einzelnen zum Ziel hat« (Greiner und Moog-Grünewald 1998: X). Debords selbst-präsentes gutes Leben wird durch ästhetische Effekte erzielt, die letztlich auf eine Ästhetik der Existenz hinauslaufen. In beiden Fällen wird durch die Beschäftigung mit der Kunst ein Versprechen auf eine Zukunft gegeben, die noch nicht eingetreten ist: das Versprechen auf eine nicht-entfremdete Gesellschaft, in der es keine Kunst mehr braucht; das Versprechen auf eine Gesellschaft, an der alle gleichberechtigt teilhaben können aufgrund der Fähigkeit der Kunst, das Hör- und Sagbare überhaupt und anders wahrnehmbar zu machen. Weder Debords Aufhebung der Kunst noch Rancières Stärkung der Kunst können jedoch eine eigenständige *Theater*praxis begründen, die den spezifischen Bedingungen von Theater als sowohl sozialem als auch ästhetischem Phänomen gerecht würde. Dagegen nimmt Richard Schechners Vorstellung eines fließenden Übergangs zwischen Leben und Kunst zwischen Debord und Rancière eine Zwischenstellung ein, indem er Modulationen zwischen Kunst und Leben erlaubt.

Für den Fortgang unserer Argumentation ist daher die Erkenntnis leitend, dass sowohl die avantgardistische Forderung nach der Aufhebung der Kunst im Leben als auch die ästhetische Forderung nach Aufhebung des Lebens in der Kunst maßgebliche Tendenzen in der zeitgenössischen Entwicklung von Theater und Tanz verfehlt. Stattdessen lässt sich, wie die Beispiele gezeigt haben, ein Spannungsverhältnis zwischen Ethik und Ästhetik ausmachen, welches die Theatersituation auszeichnet. Wie diese zu bestimmen ist, ist Thema des nächsten Kapitels 4. Von theaterwissenschaftlicher Seite stehen Rancières verkürzte Darstellungen der Theaterentwürfe von Brecht und Artaud immer wieder in der Kritik.[23] Es wird auch zu zeigen sein, wie *mit* Brecht und Artaud an der Vorstellung einer Theatersituation gearbeitet werden kann, die das in sich widersprüchliche, aber unauflösbare Verhältnis von Ästhetik und Ethik zu ihrem Anliegen macht. Davon handelt Kapitel 5.

4. Zum Situationsbegriff im Theater

Dieses Kapitel widmet sich verschiedenen Herangehensweisen an den Situationsbegriff mit dem Ziel, einen Situationsgebegriff für Theater- und Tanzperformances herauszuarbeiten. Was ist in den unterschiedlichen Ansätzen mit Situation gemeint, und wie wird in der jeweiligen Definition von Situation Handlung bestimmt? Das Wort »Situation« leitet sich vom lateinischen *situs* ab und bedeutet so viel wie Lage, Stellung oder Zustand. Mit dem Begriff »Situation« ist eine Positionierung des Menschen angesprochen, die sowohl räumlicher als auch zeitlicher Natur ist: Der Mensch befindet sich in einem bestimmten Zustand, der andauert. Dieser Zustand ist gekennzeichnet durch ein bestimmtes Verhältnis, eine »Stellung« zu anderen Menschen, Dingen oder Sachverhalten. Der Mensch befindet sich in einer konkreten und nicht in einer beliebigen Situation. Damit werden die »Lage« des Menschen und sein Verhalten Thema der Situation. Wie Situation zu denken und zu bestimmen sei, ist nicht nur Thema in der Theaterwissenschaft, sondern auch in der Philosophie und der Soziologie. Dabei ist auffallend, dass sowohl Philosophie als auch Soziologie, wenn sie über die Situation nachdenken, auf theaterwissenschaftliche Begriffe zurückgreifen. Situationen scheint zumindest unter bestimmten Bedingungen etwas Theatrales anzuhaften, was im Umkehrschluss Situation für ein Nachdenken gerade über zeitgenössische Formen von Theater und Tanz fruchtbar macht, in denen nicht mehr die Nachahmung von Handlung, sondern deren Vollzug im Vordergrund steht.

4.1 Situation *dramatisch*

Den Ausgangspunkt für eine Auseinandersetzung mit dem Situationsbegriff im Theater stellt vielleicht wenig überraschend Georg Wilhelm Friedrich Hegels Untersuchung zum Drama dar. In seinen *Vorlesungen über die Ästhetik* von 1817 führt er den Situationsbegriff in Zusammenhang mit der menschlichen Handlung und der individuellen Tätigkeit des Einzelnen ein. Das Drama als jene Gattung, die das menschliche Handeln zum Thema hat, ist daher die privilegierte Form der Kunst, das Subjekt als Handelndes darzustellen. Hegel stellt sich die Frage, wie individuelles Handeln in einer bürgerlichen Gesellschaft überhaupt noch möglich sei. Ist doch der Einzelne nicht mehr Träger der Verhältnisse und Mächte, sondern in seinen Handlungsoptionen durch einen Rechtsrahmen und die gesellschaftlichen Regeln eingeschränkt. Wie kann das Subjekt sich aber in einer »prosaischen Welt«, wie Hegel schreibt, emanzipieren und zum handelnden, selbstbewussten Subjekt werden? Die Kunst und vor allem das Drama haben hier die Aufgabe, die Rekonstruktion »der individuellen Selbstständigkeit« vorzunehmen (Hegel 1986: 255). Hegel schreibt dem Drama vor diesem Hintergrund die Funktion zu, die »*Möglichkeit* erst der individuellen Gestaltung« darzustellen, ohne sie jedoch *als Kunst* selbst ausführen zu können (ebd.: 258). Das Drama stellt lediglich einen Schritt, eine Entwicklungsstufe hin zur Philosophie dar, die die Kunst schließlich überwindet.

In seinen Überlegungen zu den Möglichkeitsbedingungen menschlichen Handelns taucht nun der Begriff der Situation auf.

Die Situation steht zwischen Nicht-Handeln und Handeln. »Denn die Situation ist die *Mittelstufe* zwischen dem allgemeinen, in sich unbewegten Weltzustande und der in sich zur Aktion und Reaktion aufgeschlossenen konkreten Handlung.« (ebd.: 261) Der allgemeine Weltzustand ist zunächst noch »das in sich Unbewegte«, »eine Harmonie der Mächte«, wie Hegel schreibt. Individualität macht sich darin nicht in ihrer Bestimmtheit bemerkbar. Sie verläuft sich »spurlos und ohne wesentliche Störung« (ebd.) im Weltzustand und ist eins mit den gesellschaftlichen Bedingungen und Verhältnissen. Der allgemeine Weltzustand ist zwar in sich widersprüchlich, doch können diese Widersprüche noch nicht erkannt werden. Der Riss, der durch die Ordnung hindurchgeht, wird erst dann sichtbar, wenn sich die in ihm waltenden Kräfte subjektivieren, d.h. sich als erkennbar gegensätzliche zeigen. Die im Weltzustand waltenden Kräfte nehmen individuelle Gestalt an, das »Allgemeine bringt sich zum Dasein«. Es wird zum Besonderen und damit aber auch zufällig und abhängig vom Handeln einer Person. Eben dies geschieht in der Situation als Übergang zur eigentlichen Handlung. Die Situation partikularisiert den Weltzustand zu bestimmten Kräften und fungiert in dieser Bestimmtheit zugleich als das »Anregende für die bestimmte Äußerung des Inhalts« (ebd.: 260). Für den Dramatiker gilt es daher, interessante Situationen zu finden, aus denen heraus gehandelt werden kann.

Für Hegel ist die *Entzweiung* das eigentliche Wesen der Situation, weil nur sie zu einer Kollision der Mächte führt. Um das Drama in Gang zu bringen, so könnte man formulieren, braucht es einen Anlass, einen Impuls oder eine Motivation, die das Subjekt tätig werden lässt. Eben diesen Anlass findet es in der Situation. »Der Ernst und die Wichtigkeit der Situation in ihrer Besonderung vermag erst da zu beginnen, wo die Bestimmtheit sich als wesentliche Differenz hervortut und als im Gegensatze gegen anderes eine Kollision begründet.« (ebd.: 267) In der Situation ist ein *Spannungszustand* angelegt, der erst im nächsten Schritt zur Handlung und damit zum Drama führen wird.

> »Als diese Nähere Veranlassung bilden die bestimmten Umstände und Zustände die Situation, welche die speziellere Voraussetzung für das eigentliche Sichäußern und Betätigen alles dessen ausmacht, was in dem allgemeinen Weltzustande zunächst noch unentwickelt verborgen liegt, weshalb wir der Betrachtung der eigentlichen Handlung die Feststellung des Begriffs der Situation vorausschicken müssen.« (ebd.: 260)

Hegel unterscheidet drei Formen der Kollision. Neben »natürlichen Zuständen«, wie Krankheit oder Erbstreitigkeiten, führt er auch »geistige Differenzen« an, wenn etwa die Leidenschaften den Menschen zu einem bestimmten Handeln veranlassen. Die dritte und für Hegel interessanteste Art der Kollision wird hervorgebracht durch einen berechtigten Interessenkonflikt zweier oder mehrerer Individuen, die um höhere Ziele kämpfen. Um zur Situation zu werden, genügt es jedoch nicht, einen Charakter in seinen Eigenschaften dazustellen. Erst wenn äußere Umstände, in Form eines Gegenspielers etwa, hinzukommen, entsteht eine Situation,

> »so daß sich das Gemüt, durch die ergriffenen Umstände veranlasst fühlt, notwendig gegen das Störende und Hemmende, das sich seinen Zwecken und Leidenschaften entgegenstellt, zu agieren. In diesem Sinne geht die eigentliche Aktion erst an, wenn der Gegensatz herausgetreten ist, den die Situation enthielt.« (ebd.: 282)

Aus Hegels Überlegungen zur Situation zwischen Nicht-Handeln und Handeln leitet sich ein Handlungsbegriff ab, der stark subjektzentriert ist. Handlungen bedürfen eines Impulses, sie sind intentional und zielgerichtet und sind Ausdruck eines autonomen Subjekts. Im Gegensatz zu Aristoteles, der in seiner *Poetik* die Opsis des Theaters und damit alles, was mit der Inszenierung einer Tragödie zu tun hatte, als nebensächlich abwertet, sind für Hegel der Schauspieler und das Publikum notwendiger Bestandteil des Theaters. Sie bilden den äußeren Kreis der Darbietung, der jedoch im Inneren des Dramas dialektisch schon als dessen Äußeres anwesend ist. Das Drama drängt zur Inszenierung, ohne deren Materialität und Physis es unvollständig bliebe (ebd.: 319). Hegels Betrachtungen zur Situation und zur Handlung bleiben jedoch auf das Drama, den zu spielenden Text beschränkt.

Seine Überlegungen zur Situation finden dennoch ihren Niederschlag in der konkreten Schauspielpraxis. Der russische Schauspieler und Regisseur Konstantin S. Stanislawski betrachtet die Situation im Rahmen seiner Arbeit am Moskauer Künstlertheater zu Beginn des 20. Jahrhunderts als Grundlage für die Arbeit des Schauspielers. Eine am realistischen Schauspiel orientierte Kunst fordere vom Schauspieler ein Agieren auf der Grundlage einer vom Dichter »vorgeschlagenen Situation« (Stanislawski 1996: 57). Es ist mithin nicht der Schauspieler, der sich seine Situation erfindet, sondern der Dichter gibt dem Schauspieler vor, in welcher Situation er sich befindet. Hinzu kommen die Anweisungen des Regisseurs und die eigene Fantasie, die dem Schauspieler dabei helfen, die Situation zu erfassen: »Das gesamte Material wird eine allgemeine Vorstellung vom Leben der darzustellenden Gestalt in ihrer Umwelt geben [...].« (ebd.: 58) Diese »allgemeine Vorstellung vom Leben« ist die Situation, auf die der Schauspieler seine ganze Aufmerksamkeit richten soll (59). Hat er sich die Situation erarbeitet, folgt daraus im Anschluss die »innere und äußere Handlung auf der Bühne« (ebd.: 60).

Um glaubhaft sein zu können, muss das Spiel im Einklang mit der Situation stehen, d.h. der allgemeinen Lage der zu spielenden Figur. Leidenschaften kommen für Stanislawski aus der Situation, die sie motivieren und auslösen, nicht aus dem Selbst. In der Wechselbeziehung zu anderen auf der Bühne, also durch Handlungen, werden neue Situationen vorgeschlagen, die die ursprüngliche abändern oder in deren Zielen bestätigen (ebd.: 349). »Durch schöpferisches Beharrungsvermögen, Logik und Folgerichtigkeit entstehen neue vorgeschlagene Situationen, Aufgaben und Handlungen, und aus allem ergibt sich dann auch die Fabel der dargestellten Etüde.« (ebd.) Situationen verändern sich durch die Handlungen der Figuren. Sind etwa die ursprünglichen Ziele erreicht, kommt die Situation an ihr Ende. In der Folge entsteht dann eine veränderte, neue Situation, die nun ihrerseits wieder Handlungen auslöst. Situation ist damit eine gewisse Menge an vorgeschlagenen Umständen für die Handlungen der Figur. Ihr Entstehen, ihre Durchführung und ihr Vergehen gliedern nicht nur wie bei Hegel das Drama, sondern auch das Spiel des Schauspielers und die gesamte Aufführung in distinkte Handlungszyklen.

Der Dramaturg und Theaterwissenschaftler Bernd Stegemann knüpft in seinen Überlegungen zu einem realistischen Theater explizit an Hegels dialektisches Denken an. Stegemann betont mit Hegel die Besonderheit des Dramas und des Theaters, das dazu in der Lage sei, »die Dialektik des Denkens und des Lebens in der Form der dramatischen Situation zur sinnlichen Erscheinung« kommen zu lassen (Stegemann 2015: 106).[24] Weil das Drama eine Zeitkunst ist, vermag es prozesshaft den Weg der Handlung und damit den widersprüchlichen »Weg des Begreifens« nachzuzeichnen und darzustellen. Der Mensch in seiner ganzen konkreten, sozialen Situation ist ein widersprüchliches Wesen, weil seine Situation eine widersprüchliche ist. Kein Mensch geht in der abstrakten Bestimmung einer einzigen Grundeigenschaft auf. Für Stegemann zeichnet sich das Drama durch eine

»situative Erfindung« und deren »dramaturgische Gestaltung« in einem Komplex von Handlungen aus, die nach Aristoteles immer Handlungen zwischen Menschen sind, deren Ergebnis – im Gegensatz zur Tätigkeit – unvorhersehbar ist.

Stegemann spitzt Hegels Moment der Erregung als der Situation inhärent zu und definiert Situation als Ereignis:

> »Die Situation ist das Ereignis, durch das rückwirkend die Welt als diejenige begriffen werden kann, welche sie ohne das Ereignis nie gewesen wäre. Erst das Ereignis der Situation öffnet die verschlossene Gestalt der Welt und macht sie zum Gegenstand des Bewusstseins.« (ebd.: 110)

Das Drama macht die Welt erkennbar, die menschliche Realität anschaubar, indem es Situationen erfindet, aus denen heraus gehandelt wird. Ein Drama besteht also aus vielen Situationen, weil sich im Handlungsgefüge unterschiedliche Situationen gegenüberstehen, überlagern und aufeinander aufbauen.

In seinem Buch *Lob des Realismus*, in dem er sich dezidiert gegen ein postdramatisches Theater wendet und für einen von Brecht abgeleiteten Realismus im Theater ausspricht, versucht Stegemann darzulegen, wie sich mithilfe des Theaters als eines Instruments des dialektischen Denkens die Wirklichkeit verstehen lernen lässt. Stegemann beobachtet in neoliberalen Gesellschaften ein Verschwinden des dialektischen Denkens, was für ihn mit einer Absage an das Denken überhaupt einhergeht, und damit ein Verschwinden des Denkens in und mit Widersprüchen. Im Zusammenhang mit dem Theater sieht er darin ein Erbe der Avantgarden und ihrer Repräsentationskritik, die auf eine Darstellung von widersprüchlicher Wirklichkeit zugunsten einer selbstreferenziellen Exposition der Kunstmittel verzichtet habe. Wo postdramatisches Theater als Erbe der Avantgarden den Widerspruch aus dem Theater verbannt habe – weshalb es auch nicht zur Kritik an gesellschaftlichen Zuständen tauge –, sei ein dramatisches Theater nicht ohne Konflikt und damit auch nicht ohne ein Durcharbeiten der Widersprüche denkbar. Postdramatisches Theater sei der Komplize neoliberaler »Realitätsverstellungen« (ebd.: 105) und täusche über gesellschaftliche Ungleichheiten hinweg, weil es sich weigert, im Theater ein bewusstes Bild von deren Widersprüchen zu liefern.

Stegemann macht in seinem Text vier verschiedene Gesellschaftsformationen und damit vier Situationen aus, in denen deren Widersprüche angelegt sind. Für die Zeit der Postmoderne, die uns als einzige hier interessiert, ist ebenso wie für Brechts episches Theater die Einsicht leitend, dass die gesellschaftliche Situation eine gemachte sei. Die postmoderne Variante dieser Realitätsauffassung geht im postdramatischen Theater nun aber nicht mehr von der Entfremdung der Subjekte im Kapitalismus aus und gebraucht Verfremdungseffekte nur mehr als ästhetisches Mittel, das »Meta-Zeichen« über Theater produziere. »Die postdramatische Situation ist eine ästhetische Situation«, schreibt Stegemann. »Ihre einfachste Form besteht darin, dass sie die Situation der Aufführung selbst zum Gegenstand der Aufführung macht.« (ebd.: 132) Die »Präsenz der sinnlichen Erscheinung« dominiere, was zu einer reinen Selbstdarstellung der Mittel des Theaters führe. Für Stegemann begreift die Postmoderne die Wirklichkeit als kontingent. Postdramatisches Theater als Artikulation postmodernen Denkens folge ihr dabei, indem es ein kontingentes, beliebiges Theater produziere, das nicht mehr dazu in der Lage sei, gesellschaftliche Wirklichkeit als widersprüchliche darzustellen und zu bearbeiten.

Gegen Stegemanns Argumentation lassen sich Einwände vorbringen. Basiert der Realismus auf einer »zweiten Begegnung« mit der Wirklichkeit, die etwas an dieser Wirklichkeit anschaubar und verstehbar macht, das vorher noch nicht erfahrbar war, kann die Referenz für dieses Neue keineswegs die Wirklichkeit sein, sondern nur die Form des Theaters, das diese Erfahrung hervorbringt, mithin also die Selbstreferenz, die jeder Kunst, also auch der realistischen eigen ist. Gerade weil es die Form ist, die das, was in der Wirklichkeit verdeckt wird, erst einsehbar macht, müssen sich Inhalt und Thema des realistischen Theaters primär auf die Form beziehen, ohne die kein Wirklichkeitsbezug möglich wäre. Damit wird auch die Situation im realistischen Theater zu einer »ästhetischen Situation«, die, so Stegemann, nur das Theater als Theater zum Inhalt hat. »Ästhetische Situation« ist hier in abwertender Rede definiert als Ästhetizismus. Doch das Einbeziehen der Situation der Aufführung in die Aufführung muss nicht zwangsläufig zum Ästhetizismus führen. Im Gegenteil. Indem Theater seine Dimension des Situativen zum Thema macht, bearbeitet es das, was Theater mit dem Leben teilt: Es ist ein realer Ort des Zusammenkommens. Damit entsteht eine veränderte dialektische Situation, die nun nicht mehr länger jene der Figuren eines dramatischen Textes ist, die die gesellschaftlichen Widersprüche durch Nachahmung von Handlung repräsentieren. Vielmehr entsteht eine Dialektik zwischen der ästhetischen Dimension des Theaters, Spiel zu sein, das vor einem Publikum stattfindet, und dessen sozialer Dimension, die die Teilnahme aller voraussetzt. Verhandelt werden damit nicht allein das Theater und dessen Mittel, sondern auch die Bedingungen für gesellschaftliches Handeln. Indem es die Rollenzuteilungen zwischen Darsteller*innen und Zuschauer*innen in die Schwebe bringt, setzt es Aushandlungsprozesse zwischen den Teilnehmenden in Gang. Das Publikum wird zur heterogenen Entität, das aus subjektiven Entscheidungen und Handlungen hervorgeht und in situ hergestellt wird. Das Gemeinsame wird zur gemeinsamen Frage, ohne dass diese in der Theatersituation und in den Aufführungen bereits beantwortet wäre. Was teilen wir und was trennt uns? Wie können wir zusammenkommen, und warum erscheint dies (un-)möglich?

Hegels Situationsbegriff, der die Situation zur Grundlage für Handeln macht, liegt nach wie vor auch zeitgenössischen Theaterperformances zugrunde, die nicht mit dramatischen Texten arbeiten. Annemarie Matzke, seit 1994 Mitglied des Performancekollektivs She She Pop, beschreibt die Arbeit der Gruppe an einem neuen Stück als Arbeit an der Erfindung von Situationen. »Entwickelt werden dabei weniger festgelegte Handlungsabläufe als eine Abfolge von Aufgaben und Situationen, die jeden Abend vom Performer neu zu erfüllen sind.« (Matzke 2011: 116) Die Erarbeitung von theatralen Situationen dient dazu, den Performer*innen potenzielle Handlungsmöglichkeiten zu eröffnen, die jeden Abend immer wieder verhandelt und überprüft werden müssen. Handlungen sind demnach nicht, wie in der Umsetzung eines dramatischen Textes, auf den Proben vorher festgelegt worden, sondern setzen sich in der Aufführung immer wieder selbst aufs Spiel. Handlung hört hier auf, im engeren Sinne Mimesis von Handlung zu sein. Wie gehandelt wird, muss jeden Abend auf der Grundlage der Spielregeln sowie des Verhaltens der anderen Teilnehmer*innen neu entschieden werden.

Matzke verdeutlicht das an einem Beispiel aus der Produktion *Bad* (UA 2002). Aus einer Ausgangssituation kreiert die Gruppe ein räumliches Setting, das vielen Zuschauern als Stuhlkreis aus pädagogischen Workshops und Selbsterfahrungsgruppen bekannt ist. Es ist ein Rückbezug auf bestimmte gesellschaftliche Formen und Rituale, die gleichsam zitiert und im ästhetischen Rahmen wiederholt und neu vollzogen werden. Eben dies meint der Begriff der Performativität. Wie die Gruppe The Agency (vgl. Kapitel 2.2) greifen auch She She Pop in ihren Settings zurück auf Formen von »cultural performance« (Matzke 2015: 21). Ein weiteres Beispiel hierfür wäre die Form der Gerichtsverhandlung, die She She Pop als Setting für das Stück *Testament* (UA 2010) aufgegriffen haben. Das Konzept der »cultural performance«, das der Ethnologe Milton Singer 1959 geprägt hat, beschreibt eine ganze Reihe nicht-künstlerischer, sondern gesellschaftlicher und ritueller Phänomene wie etwa Hochzeiten oder eben Gerichtsverhandlungen, womit »Performance« zum grundlegenden Konzept von Kultur, ihrer Herausbildung, Aufrechterhaltung/ Stabilisierung und Entwicklung erhoben werden kann (Carlson 1996: 16). Wenn Thomas Oberender (Kapitel 2.1) die Freie Szene durch ihre direktere Art, Gegenwart zu bearbeiten, charakterisiert, ist ein solcher Rückgriff auf zeitgenössische gesellschaftliche Interaktions- und Kommunikationsformen ein gutes Beispiel dafür, wie dies geschehen kann.

Das aufgerufene Setting des Workshops legt nun bestimmte Interaktionsformen mit dem Publikum wie etwa die direkte Ansprache oder das paarweise Durchführen von Aufgaben nahe. Um diese partizipativen Elemente zu entwickeln, stellen sich die Performerinnen Aufgaben, die je nach der aktuellen Situation während der Aufführung anders ausgeführt werden können oder müssen. So hat sich sie Performerin Ilia Papatheodorou in *Bad* vorgenommen, ein Selbstporträt von sich mit heruntergelassener Hose herzustellen, und bittet daher die Zuschauer*innen, ihr eine der zahlreichen Hosen, die sie übereinander gezogen hat, auszuziehen. Sie tritt in Verhandlungen mit den Zuschauer*innen ein, die zum Handeln aufgefordert werden, sich aber auch entscheiden können, dies nicht zu tun und stattdessen einen Tequila zu trinken, der ihnen gereicht wird. Das Kunstwerk, das Selbstporträt mit heruntergelassener Hose, entsteht erst durch die Mithilfe der Zuschauer*innen während der Aufführung. »Am Ende des Abends«, schreibt Lisa Lucassen, »bittet Ilia die Zuschauer/die Zuschauerin, der/die am meisten Widerstand geleistet hat, das Kunstwerk, das gemeinsam hergestellt wurde – also ihren entblößten Hintern –, zu signieren. Mit Lippenstift, Edding oder einer Rasierklinge.« (Lucassen 2018: 15) Damit verändern sich Verlauf und Resultat der Aufführung, aber auch die Aktionen der Performerin, die in einem eng begrenzten Rahmen die Kontrolle über ihre Darstellung verliert und sich im Verhältnis zu den Zuschauern immer wieder anders situieren muss (Matzke 2011: 117).

4.2 Situation *performativ*

Mit Stegemanns Begriff der »ästhetischen Situation« ist der Übergang von der Situation im Drama hin zur Situation im Theater vollzogen. Was geschieht nun in dieser Theatersituation? Wie ist sie charakterisiert, und welcher Handlungsbegriff wird hier vorgeschlagen?

Für Erika Fischer-Lichte ist die Aufführung nahezu gleichbedeutend mit Situation. Die Aufführung geht hervor, so schreibt sie, »aus der Konfrontation und Interaktion zweier Gruppen von Personen [...], die sich an einem Ort zur selben Zeit versammeln, um in leiblicher Ko-Präsenz gemeinsam eine Situation zu durchleben.« (Fischer-Lichte 2005: 16) Durch ihre leibliche Ko-Präsenz beeinflussen sich Darsteller und Zuschauer für die Dauer der Aufführung in ihren Aktionen und Reaktionen gegenseitig. Diese Beeinflussung kann, wie Fischer-Lichte betont, ganz simpel durch Unruhe oder Lachen im Publikum erfolgen. Derartige einfache Reaktionen haben dennoch Auswirkungen auf die Konzentration und damit das Spiel der Schauspieler. Die gegenseitige Beeinflussung kann sich aber auch komplexer ausgestalten, wenn etwa in einem »Rollenwechsel« (Fischer-Lichte 2004: 63) wie in Richard Schechners *Dionysus in 69* (Kapitel 3.2) die Zuschauer zu Darstellern, die Darsteller zu Zuschauern werden können, indem sie etwa durch gemeinsames Tanzen aktiv teilnehmen und sich zum Teil der Geschichte machen konnten. Damit werden die jeweiligen Rollen als Teilnehmer an der Aufführung aktiv verhandelt. Die leibliche Ko-Präsenz erzeugt das, was Fischer-Lichte eine »autopoietische *feedback*-Schleife« nennt, um die Interdependenz aller an der Aufführung beteiligten Personen und deren Handlungen zu beschreiben. Das, was im realen oder strukturellen Zuschauerraum geschieht, erzeugt ein Echo auf der realen oder strukturellen Bühne, das wiederum auf die eine oder andere Art an die Zuschauer zurückgespielt wird.

»Die wahrgenommene Autopoiesis der *feedback*-Schleife, wie sie besonders deutlich bei jeder Form der Rollenwechsel zwischen Akteuren und Zuschauern in Erscheinung tritt, eröffnet allen Beteiligten die Möglichkeit, sich im Verlauf der Aufführung als ein Subjekt zu erfahren, das Handeln und Verhalten anderer mitzubestimmen vermag und dessen eigenes Handeln und Verhalten ebenso von anderen mitbestimmt wird, als ein Subjekt, das weder autonom noch fremdbestimmt ist und das Verantwortung auch für Situationen trägt, die es nicht geschaffen hat, in die es jedoch hineingeraten ist.« (ebd.: 287)

Für Fischer-Lichte wird durch die Situation, die ein Team von Künstlerinnen und Künstlern zwar initiiert hat, die aber zur *performance* andere Teilnehmer, nämlich Zuschauer, braucht, ein Konflikt zwischen der ästhetischen und der ethischen Dimension von Aufführungen anschaulich. Situationen rücken die ethische Dimension von Handlungen oder Nicht-Handlungen in den Mittelpunkt, setzen einen Aushandlungsprozess zwischen ästhetischer Erfahrung und ethischer Handlung in Gang. Die durch die leibliche Kopräsenz von Darstellern und Zuschauern bewirkte autopoietische *feedback*-Schleife generiert und steuert die Situation, die damit zu einer Art Selbststeuerungsmodell wird, dem Kontrollmechanismen in Form von ethischem Verhalten inhärent sind, um die Situation aufrechtzuerhalten und erfolgreich ablaufen zu lassen.

Den Begriff der Performativität versteht Fischer-Lichte dabei zunächst allgemein in Anlehnung an Judith Butler als verkörperte Handlung, die in ihrem Vollzug, der *performance*, eine bestimmte Wirklichkeit allererst herstellt. Für Butler geschieht dies durch unpersönliche und unwillkürliche Wiederholungen und Zitationen von gesellschaftlichen Normen, die sich im Körper niederschlagen und diesen als bestimmten, z.B. als geschlechtlichen Körper hervorbringen. Als solcher ist er mit Bedeutung aufgeladen, der gesellschaftlich und kulturell bedingtes Verhalten wie auch Handlungen nach sich zieht. Mit ihrem klaren Fokus auf dem Theater und der Einmaligkeit der Vorgänge klammert Fischer-Lichte bewusst die Bedeutungsdimension, die einer Situation unweigerlich eingeschrieben ist, aus. Eine Aufführung ist streng genommen nicht wiederholbar; sie wird zu einem veritablen Ereignis. Wenn bei einer Aufführung Produktion und Rezeption gleichzeitig ablaufen und es daher kein Kunstwerk mehr gibt, »das über eine vom Produzenten und Rezipienten unabhängige Existenz verfügt«, haben »wir es stattdessen mit einem *Ereignis* zu tun«, in das alle involviert sind (ebd.: 21–22). Fischer Lichtes Ziel ist es, Theaterwissenschaft durch den Aufführungsbegriff dezidiert als Kunstwissenschaft und nicht primär als Medien- oder Kulturwissenschaft zu etablieren (ebd.: 56). Ihr Verständnis von Ästhetik erfährt dabei eine Neubewertung. Denn es ist nun nicht mehr gleichbedeutend mit einem distanzierten interesselosen Betrachten und Beurteilen von Phänomenen oder Gegenständen. Vielmehr bestimmt es sich aus der aktiv-passiven Teilnahme an einer Situation heraus, durch die alle für die Situation verantwortlichen Teilnehmenden transformiert werden. Ziel der Aufführungssituation ist es, die Beteiligten in andere affektive, aber auch physiologische und motorische Zustände zu versetzen oder ihnen einen Statuswechsel vom Zuschauer zum Darsteller zu ermöglichen. Damit fallen in Fischer-Lichtes Bestimmung der Situation nicht nur Produzierende und Rezipierende, Subjekt und Objekt, sondern auch das Ästhetische und das Ethische zusammen. Das eine ist nicht mehr länger ohne das andere zu denken (ebd.: 299). Dennoch bleibt auch für Fischer-Lichte eine Differenz zwischen Kunst und Wirklichkeit bestehen. Denn die Aufführung ist eine im Probenprozess von den Künstlern bewusst hervorgebrachte Situation, »die Situationen des alltäglichen Lebens ähnelt, aber eine Laborsituation ist« (ebd.: 300). Ähnlich wie Rancière betont auch sie, dass niemand vorhersehen könne, ob die Zuschauer*innen ihr Verhalten nach dem Besuch einer Aufführung wirklich verändern oder das während der Aufführung Erlebte ablehnen würden (ebd.: 313). Dies unterscheidet ihre Position von jener der Situationisten.

Sowohl Stegemann als auch Fischer-Lichte heben auf je eigene Weise den Ereignischarakter von Situationen hervor. Für Stegemann ist die Situation ein Ereignis, das gesellschaftliche Widersprüche plötzlich einsehbar und verstehbar macht. Für Fischer-Lichte ist die Aufführung als Situation ein Ereignis, weil sie unwiederholbar ist und aus der je einzigartigen Zusammenkunft von Darsteller*innen und Zuschauer*innen hervorgeht. Wo Stegemann mit Hegel von Handlung als einem intentional ausgeführten und gerichteten Geschehen ausgeht, ist der Handlungsbegriff in seiner performativen Dimension wesentlich diffuser. Er stellt sich als komplexer Interaktionszusammenhang dar, in dem Subjekte zwar auftreten, nicht aber die alleinige Kontrolle über das Geschehen beanspruchen können. Vieles, was in einer Theatersituation geschieht, wird ausgelöst von Objekten oder anderen Theatermitteln. Es geschieht unbeabsichtigt, unbewusst und wirkt zurück auf den Ausführenden, ohne dass dem notwendigerweise eine bewusste Handlungsabsicht zugrunde läge oder dass es gar einen Reflexionsprozess nach sich ziehen würde. Handlung nähert sich damit einem bloßen Tun an, das nun aber die Ereignishaftigkeit der Aufführung infrage stellt. Handlung als Tun oder Tätigkeit zu verstehen erzeugt eine Spannung im Situationsbegriff, wie ihn Fischer-Lichte vorschlägt.

Ziel der in der Laborsituation des Theaters durchgeführten Transformationen ist keineswegs das Wiederholen und Einüben gängiger Handlungsmuster. Dies widerspräche dem Ereignisbegriff, den Fischer-Lichte für die Situation reklamiert. Stattdessen machen die Teilnehmer*innen einer Aufführung eine »Erfahrung der Destabilisierung von Selbst-, Welt- und Fremdwahrnehmung, des Verlusts gültiger Normen und Werte« (ebd.). Wie aber sind diese Erfahrungen denkbar in einem sich selbst regulierenden Kreislauf, der jedes Ereignis sofort wieder einholt und zumindest als Theaterereignis kategorisiert? Um das Ereignis aus dem Register formaler Ordnungen zu befreien, hat der Phänomenologe Bernhard Waldenfels den Begriff der Responsivität eingeführt. Bevor das Bewusstsein sich intentional auf einen Gegenstand ausrichtet, stoßen uns Dinge oder Geschehnisse als Widerfahrnisse zu. Wir müssen auf sie antworten, uns verhalten, doch das, was wir antworten, kommt stets zu spät und trifft die Frage nie passgenau. Aus dieser »responsiven Differenz«, wie sie Jens Roselt nennt, »kann, so Waldenfels These, ›das Außerordentliche des Sagens den Ordnungen des Gesagten und Sagbaren‹ entrissen werden« (Roselt 2008: 143). In Aufführungen stoßen uns Dinge zu, von denen wir nicht sofort sagen können, was sie sind oder bedeuten. In diesem offenen Feld nehmen wir primär wahr, ohne das, was wir wahrnehmen, sofort in Kategorien einteilen zu können. Doch diese Momente der Unbestimmtheit und Unsicherheit hängen, soll die Aufführungssituation aufrechterhalten werden, von Stabilisatoren ab, die nicht auf deren

Ereignischarakter und dessen destabilisierende Wirkung zurückzuführen sind.[25] Auf diese Fragen geben andere Theorien der Situation Auskunft. Der Soziologe Erving Goffman betont die Wichtigkeit der spezifischen Rahmung einer Situation, die bestimmt, was in ihr möglich ist und was nicht. Phänomenologische Ansätze betonen zum einen die Situation als habitualisiertes praktisches Tun und eröffnen ihr auf dieser Grundlage gleichzeitig eine Möglichkeit der Überschreitung durch das Hereinholen der Grenze der Situation in die Situation selbst. Darum soll es in den nächsten Abschnitten gehen.

4.3 Situation *soziologisch*

Die folgenden Theorien gehen bei ihrem Verständnis von Situation nicht von einem destabilisierenden Ereignisbegriff aus, sondern im Gegenteil von den regulierenden Prinzipien, die die Situation verlässlich machen. Situation ist hier also etwas anderes als ein Ereignis. Soziologische Theorien favorisieren einen Handlungsbegriff, der sich dem Tun annähert, und verstehen Handlung als Tätigkeit, als ein konkretes Machen, das im Gegensatz zur Handlung, so Stegemann, eben nicht ergebnisoffen ist, sondern vorhersehbare Resultate zeitigt. Die Situation als Tun zu verstehen heißt, sie als eine Praxis zu verstehen. Situationen sind dann zwar keine Ereignisse, aber sie beinhalten Ereignisse und machen Ereignisse möglich, die sie zugleich aber auf einen Erfahrungshorizont hin abschatten und damit beherrschbar machen. Eben diese Beherrschbarkeit herzustellen ist der Sinn der Situation.

Der kanadische Soziologe Erving Goffman, der sich in seinen Studien seit Ende der 1950er Jahre mit Phänomenen des Alltags beschäftigte, spricht von Situation im Zusammenhang mit einer

Face-to-Face Kommunikation. Situationen entstehen, wenn mindestens zwei Personen zusammenkommen. Goffman bettet »Situation« ein in eine ganze Reihe weiterer Begriffe, die es ihm erlauben, alltägliche Interaktionsrituale von Menschen genauer zu beschreiben. So bezeichnet der Begriff *soziales Ereignis* (engl. *social occasion*) den Anlass für ein Zusammenkommen wie z.B. eine Dinnerparty, die als raum-zeitliche Einheit mit einem Anfang und einem Ende erfahren wird. Der Anlass bietet Gelegenheit für eine *Versammlung* von zwei oder mehreren Personen in deren unmittelbarer Gegenwart. Zusammenkünfte werden erst dann zu Begegnungen, wenn sich alle Beteiligten aufeinander einlassen und sich gegenseitig als Gesprächspartner anerkennen. »Leute in einer Versammlung können zusammenkommen, um ein gemeinsames Zentrum visueller und kognitiver Aufmerksamkeit aufrechtzuerhalten und um sich zu bestätigen, daß sie offen füreinander zum Gespräch oder dessen Ersatzformen bereit sind.« (Goffmann 2019: 159) Diese Einlassungen sind nun ihrerseits gerahmt durch ein räumliches Setting, das für Goffman erst die eigentliche Situation ausmacht.

> »Mit dem Terminus *soziale Situation* beziehe ich mich auf die vollständige räumliche Umgebung, in welcher der Eintretende Mitglied der Versammlung wird, die dort stattfindet (oder mit seinem Eintreten beginnt). Situationen beginnen mit gegenseitiger Kontrolle und erlöschen, wenn der Vorletzte gegangen ist.« (ebd.)

Dem Begriff der Situation eignet also eine räumliche Dimension; es ist nicht egal, welche Kommunikations- oder Interaktionsform in welchem Raum stattfindet, der damit zum wesentlichen Bestandteil des Interaktionszusammenhangs wird. Interaktion wird durchgeführt in einem Raum, den die Interaktion zugleich produziert und der sich gleichzeitig immer auch aufführt und zum repräsentierten Raum wird. Goffman verwendet aus diesem Grund zur Beschreibung alltäglicher Interaktionsformen die Metapher des Theaters: Interaktionspartner spielen Rollen, die wie im Theater (denken wir an Diderot zurück) der gegenseitigen Beobachtung und Kontrolle unterliegen.

Erika Fischer-Lichte, die sich zur Definition der Aufführung als Situation auf Goffman bezieht, teilt mit diesem die Vorstellung einer raum-zeitlichen Rahmung und der Ko-Präsenz der Teilnehmenden. Legt sie jedoch ihr Augenmerk auf den Ereignischarakter der Situation, ist Goffman dagegen an den wiederkehrenden Mustern interessiert, deren Regeln die Situation steuern, ihren Abbruch verhindern und schließlich zum Erfolg führen. Für Goffman kann einer Situation kein Ereignischarakter zugesprochen werden. Er versteht Alltagsphänomene als Rituale, die auf eine bestimmte Art und Weise organisiert sind und denen damit Widerholungscharakter zukommt. In die Situation eingelagert sind Verhaltensnormen, Erfahrungen und Wissensordnungen, die durch oft auch unbewusstes Einüben zu einem bestimmten Habitus im Sinne Pierre Bourdieus führen. Situationen sind demnach definiert. Ihr Rahmen stellt einen Verstehens- und Deutungshorizont dar, der wiederum Erwartungen organsiert und es den Teilnehmenden an einer Situation ermöglicht, diese zu definieren. Dadurch kann in einer Situation sinnvoll gehandelt werden.

Auch ein Theaterbesuch kann zu einer Situation werden, weil für ihn mehrere Personen in unterschiedlichen Funktionen innerhalb eines Rahmens aus einem Anlass zusammenkommen. So hält auch die Theatersituation eine strukturierte Erfahrung für die Beteiligten bereit. Rahmen funktionieren als Referenzordnungen, die festlegen, wie etwas in einer bestimmten Situation wahrgenommen wird. Männerhände, die sich um den Hals einer jungen Frau legen, sind, so die Theaterwissenschaftlerin Stefanie Husel, als »Erwürgen« verstehbar, »als Mordanschlag« (Husel 2014: 63). Dieser primäre Rahmen ist jedoch übertragbar und modulierbar, wenn der Mordanschlag auf einer Bühne stattfindet und »der Herr die Dame gefragt hat: ›Have you pray'd tonight, Desdemona?‹«. Für die Teilnehmer an der Situation wird dann klar, dass sie es mit einer Aufführung von Shakespeares *Othello* zu tun haben. Die primäre Rahmung wird von einer zweiten Rahmung, der des Theaters überlagert. So mögen Handlungen auf der Bühne die gleichen sein wie im Alltag. Durch ihre unterschiedliche Rahmung, die das, was in ihnen geschieht, je anders modulieren, werden sie anders verstanden.

Eine Theatersituation ist für Goffman eine besonders komplexe Situation, die durch ein implizites kulturelles Wissen und kognitive Fähigkeiten von Darstellern und Zuschauern gleichermaßen hergestellt und getragen wird. So müssen die Zuschauer die kognitive Leistung erbringen, das Bühnengeschehen überhaupt als ein Geschehen »als ob« zu begreifen, um sinnvoll mitspielen zu können – auch wenn sie dieses aktive Mitspielen oft nicht bewusst reflektieren. Die Schauspieler*innen müssen ihrerseits in der Lage sein, prinzipiell zwischen Person und Rollenfigur zu unterscheiden. Darüber hinaus definieren Konventionen wie die Trennung von Bühne und Zuschauerraum die Situation. Eine Theater-Situation besteht also aus einem Konglomerat von räumlichen Anordnungen, Techniken, Verhaltensregeln und Wahrnehmungskonventionen, die Teil der Spielregeln sind, und den primären Erfahrungen der Teilnehmer aus anderen sozialen Situationen, die sie mit ins Theater bringen und die dort transformiert und moduliert werden (Goffman 2018: 143–175).

Stefanie Husel hat darauf hingewiesen, dass Goffmans Überlegungen, obwohl sie sich auf die Organisation von Alltagserfahrungen beziehen, doch anschlussfähig für ästhetische Fragestellungen sind. Denn innerhalb der kognitiven wie materiellen

Rahmung der Theater-Situation lassen sich nun durch Modulationen der Rahmungen Brüche erzeugen, die die ästhetische Spannung erhöhen. Führen Regelverletzungen in Alltagssituation häufig zu peinlichem Gesichtsverlust, der durch eine neue Rahmung der Situation wieder aufgefangen werden muss (man entschuldigt sich, man macht einen Witz, um den drohenden Abbruch der Situation aufzufangen), stellt Goffman fest, dass in Theater-Situationen gerade das bewusste Spiel mit den Rahmenbrüchen bei den Zuschauern eine erhöhte Aktivität und ein erhöhtes Engagement auslöst. Durch Rahmenverschiebungen wie das Spiel mit dem Theaterraum, das Verwischen der Grenze zwischen Rolle und Person oder zwischen Zuschauern und Akteuren wird die Lust am Spiel erhöht (Husel 2004: 64). Ästhetische Lust, so scheint es, ist eine Lust am Grenzübertritt oder, so der Titel von Husels Buch, an »Grenzwerten im Spiel« (ebd.).

Ein einfaches Beispiel mag dies verdeutlichen. In dem Stück *Showtime* (UA 1996) der britischen Theatergruppe Forced Entertainment steht der Performer Richard Lowdon mit nacktem Oberkörper auf einer etwas heruntergekommenen Bretterbühne und adressiert das Publikum direkt. »Es gibt ein Wort für Leute wie euch, und dieses Wort heißt Publikum«, sagt er und erzählt dann von den diversen Erwartungshaltungen, die ein Publikum an einen gelungenen Theaterabend haben könnte. Das Publikum könnte zum Beispiel ins Theater gehen, weil es etwas sehen möchte, das es nur privat bei sich zu Hause gerne tun würde. Doch was geschieht, wenn diese Erwartungen und geheimen Fantasien nicht erfüllt werden? »Es ist wichtig, daran zu denken, dass ihr mehr seid als wir. Wenn es also zum Kampf kommt, werdet ihr ohne Zweifel gewinnen.« (Malzacher 2004: 128) Das Publikum erscheint in diesem Monolog keineswegs als Freund der Performer. Vielmehr ist das Verhältnis des Performers zum Publikum eines, das von Misstrauen und Fremdheit geprägt ist (vgl. auch Matzke 2015: 15). In die reale Theater-Situation ist ein Konflikt eingetragen, der durch das Bild des Performers als tickende Zeitbombe verdeutlicht wird. Um seine Hüften hat Lowdon eine Bombenattrappe gelegt, deren Zünder er nervös in der Hand hält. Ob die Bombe im Spiel hochgeht, ist abhängig von den Reaktionen des Publikums, das sich durch den Monolog des Performers seiner aktiven Rolle am Geschehen bewusst wird. Obwohl das Publikum im Rahmen einer Theateraufführung damit rechnen kann, dass die Bombe nicht wirklich hochgeht, wird doch die wirkliche Situation, in der sich Performer und Zuschauer befinden, zum brisanten Thema.

Was in der Theater-Situation mithin auf dem Spiel steht, ist nicht allein das bloße Zusammenkommen von Zuschauer*innen und Performer*innen in einem Raum und die Aufmerksamkeit, die sie sich gegenseitig schenken. In diesem Sinne ist auch eine konventionelle Theateraufführung, die ihr Geschehen einzig hinter der Rampe und vor einem abgedunkelten Zuschauerraum entfaltet, bereits eine Situation. Was hier jedoch gemeint ist, ist das Auffälligwerden der Situation in der Situation, mithin nicht bloß die regelgeleitete Durchführung der Situation, sondern deren Aufführungscharakter, der dann zum Thema wird, wenn Regeln und Erwartungen vorübergehend durchbrochen werden. Was aufgeführt wird, ist die reale Interaktionssituation selbst, mithin das Verhältnis von Zuschauer*innen und Darsteller*innen, das nicht nur als soziale Situation durchgeführt, sondern auch als ästhetische verhandelt wird. Damit fallen Ethik und Ästhetik, Handlung und Spiel zwar in dem Sinne in eins, wie es Fischer-Lichte vermutet, dass beide ins Spiel kommen. Aber ihr Verhältnis wird vor allem dynamisiert: Sie differenzieren sich aus, sie trennen sich, werden als separate Bestandteile und Dimensionen einer Aufführung auffällig, entfernen sich je nach Aufführung voneinander oder nähern sich wie in *Showtime* einander wieder vertrauensvoll an. Denn das Publikum begegnet Lowdons Monolog mit einem ambivalenten Lachen. Peinlich berührt, fühlt es sich in seinen voyeuristischen Fantasien ertappt, zugleich begegnet es ihnen mit einem ebenso vergnügten wie einvernehmlichen Lachen.

4.4 Situation *phänomenologisch*

Was Erving Goffman mit phänomenologischen und existenzialphilosophischen Ansätzen zur Situation teilt, ist die Einsicht in die grundsätzliche Verletzbarkeit des Menschen. Menschen werden leicht verunsichert, schämen sich, haben Angst und müssen eine sichere und verlässliche Umgebung allererst herstellen. In diesem Sinne ist die existenzielle Situation des Menschen, wie Karl Jaspers schreibt, prinzipiell eine gefährdete und von Unsicherheit geprägte (Jaspers 1973: 5). Rahmungen, die Situationen herstellen und dabei ein geglücktes Handeln ermöglichen, sind für Goffman Strategien, die Orientierungslosigkeit des Menschen im Alltag aufzufangen. An diesem Punkt ergeben sich nun zwei Richtungen, über Situation nachzudenken. Die erste, eher phänomenologische Richtung unterstreicht die lebendige Erfahrung des Menschen als ein In-der Situation-Sein, als eine Praxis des Tuns, die zunächst keiner weiterführenden Reflexion bedarf. Die zweite, in Verbindung mit der Phänomenologie eher existenzialphilosophisch ausgerichtete Denkfigur betont das Reflexivwerden der Situation, die sich von ihrer Grenze, der Auflösung und Unsicherheit, her als bewusste Entscheidung eines handelnden Subjekts darstellt.

Im Gegensatz zu soziologischen Theorien wie jener von Erving Goffman setzen phänomenologische Überlegungen zur Situation früher an, d.h., nicht erst das Zusammenkommen mindestens zweier Personen definiert eine Situation, sondern der einzelne Mensch befindet sich grundsätzlich immer schon in einer Situation. In diesem Sinne äußert sich der frühe Martin Heidegger in seiner Vorlesung aus dem Sommersemester 1919 zur Situation. Diese stellt für ihn »eine gewisse Einheit im natürlichen Erleben« (Heidegger 1987: 205) dar. Situationen besitzen für Heidegger eine gewisse Selbstverständlichkeit, wenn er sagt, dass in der Situation die »Grundform des Lebenszusammenhangs«, die »Motivation« (ebd.) zurücktritt und alles, was das Situations-Ich erlebt, »durch das Ich hindurch« gehe. Eine Situation ist daher nie statisch, sie enthält »Ereignisse« im Sinne von Vorkommnissen, die einen bestimmten Charakter haben, der aus der Bestimmtheit der Situation hergeleitet wird. Im Gegensatz zum Vorgang hat ein Ereignis immer Bezug zu »mir«, also zu einem Ich: »Es steht ins eigene Ich hinein.« (ebd.: 206) Dennoch braucht das Ich »nicht im Blick zu sein, es schwimmt in der Situation mit« (ebd.). Das In-der-Situation-Sein zeichnet sich mithin dadurch aus, dass die reflexive Ausrichtung des Subjekts auf die Dinge und auf das eigene Tun zurücktritt. Handlungen erscheinen als selbstverständliche eingebettet in Interaktionszusammenhänge, die dem Subjekt nicht immer bewusst sein müssen. Die Situation selbst übernimmt die Führung; sie wird selbst intentional und steuert das Subjekt.

Darüber hinaus zeichnet sich die Situation durch eine »einheitliche Tendenz« aus, welche sie als Situation als geschlossene definiert. Sie besitzt Aspektcharakter, der die Ereignisse, die dem Ich in der Situation zustoßen, perspektiviert (ebd.). Eine Situation ist daher bestimmt durch einen Horizont, vor dem der Aspekt oder die Tendenz Sinn ergeben. Erlischt dagegen die Situation, geht auch die Einheit des Sinns verloren: Die Gegenstände erscheinen dem Ich isoliert. Für Heidegger tritt dann eine Erlebnisleere (ebd.: 209) ein, das Situations-Ich verarmt. Ein Beispiel, das Heidegger als typische Situation bezeichnet, ist das Besteigen eines Bergs. Wenn ich einen Berg besteige, erscheint mir alles, was ich wahrnehme und empfinde, als Einheit, ich gehe und alles geht in der Situation auf. Bin ich oben angekommen, nehme ich einzelne Dinge wahr: die Wolken, die Sonne, die Steine. Ich nehme sie als einzelne, isolierte wahr. »Die Gegenstände«, schreibt Heidegger, »sind nicht mehr durch die Situation zusammengehalten.« (ebd.: 206) Doch was nach dem Erreichen des Ziels am Gipfel geschieht, geht über in eine andere Situation, die die Gegenstände erneut umschließt. Jede Situation hat ihre eigene Dauer, die sich mit anderen Dauern überlagert, ohne dass diese sich ausschließen.

Heideggers Sorge gilt auch der Verarmung oder gar der Verdinglichung des Denkens, insofern es sich von der gelebten Situation abstrahiert und nur mit dem abgelegt Erlebten als Faktum oder Sachverhalt beschäftigt. Heideggers Fundierung des wissenschaftlich-abstrakten Denkens in der Situation findet Nachhall in dem zeitgenössischen phänomenologischen Ansatz von Hermann Schmitz. In seinem Buch *Situation und Konstellation* (2005) argumentiert Schmitz »wider die Ideologie totaler Vernetzung«, wie der Untertitel des Buchs lautet. Damit ist die Fähigkeit des Menschen gemeint, einzelne Sachverhalte, Tatbestände oder Probleme aus ihrem Zusammenhang herauszulösen, zu analysieren und als abstrakte Daten zu kombinieren oder sie mithilfe von Regelwerken zu bewältigen. Diese Fähigkeit zur Abstraktion sichere dem Menschen das Überleben. Sie wird aber dann gefährlich, wenn sie sich in einem Leben in abstrakten Konstellationen verabsolutiert.

»Schuld daran hat einerseits das Leitbild der modernen Technik, die Maschine, die durch Vernetzung einzelner Bauteile konstruiert wird, andererseits und hauptsächlich eine soziale Tendenz zum Konstellationismus

[...]: die Tendenz zur Isolierung und Nivellierung der Individuen durch Auflösung implantierender Situationen zu Gunsten vermeintlicher Selbstbestimmung des Einzelnen«. (ebd.: 29)

In Zeiten der sozialen Netzwerke, die einen reibungslosen globalen und völlig dekontextualisierten Datenaustausch ermöglichen, und von Algorithmen, die unser Verhalten kontrollieren und steuern, droht die gelebte und empfundene leibliche Situation für Schmitz verloren zu gehen.

Als Gegengift empfiehlt Schmitz eine Rückbesinnung auf das, was Konstellationen überhaupt erst möglich mache: die Situation. Situationen sind der Grund, aus dem wir schöpfen; sie sind Heideggers »natürlicher Lebenserfahrung« vergleichbar, in die wir erlebend eingelassen sind. Schmitz definiert Situation entsprechend als »binnendiffus-ganzheitliche Bedeutsamkeit« (ebd.: 23). Wie Heidegger siedelt auch Schmitz die Situationen auf einer »präpersonalen« Ebene an. Diesem »präpersonalen Erleben stehen nur ganze Situationen zur Verfügung, die sich in leiblicher Kommunikation bilden und umbilden« (ebd.: 22). Sie ermöglichen gleichsam ein ganzheitliches und erfahrungsgeleitetes Verstehen und Handeln, das sich der ihm zugrunde liegenden Regeln, Verhaltensweisen und Wissensordnungen nicht im Einzelnen bewusst ist.

»Eine *Situation* in hier gemeintem Sinn ist charakterisiert durch Ganzheit (d.h. Zusammenhalt in sich und Abgehobenheit nach außen), ferner eine integrierende Bedeutsamkeit aus Sachverhalten, Programmen und Problemen und eine Binnendiffusion dieser Bedeutsamkeit in der Weise, daß die in ihr enthaltenen Bedeutungen (d.h. Sachverhalte, Programme, Probleme) nicht sämtlich – im präpersonalen Erleben überhaupt nicht – einzeln sind. Die Ganzheit einer Situation zieht keineswegs notwendig Einzelheit nach sich.« (ebd.)

Schmitz trifft auf der Grundlage seiner Definition von Situation eine Reihe von Unterscheidungen, die einzelne Typen von Situation klassifizieren. So gibt es »gemeinsam zuständliche Situationen«, die sich wie Freundschaften durch eine gewisse Dauer auszeichnen, ohne dass man in jedem Moment genau sagen könnte, was der Stand der Freundschaft ist und wie lange sie schon andauert. Es gibt »gemeinsame aktuelle Situationen«, die wiederum aus einer Menge an »persönlichen Situationen« bestehen, deren Entwicklung man aber nicht vorhersehen kann, weil die persönlichen Situationen den Personen selbst nicht in allen Einzelheiten transparent sind (ebd.: 25).

Je nachdem, wie sich gemeinsame zuständliche oder aktuelle Situation und persönliche Situation zueinander verhalten, unterscheidet Schmitz zwischen einer Gemeinschaft und der Gesellschaft.

> »Eine soziale Gruppe ist für eine ihr angehörige Person eine *Gemeinschaft*, wenn sie für den Betreffenden von einer gemeinsamen Situation erfüllt ist, die seine persönliche Situation implantiert, und eine *Gesellschaft*, wenn unter den die Gruppe erfüllenden gemeinsamen Situationen keine solche implantierende, wohl aber eine seine persönliche Situation includierende vorkommt.« (ebd.: 27)

Eine »includierende Situation« stellt lediglich einen gemeinsamen Rahmen aus Regeln, Gesetzen und Traditionen bereit, der allen persönlichen Situationen zur Verfügung steht, um zu handeln oder sich zu verhalten. Die gemeinsame Situation bleibt der persönlichen in gewisser Hinsicht äußerlich (man ist Bürger einer Stadt), während eine implantierende Situation eine fast schon körperliche Verbundenheit mit der gemeinsamen Situation meint. Gemeinsames und Persönliches sind miteinander verwachsen. Gemeinschaften sind sich demnach selbst gegeben oder gegenwärtig, Gesellschaften sind symbolisch vermittelte Zusammenhänge.

Schmitz' Differenzierungen des Situationsbegriffs erlauben es an dieser Stelle, einen differenzierteren Blick auf die Theater-Situation zu werfen. Gehen für Schmitz Konstellationen durch ein bewusstes Bearbeiten von Situationen aus diesen hervor (ebd.: 28), scheint es für ihn keinen Weg zurück von der einmal gewonnenen Konstellation zu einer neuen Situation zu geben. Sein Situationsbegriff erhält dadurch eine gewisse Abgeschlossenheit gegenüber äußeren Bedingungen, die streng genommen die Situation in ihrem Inneren bereits informieren müssten. Theater als Institution geht aus einer allgemeinen gesellschaftlichen Situation hervor, an der die persönlichen Situationen eines und einer jeden teilhaben, ohne dass dem Subjekt diese Situation je durchsichtig werden könnte. In diesem Sinne stellt das Theater mit Schmitz gesprochen eine »includierende Situation« dar. Es adressiert die Zuschauer als Publikum und damit als Vertreter einer Öffentlichkeit, die sich im Theater repräsentiert. Innerhalb dieser gesellschaftlichen Situation bildet es aber eine Konstellation. Theater ist eine bewusste Anordnung von Räumen; es konstelliert Elemente wie Darsteller und Zuschauer, bauliche und bewegliche Elemente, Reales und Irreales. In diesem Sinne kann man es mit Schmitz als Programm begreifen, das zur Bewusstmachung von Sachverhalten, zur Wahrnehmungsveränderung oder gar zur Bewältigung von Problemen dienen kann. Bei der Entscheidung für einen Theaterbesuch vermag das Bewusstsein für die spezifische Konstellation jedoch erneut abzusinken und zu einer neuen Situation zu werden: der Theatersituation, in der ich mich befinde und deren Regeln und Verabredungen, wie es Erving Goffman beschrieben hat, habitualisiert eingehalten werden. Während man Theater erlebt, ermöglicht dies ein erneutes Aufgehen in der Aufführungssituation, das durch bestimmte Inszenierungsstrategien ermöglicht wird. In dem komplexen Interaktionsgeschehen einer Aufführung ist das Subjekt für Erika Fischer-Lichte in Bezug auf Atmosphären, Materialität und Körperlichkeit als leibliches Subjekt in die Aufführung implementiert. Zielt das Theater auf die Gesellschaft, zielt die Aufführung auf die Gemeinschaft. Doch beides kann in der Theater-Situation, wie sie hier vorgeschlagen wird, nicht unabhängig voneinander Bestand haben. Versteht man Theater nach Schmitz als Wechselwirkung zwischen Situation und Konstellation, ergibt sich daraus ein komplexes Abhängigkeitsverhältnis von Gesellschaft und Gemeinschaft im Theater. Gesellschaftliches Handeln, das sich wie für Bernd Stegemann im Theater repräsentiert, und gemeinschaftliches Erleben, das ästhetisch erfahren wird, verdoppeln sich und spalten sich in ihr jeweiliges Gegenteil auf. Das Ästhetische führt das Handeln weg von seiner repräsentativen Funktion und macht es *als Spiel* unsicher. Das repräsentative Handeln des Theaters rahmt das gemeinschaftliche Erleben des Spiels und verleiht ihm wiederum gesellschaftliche Bedeutung. Als *veränderte Praxis*, als ein anderes Tun, befreit es die Aufführung vom Vorwurf des Ästhetizismus.

Die Grundspannung zwischen Ethik und Ästhetik, Handeln und Spielen, Praxis und Anschauung, die zeitgenössische Theater- und Tanzperformances auszeichnet, wiederholt sich an dieser Stelle als Umschlagen von Situation in Konstellation. Gemeinschaft und Gesellschaft werden sich gegenseitig fremd. Doch wie trägt sich das Fremde in die Theater-Situation ein? Die Rahmenverschiebung zwischen Theater und Aufführung, wie Stefanie Husel vorgeschlagen hat, ist eine Möglichkeit. Doch ist die Trennung bereits in der Aufführungssituation selbst angelegt.

4.5 Situation *existenziell*

Die Frage, die sich an diesem Punkt erneut stellt, ist die nach der Möglichkeit von Fremderfahrung innerhalb einer gerahmten und abgesicherten Situation, in die sich die Zuschauer*innen bewusst hineinbegeben. Die Antwort, die die phänomenologische Theorie zur Lösung des Problems bereithält, ist jene der Responsivität. Die Theorie der Aufführung zieht daraus den Schluss, dass das Subjekt verstärkt sinnlich spürt, mithin also Körperlichkeit, Materialität und Atmosphären auf besondere Art und Weise wahrnimmt, noch bevor Phänomene und Gegenstände als etwas Bestimmtes wahrgenommen werden und etwas (Bestimmtes) bedeuten. Auch die Existenzialphilosophie geht in ihrem Versuch, die Situation zu fassen, von solchen Momenten der Offenheit und der fundamentalen Verunsicherung aus, die das Dasein des Menschen bestimmen. Für Karl Jaspers ist der Mensch bestimmt durch »Grenzsituationen wie die, daß ich immer in Situationen bin, daß ich nicht ohne Kampf und ohne Leid leben kann, daß ich unvermeidlich Schuld auf mich nehme, daß ich sterben muß« (Jaspers 1973: 203). Bieten Alltagssituationen dem Menschen Halt, zeichnen sich die Grenzsituationen, die ihm normalerwiese verborgen bleiben, gerade dadurch aus, dass er sie nicht überblicken und verstehen kann. Er ist mit ihnen konfrontiert und muss sich zu ihnen verhalten. Sie fordern sein aktives Handeln heraus, wodurch der Mensch aber Freiheit gewinnt.

Nun ist eine Aufführung ganz sicher keine existenzielle Grenzsituation, die heroisches Verhalten von uns verlangte. Aber auch jenseits des existenziellen Pathos, das uns heute befremdlich anmuten mag, zeichnet sich hier auch in einem profaneren Sinne ein anderer Umgang mit der Situation ab, der sich von jenem der Responsivität unterscheidet. Weil das Subjekt die Situation nie als ganze erfassen kann, wird es von ihr zum Nachdenken gebracht. Es wird angehalten, sich zu entscheiden und zu handeln. Grenzsituationen schärfen mithin die Selbstbeobachtung, die durch die eigene Abhängigkeit von anderen Menschen oder unfassbare Phänomene wie den Tod angeregt wird. Aufführungen finden stets auch im Modus des Beobachtens und Beobachtetwerdens statt, der den Zuschauer*innen prinzipiell die Möglichkeit bietet, auf die eigene Situation *mit anderen zusammen* zu reflektieren. Damit ist der Situation aber immer schon ein Moment des Nicht-in-ihr-Aufgehens eingeschrieben, das die Situation an ihre eigene Grenze führt.

Ein Rückgriff auf Jean-Paul Sartres Theorie der Situation, die dieser in seinem philosophischen Hauptwerk *Das Sein und das Nichts* (1943) entwickelt hat, kann diesen Einstellungswechsel von der Responsivität zur Reflexion verdeutlichen. Sartres Versuch einer »phänomenologischen Ontologie«, so der Untertitel, hat für unseren Gedankengang den Vorteil, dass er die *Situation vom Anderen her denkt.* In einer Rückkehr zu Hegel muss für Sartre die Situation, in der ich bin, sich selbst äußerlich werden, um in einem dritten Schritt ein Bewusstsein von sich erlangen zu können.[26] Um zu verdeutlichen, was es bedeutet, die Situation vom Anderen her zu denken, entwirft Sartre eine kleine theatrale Szene. »Nehmen wir an«, schreibt Sartre, »ich sei aus Eifersucht, aus Neugier, aus Verdorbenheit so weit gekommen, mein Ohr an eine Tür zu legen, durch ein Schlüsselloch zu gucken.« (Sartre 1993: 467) Sartre beschreibt diese Ausgangssituation nun so, wie wir sie von Heidegger und Schmitz her bereits kennen. Es gibt kein Ich, »das das Bewusstsein bewohnt. Also nichts, auf was ich meine Handlungen beziehen könnte, um sie zu qualifizieren. Sie werden keineswegs *erkannt*, sondern *ich bin sie.*« (ebd.) Sartre spricht hier von einem »nicht-thetischen« Bewusstsein, also von einem nicht setzenden Bewusstsein. Ich bin die Eifersucht, die Neugier, die Verdorbenheit, aber ich erkenne sie nicht.

»Die Gesamtheit in der Welt mit ihrer doppelten umgekehrten Bestimmtheit – es gibt nur deshalb ein Schauspiel hinter der Tür *zu sehen*, weil ich eifersüchtig bin, aber meine Eifersucht ist nichts außer der bloßen objektiven Tatsache, daß es hinter der Tür ein Schauspiel *zu sehen gibt* – nennen wir *Situation*.« (ebd.: 468–469)

Innen und Außen, Motivation oder Tendenz sowie Tatsachen verschränken sich, ohne dass ich sie reflexiv einholen könnte. »Jetzt habe ich«, fährt Sartre fort, »Schritte im Flur gehört: man sieht mich.« (ebd.) Der Blick eines Anderen fällt auf mich, ich schäme mich, weil ich ertappt worden bin. Die Scham ist für Sartre der menschliche Grundaffekt schlechthin, weil er jede soziale Situation grundiert: »ich sehe *mich*, weil *man* mich sieht.« (ebd.: 470) Erst durch das Auftauchen eines anderen stellen sich »wesentliche Modifikationen in meinen Strukturen« (ebd.: 469) ein, d.h., ich kann die Situation, in der ich bislang nur war, erkennen. Die Scham entdeckt mir ein Ich, das inmitten einer Welt, »die diese hier und zugleich jenseits dieser Welt ist« (ebd.: 470). Jede Situation weist damit über sich hinaus. Sie stößt im Auftauchen des anderen an ihre Grenze.

In dieser Situation, in der ich nun bin, bewahrt das Sein eine gewisse »beunruhigende Unbestimmtheit«, weil der andere, den ich zunächst in der kleinen Szene, die Sartre hier entwirft, nicht einmal sehe, sondern nur höre, mir in seinen Absichten verschlossen bleibt.[27] Diese Unbestimmtheit resultiert aus der Freiheit des anderen, also daraus, dass es durch den anderen eine Grenze meiner Freiheit gibt, weil er nicht gänzlich in meinem Horizont und meinem Zweck aufzugehen vermag. Das »Gesehenwerden« organisiert die »Entfremdung der Welt, die ich organisiere« (ebd.: 475). Der Blick des anderen reißt mich aus der unreflektierten Gegebenheit und macht mir die Dinge, die meine Situation ausmachen, auffällig: »ich bin nicht mehr Herr der Situation« (478), sie kann anders sein, ist anders, »als sie für mich erscheint« (ebd.: 478). Das Auftauchen des anderen an meinem Horizont enthüllt mir »die Dimension des Nicht-Enthüllten« (ebd.: 483) als meine Existenzdimension. Der Blick des anderen erschafft eine Distanz zu und von mir. Er enthüllt mir mein ekstatisches Nicht-Enthülltsein. Ich bin mir, wenn ich in der Ausgangs-Situation des Für-mich-seins verharre, selbst nicht transparent in meinen Motiven und Zwecken.

Sartre bezeichnet die Situation auch als »Komplex«, zu dem viele Dinge dazugehören. Die Struktur der Situation zeichnet sich für ihn durch fünf Bestandteile aus, die wir bereits von anderen Theorien kennen. Die Situation verortet mich und weist mir einen *Platz* zu, meine *Vergangenheit*, die sich in den aktuell gewählten Zwecken und deren Realisierung aktualisiert, meine *Umgebung*, die mir »Utensilien« wie die Dunkelheit, die den eifersüchtigen Voyeur schützt (ebd.: 476), zur Verfügung stellt, meinen *Nächsten* und meinen *Tod*, weil dieser nächste andere, der kein Objekt ist, sondern ein weiteres Subjekt (ebd.: 457), meine Zwecke nichtet und mich auf ein Außer-mir-sein verweist, zu dem ich keinen Zugang habe.[28] Der »Nächste« beinhaltet Bedingtheiten der Freiheit durch Sprache, kulturelle Techniken durch Geschichtlichkeit, in deren Sinn ich hineingeboren bin und die ich übernehme.

Jeder Situation eignet daher eine gewisse »Entfremdung«, die grundsätzlich die »Exteriorität der Situation« (ebd.: 905) ist, die man aber akzeptiert, wenn man sich in eine Situation hineinbegibt. Grenzen werden von mir in der Situation »frei« übernommen, weil ich in ihr meine Freiheit als durch die Freiheit des Anderen begrenzte Freiheit akzeptiere.

»Folglich werden die äußeren Grenzen der Situation Grenze-als-Situation, das heißt, sie werden der Situation von innen einverleibt mit dem Merkmal ›unrealisierbar‹ als ›zu realisierende Unrealisierbare‹, als gewählte und entfliehende Kehrseite meiner Wahl [...].« (ebd.: 912)

Denke ich die Situation vom anderen her, ist sie stets eine Überschreitung des Gegebenen. Sie existiert nur »inmitten« anderer Existierender. Sie ist weder subjektiv noch objektiv, sondern existiert als »*Seinsbeziehung* zwischen einem Für-sich und dem Ansich, das durch das Für-sich genichtet wird« (ebd.: 943)«. Erving Goffmans Feststellung, »daß Menschen, die sich gerade in einer Situation befinden, vor der Frage stehen: Was geht hier eigentlich vor?« (Goffman 1989: 16), gewinnt vor dem Hintergrund der Fremdheit eine zusätzliche Dimension. Geht Goffman davon aus, dass sich die Frage durch ablaufende habitualisierte Protokolle in der Situation von selbst beantwortet, ist dies bei ästhetischen Erfahrungen im engeren Sinne nicht der Fall. Die Offenheit der Situation hält deshalb auch die Frage bewusst offen und zieht von daher einen Reflexionsprozess über den Zusammenhang von Wahrnehmung, Bedeutungsgenerierung und Handlungen nach sich.

Mit Sartres Theorie des Blicks des Anderen kehren eine starke Subjektposition und deren intentionales Handeln, das die bewusste Wahl der Situation nach sich zieht, in die Diskussion um die Theatersituation zurück. Die schwache Subjektposition, deren Handeln nicht zielgerichtet, sondern in vielgestaltigen Netzwerkkonstellationen als eine Art praktisches Tun vonstattengeht, dem stets ein Moment des Sich-der-Situation-Überlassens innewohnt, tritt bei ihm eher in den Hintergrund. Mit der Kategorie des Blicks akzentuiert er außerdem die visuelle Dimension des Theaters, die traditionell mit der Vorstellung von Herrschaft über das Objekt, das angeblickt wird, verbunden ist.

Dagegen scheint der Körper und mit ihm die sinnlich-taktile Dimension der gelebten Erfahrung an Gewicht zu verlieren. Doch dieser Gegensatz ist ein falscher Gegensatz. Nach der Diskussion um den Situationsbegriff, die wir hier geführt haben, müssen wir davon ausgehen, dass in der Situation beide Dimensionen am Werk sind. Sowohl das sinnliche Erleben als auch die reflexive Beobachtung gehen in die Definition von Situation ein. Indem sie dies aber tun, verändern beide ihren eigenen Charakter.

Erinnern wir uns an dieser Stelle an die beiden Urszenen des bürgerlichen Theaters bei Denis Diderot (vgl. Kapitel 2.2). Der distanzierte Blick, der den Zuschauer*innen einen Überblick über das Bühnengeschehen ermöglichen soll, das als Gegenstand vor ihnen liegt, ist keine Herrschaftsgeste. Vielmehr dient er dazu, Affekte freizusetzen, Emotionen auszulösen und Sinnlichkeit zu entfalten. Umgekehrt werden die gelebte Salonsituation und das in ihr verankerte Bezeugen der Gefühle und der Handlungen der anderen zum Schlachtfeld der Blicke und der sozialen Kontrolle. In beiden Fällen ist der Betrachter aber selbst im Bild. Mit seinem In-der-Situation-sein verändern sich sowohl Blick und Körper. Der Blick hört auf, beherrschendes Instrument zu sein, weil er in der Situation nur partiell operieren kann und ständig auf Unverfügbares gestoßen wird, das sich ihm nicht zeigt. Ebenso hört der Körper auf, aufgrund seiner Fähigkeit zur sinnlichen Wahrnehmung und leiblichen Ausdehnung nur natürlicher Körper zu sein. Er wird zum kulturell-symbolischen Körper (Kapitel 6). In der Situation spalten und verdoppeln sich Blick und Körper jeweils in sich. Sie werden zum blickenden Körper und zum verkörperten Blick.

Hans-Georg Gadamer fasst das asymmetrische Verhältnis von Bewusstsein und Situation, von Reflexion und Situiertsein wie folgt zusammen:

»Die Gewinnung des Bewußtseins einer Situation ist aber in jedem Falle eine Aufgabe von einiger Schwierigkeit. Der Begriff der Situation ist ja dadurch charakterisiert, daß man sich nicht ihr gegenüber befindet und daher kein gegenständliches Wissen von ihr haben kann. Man steht in ihr, findet sich immer schon in einer Situation vor, deren Erhellung die nie ganz zu vollendende Aufgabe ist.« (Gadamer 1990: 307)

Damit werden die Situation und das, was sie auszeichnet, selbst zum Thema. Was sie auszeichnet, ist ihre Doppelung in eine ästhetische und eine ethische Seite. Die Situation wird sich tendenziell selbst gegenständlich und setzt sich im Theater selbst aufs Spiel. Der theatrale Konflikt, der aus der dramatischen Situation resultiert, besteht nicht mehr in antagonistischen Handlungen und Absichten der Protagonisten des Dramas, wie es Bernd Stegemann in Anlehnung an Hegel dargelegt hat, sondern er wird zum Konflikt um die Situation selbst. Die Theatersituation muss daher von der Grenze des Anderen her gedacht werden. Diese Grenze ist der Theatersituation selbst immanent. Ist diese doch gespalten in Zuschauer*innen und Performer*innen, die als strukturelle Positionen auch dann erhalten bleiben, wenn es sich wie bei She She Pop um partizipative Projekte handelt. Zeitgenössische Theater- und Tanzperformances verhandeln diese Grenze, an der sich vor-prädikatives Erleben und reflektierendes Denken, Urteilen und Handeln überschneiden und in ein Wechselspiel zueinander gebracht werden können. Mit Gadamer erschließt sich die Situation reflexiv jedoch nie vollständig. Ein Denken von der Grenze der Situation her bedeutet mit Sartre die Möglichkeit der Überschreitung der eigenen Situation und Bedingtheit bei gleichzeitiger Akzeptanz der eigenen Bedingtheit und konkreten Situiertheit, deren ich gerade durch das Auftauchen des Anderen an meinem Horizont gewahr werde. Was die Theatersituation daher vermittelt, sind keine überzeitlichen oder gar metaphysischen Gehalte, die das Kunstwerk transportieren würde. Vielmehr werden die Teilnehmer*innen in ihnen zurückgeworfen auf ihre eigene Situiertheit als gesellschaftliche Subjekte. Von daher wird ersichtlich, dass die Theatersituation, wie wir sie hier verstehen wollen, nicht allein darin besteht, dass in ihr Menschen zusammenkommen und sich gegenseitig Aufmerksamkeit schenken. Dies ist nur einer ihrer Teile. Sie wird erst dann zur Theatersituation im vollumfänglichen Sinne, wenn sie ihre ethische Dimension, ihren Handlungscharakter, in ihre ästhetische Dimension, ihren Darstellungscharakter, aufnimmt, um auf diese Weise eine Dynamisierung des Verhältnisses zwischen Ethik und Ästhetik, Heteronomie und Autonomie in Gang zu setzen. Die Grenze der Situation wird in die aktuelle Aufführungssituation integriert, woraufhin sich überhaupt erst ein Bewusstsein von der je aktuellen Situation einstellen kann. Obwohl ich die Situation, in der ich bin, reflexiv nie einholen kann, sie sich mir aufgrund der Anwesenheit der anderen immer wieder entzieht, eröffnet sich dadurch die Möglichkeit, die je aktuelle Situation zu transzendieren. Auch hierfür bietet die Teilung des Theaters die Grundlage. Denn Theater findet immer schon in zwei Räumen statt, die sich aneinander anschließen: der Bühne und dem Zuschauerraum. Kehren wir noch einmal zurück zu Meg Stuarts Performance *With* vom Anfang. Der Blick der Zuschauer*innen als den anderen Teilnehmer*innen öffnet ganz konkret den Raum, in den sich die Künstler*innen zurückgezogen hatten. Mit ihrem Eintritt verändert sich die Situation; sie muss gemeinsam mit anderen neu ausgehandelt werden und erhält dadurch die Chance, sich auch außerhalb des Theaterrahmens fortzusetzen.

5. Der Doppelcharakter des Theaters

Gleich zu Beginn seiner Studie zum postdramatischen Theater weist Hans-Thies Lehmann darauf hin, dass dem Theater im Gegensatz zu den anderen Künsten ein Doppelcharakter zukommt. Es ist nicht nur der Ort eines ästhetischen Erlebens, bei dem das Publikum dem Spiel der Darsteller*innen zuschaut. Es ist zugleich auch der Ort »der realen Versammlung«, der durch den Theaterbesuch genutzt wird. Weil das Vorspielen und das Zuschauen zur gleichen Zeit und am gleichen Ort stattfinden, ist der Akt der Rezeption auch immer »ein reales Tun in einem Hier und Jetzt«. Der Doppelcharakter des Theaters besteht also darin, dass Theater eine »Überschneidung von ästhetisch organisiertem und alltäglich realem Leben« darstellt (Lehmann 1999: 12).

Diese grundlegende Einsicht spiegelt sich auch in der Kommunikationssituation, die das Theater herstellt. Lehmann trennt vor diesem Hintergrund »eine innerszenische Achse der Kommunikation von einer dazu querstehenden Achse [...], die die Kommunikation zwischen Bühne und dem davon (real oder strukturell) unterschiedenen Ort des Zuschauers bezeichnet« (ebd.: 230). An das griechische Wort für den Raum der Zuschauer im Theater angelehnt, nennt er diese zweite Achse die »Theatron-Achse«. Diese organsiert die Kommunikation im gesamten Theaterraum. Indem sie das tut, macht sie auf die *»latente Spaltung* des Theaters«, so Lehmann, aufmerksam und rückt diese ins Zentrum der Theaterarbeit (ebd.). Ist alle Rede im Theater unabhängig von einem bestimmten Typ oder einer Form von Theater immer schon doppelt gerichtet, nämlich einmal auf der Bühne zwischen den (fiktiven) Rollenfiguren und zum anderen an das real anwesende Publikum, das die Rede ebenso hört, kann das Theater auch die erste Funktion ganz oder weitgehend ausblenden, ohne dass es aufhörte, Theater zu sein. Im Gegenteil. Durch das Ausblenden der innerdramatischen Kommunikation kommt das Theater zu sich und zeigt sich als Theater. Eben dies geschieht im postdramatischen Theater. Die Interaktion zwischen Zuschauern und Darstellern wird als zentral erachtet und zur Hauptsache erklärt: »Theater wird als Situation akzentuiert, nicht als Fiktion.« (ebd.: 231)

Lehmann attestiert der Situation nun drei zentrale Merkmale. Erstens: In der Situation ist die Gegenüberstellung von Bühne und Zuschauerraum zugunsten einer Teilnahme aller am Geschehen abgeschafft. Es findet keine Konfrontation einer Bühnenwirklichkeit mit dem Publikum statt, sondern das Theater versteht sich als »Herstellung von Situationen zur *Selbstbefragung* und *Selbsterfahrung* der Beteiligten« (ebd.: 180–181). Zweitens: In der Situation erfährt der Zuschauer, »wie sehr es nicht mehr von ihm selbst, sondern auch von anderen abhängt, was er erlebt« (ebd.: 183). Die Situation macht daher zumindest implizit eine Gemeinschaftserfahrung möglich. Drittens: Gerade weil man keinen Überblick über die Situation, an der man teilhat, erlangen kann, muss der Zuschauer seine eigene Position stets relativieren und mit anderen Perspektiven ver- und abgleichen. In die Situation ist daher immer ein gewisser Entzug, ein Nichtwissen eingeschrieben. Was bedeutet die Akzentuierung der Theatron-Achse nun aber für das Verhältnis von Ästhetik und Ethik, das hier ins Zentrum der Theatersituation gerückt werden soll? Wie stellt sich dieses Verhältnis dar, wenn, so Lehmann, »diejenige

Sphäre« in den Vordergrund tritt, »die die ästhetische Figuration des Spiels unausweichlich mit der außerästhetischen Wirklichkeit *teilt*: das Reale, die Praxis, die Situation des Theaters« (Lehmann 2006: 174).

5.1 Das Darstellungsproblem und die Situation

»Postdramatisch« bezeichnet für Lehmann keine Epoche, etwa die Zeit nach dem dramatischen Theater. Vielmehr intendiert er, mit dem Begriff eine »konkrete theaterästhetische Problemstellung« (1999: 19) in den Blick zu nehmen. Diese ästhetische Problemstellung beinhaltet mehr als nur die Feststellung der Entgrenzung der Künste und damit verbunden die Entgrenzung der Darstellungsmittel und -formen des Theaters seit den 1960er Jahren. Vielmehr ist damit das grundsätzliche *Darstellungs*problem des dramatischen Theaters angesprochen. Für Lehmann sind die Mittel des Theaters, die im postdramatischen Theater freigesetzt und getrennt werden, nie nur Kunst- oder Stilmittel. Der Körper der Akteure, die geteilte Zeit der Aufführung oder die »Gesten des Kommunizierens« sind »Mittel, die von Hause aus niemals *rein* ästhetisch fungieren *können*, weil sie die ethische Dimension des realen (nicht des dramatisch fingierten) Anderen stets ganz materiell und praktisch in die theatrale Kommunikation hineintragen« (Lehmann 2006: 176). Das Darstellungsproblem des dramatischen Theaters liegt nun darin, dass es diese Dimension ausblenden muss, um sich als dramatisches Theater zu schließen. D.h., es kann seine Möglichkeitsbedingungen, realer Vollzug zu sein, nicht ohne Weiteres und ohne den Verlust seiner ästhetischen Geschlossenheit und Autonomie in die Darstellung selbst integrieren. Versuche, dies zu tun, hat es seit Beginn des 19. Jahrhunderts immer wieder gegeben. So stellen etwa die Stücke von Luigi Pirandello den Versuch dar, die Rahmungen der fiktionalen Situation auf den Theaterapparat hin zu durchbrechen, ohne damit jedoch die Praxis des Theaters als inszenatorisches Geschehen von fiktionalen Texten verändern zu können. Umgekehrt verhält es sich mit den Versuchen der Avantgarden wie der Situationisten, das Leben selbst ästhetisch zu machen, ohne daraus nun ihrerseits eine neue Theaterpraxis gewinnen zu können (Kapitel 3.1).

Der Philosoph Christoph Menke hat sich in mehreren Texten im Dialog mit Lehmann explizit mit dieser »theaterästhetischen Problemstellung« auseinandergesetzt und ihr in Bezug auf das Verhältnis von Ethik und Ästhetik einen entscheidenden Punkt hinzugefügt. Menkes These lautet, dass postdramatisches Theater zugleich auch ein postavantgardistisches Theater sei. Im Gegensatz zu Bernd Stegemann betont Menke, dass postdramatische Theaterformen gerade keine Fortsetzung avantgardistischer Bestrebungen seien. Vielmehr erkennen sie das Scheitern der Avantgarden, Kunst und Leben in eins fallen zu lassen, als Grundvoraussetzung für ihre Kunst an. Sie machen gerade diese Unmöglichkeit zu ihrem Ausgangspunkt und betonen »die Differenz, die Spiel und Handeln, Theater und Praxis kategorial voneinander scheidet« (Menke 2006: 183). Das »theatrale Spiel«, so Menke, kann nicht »die Grundbedingungen ethisch-politischer Praxis verändern. Was den Schauspielern im Theater möglich ist, ist nicht praktizierbar. Und was wir in der Praxis tun, ist nicht immer auch anders möglich.« (ebd.) Im Gegensatz zu Fischer-Lichte (Kapitel 4.2) fallen für Menke daher Ästhetik und Ethik in zeitgenössischen postdramatischen und performativen Theaterformen auch nicht zusammen. Sie stehen vielmehr in einem gegenseitigen Ausschlussverhältnis und dialektischen Widerspruch zueinander. Bemerkt Lehmann, dass es auch dann Theater gibt, wenn dessen ästhetische Dimension tendenziell ausfällt, ist dies für Menke nicht möglich. Gerade weil postdramatische Theaterformen das Darstellungsproblem des dramatischen Theaters, zugleich Drama (Spiel, Fiktion) und Theater (realer Vollzug) zu sein, bearbeiten, gibt es kein Theater ohne eine, wie er es nennt, »dramatische Schicht« (2004: 34).

Postdramatisches Theater beharrt für Menke also gerade auf der Differenz von Spiel und Handlung und will diese nicht abschaffen. Auf der Seite des Spiels ist Handlung stets die Darstellung einer Handlung. Auf der Seite der Praxis wird sie als konkrete Handlung ausgeführt. Dieser Grundwiderspruch wird nun zum Motor der Auseinandersetzung für postdramatisches Theater mit sich selbst als Theater. In dieser Auseinandersetzung wird der Streit zwischen Spiel und Handlung, Ästhetischem und Ethischem vorgeführt, »weil Praxis oder Handlung im theatralen Vorspielen selbst zur Darstellung kommt« (Menke 2006: 185). Darum geht es im Theater: Nimmt es seine Situation ernst, ist es nie nur befreites ästhetizistisches Spiel der Signifikanten, sondern es stellt immer zugleich die Frage mit dar, wie sich »das theatrale Vorspielen zur Ordnung der Praxis oder Handlung verhält« (ebd.). Der »Streit zwischen Spielen und Handeln« bestimmt daher auch »die Reaktion der Zuschauer, die in sich den Streit zwischen Spielen und Handeln austragen müssen« (ebd.: 186).

Was Menke damit meint, lässt sich im nochmaligen Rückgriff auf die Praxis der Gruppe She She Pop verdeutlichen. Angetreten mit dem Ziel, nicht die Erfahrungen anderer Leute repräsentieren und deren Handlungen nachahmen zu wollen, geht mit den Stücken von She She Pop seit ihrer Gründung in den 1990er Jahren stets eine gewisse Repräsentationskritik einher. Ausgangspunkt ihrer Arbeit sollten die eigenen Erfahrungen der Gruppenmitglieder sein, die deshalb auch auf ein Spiel mit fiktionalen Rollen verzichteten. Lisa Lucassen beschreibt dies so, dass die Performer*innen »als sie selbst vorkommen in unseren Stücken«. Das Gleiche gilt für die Zuschauer*innen, die »ihre persönlichen Vorlieben und Abneigungen, Grenzen und Hemmungen mit in den Abend« bringen, um dort gleichberechtigt neben den Handlungen der Performer*innen »für alle Anwesenden sichtbar abgebildet« zu werden (Lucassen 2018: 15). Alles, was geschieht, geschieht ohne den schützenden Rahmen einer Fiktion oder dramatischen Rolle. Die Performer*innen machen damit nicht nur sich selbst, sondern auch ihre eigene Theaterpraxis zum Thema, indem sie Settings und Situationen entwerfen, die von den Beteiligten tatsächlich ge- und bespielt werden und deshalb Entscheidungen verlangen.

Dennoch eignet dem Spiel ein gewisse Theatralität. Diese rührt an das, was Menke die »dramatische Schicht« im Postdramatischen nennt. Denn die Handlungen werden nicht nur vollzogen, sondern anderen auch vorgespielt und damit beobachtbar. Damit eröffnet sich für alle Beteiligten die spielerische Möglichkeit, sich als andere wahrzunehmen und sich in ihren Reaktionen und Aktionen auf die anderen selbst fremd zu werden. Im Gegensatz zum Begriff der Performativität zielt das Konzept der Theatraltät nicht primär auf das Herstellen einer Wirklichkeit, sondern auf deren Anders-Werden, auf deren Verdoppelung, die den Spielern und dem Raum, in dem sie agieren, eine zweite, potenziell fiktionale Wirklichkeit verleihen.[29] Dinge werden auf eine zweifache Art und Weise wahrgenommen: als sie selbst und als andere. Eben dies geschieht hier. Obwohl die Performer*innen als sie selbst vorkommen, kommen sie in der Theatersituation zugleich auch nicht als sie selbst vor.[30] Ihnen haftet allein durch die Situationen, denen sie eine Form geben, und die Haltungen, die sie als Performer*innen darin einnehmen, etwas Künstliches, Herausgestelltes an, das deren Praxis von alltäglichem Verhalten trennt. Ihr Handeln wird zum Rollen-Spiel, das sich als Spiel während der Aufführung selbst aufs Spiel setzt und damit wiederum die Grenze zur Handlung berührt. Obwohl es keine direkten gesellschaftlichen Konsequenzen nach sich zieht – es ist spielerisches und damit ein anderes Handeln –, ist es doch zugleich ein reales Handeln, das ein anderes Verhalten auch außerhalb des Theaters denkbar macht, ohne dies jedoch garantieren zu können. In dieser Doppelbewegung wird das ästhetische Spiel ebenso von sich getrennt wie die ethische Handlung als Praxis des Tuns. Eben dies mündet in den »Streit«, wie Menke formuliert, zwischen Ästhetik und Ethik, der letztlich unauflösbar bleibt.

Lehmann beschreibt in seiner Antwort auf Menke das konturierte Spannungsfeld von Ästhetik und Ethik dahingehend, dass er darin »die Separierung des Ästhetischen vom Ethischen erneut problematisiert« sieht (Lehmann 2006: 175). Entsteht die zeitgenössische Theatersituation dadurch, dass das Ethische ins Ästhetische einbricht, ist die Theatersituation zugleich eine Unterbrechung des rein Ästhetischen. Sie ist Störung der habitualisiert ablaufenden Situation eines Theaterbesuchs und dessen stabilisierender Übereinkünfte. In der Theatersituation wird für Lehmann die Trennung von Ästhetischem und Ethischem, die doch zugleich auch auf- und vorgeführt wird, problematisch. Das, was wir erfahren, lässt sich *»nicht länger eindeutig als ästhetisch oder ethisch klassifizieren«* (Lehmann 2006: 175). Damit setzt zum einen die Möglichkeit der Reflexion auf die Möglichkeitsbedingungen des eigenen Lustempfindens am Dargestellten und an der eigenen Verantwortung gegenüber dem Geschehen, dessen Teil ich bin, ein. Zum anderen macht das Theater dadurch aber auch »*einen Schritt fort* von der Kunst« (ebd.: 173). Der Preis, den das zeitgenössische Theater für diesen Fortschritt gegenüber dem dramatischen Theater zu bezahlen hat, ist der des Autonomieverlusts. Mit seinem »Schritt fort vom Theater« betritt das Theater einen anderen Raum: den des Ethischen, der Verantwortung.

Mit diesem Schritt verlässt es also das Theater, ohne dass es – und dies wäre Menkes Einwurf – aufhören könnte, Theater, Spiel zu sein. Es bewegt sich weg vom Ort des Theaters, dem Theatergebäude. Es deplatziert sich, setzt sich daneben und interveniert an öffentlichen Orten und in gesellschaftliche Praktiken, bei denen sich der Einsatz des Spiels verändert. Vom Ethischen ausgehend ist das Ästhetische nur noch ein Rest, der es erlaubt, das Ethische besser konturieren zu können. Für Lehmann wäre eben dies der Einsatz zeitgenössischer Theater- und Tanzperformances. Im Gegensatz zu Lehmann behält für Menke das Ästhetische ein stärkeres Gewicht. Ästhetik und Ethik befragen sich in ihrem gegenseitigen Ein- und Ausschluss gegenseitig, ohne dass man ihr Spannungsverhältnis, wie es die Avantgarden versuchten, auflösen könnte.[31]

Der britische Theaterwissenschaftler Andy Lavender sieht darin den Unterschied zwischen postdramatischem Theater der ersten Generation und dem, was er »theatres of engagement« nennt. Während sich das postmoderne Theater überwiegend mit der Dekonstruktion der Theatermittel beschäftigt habe, engagiert sich das zeitgenössische Theater mit seinem Schritt fort von der Kunst in sozialen und gesellschaftlichen Zusammenhängen und mischt sich ein.

> »This is a theatre that is socially committed, not necessarily to espouse a particular perspective (although it might), but to perform an age old function: provide a seeing place (theatron) where matters of significance are shared communally, and a gathering ground where events are inhabited in common.« (Lavender 2016: 26)

Indem es ein »theatron«, einen Ort, von dem aus gesehen und beobachtet werden kann, eröffnet, legt es aber gleichzeitig die theatrale Beschaffenheit gesellschaftlicher Praktiken offen und tritt mit ihnen in einen Dialog. Die Praxis, das Handeln wird selbst theatral, während sich im Gegenzug künstlerische Theatralität als ästhetische entleert und zum Handeln tendiert.

Mit diesem Schritt fort von der Kunst stellt sich das Problem von Rancières emanzipiertem Zuschauer noch einmal anders dar. In seinem Beharren auf der Autonomie der Kunst verfehlt auch er das Spannungsverhältnis zwischen Spiel und Handlung, mithin als den »Streit« zwischen Darstellung und Dargestelltem, der das Theater ausmacht. Vor dem Hintergrund dieses Einwands lassen sich auch die beiden von Rancière allzu rasch als Kritiker des Theaters verworfenen Vertreter der Theatermoderne, Brecht und Artaud, noch einmal in den Blick nehmen. Mit der Rückkehr zu Brecht und Artaud verbindet sich die Frage, welchen Beitrag diese zum Problem der Situation leisten können. Wenn wir die Theatersituation mit Lehmann und Menke als Lösung des Darstellungsproblems des dramatischen Theaters verstehen wollen, mit der, und darin sind sich beide einig, das Ethische, die Praxis als Handeln des Theaters und gemeinsames Tun, ein stärkeres Gewicht erhält, in welcher Weise artikulieren Brecht und Artaud dann das Verhältnis von Praxis und Theorie, Handlung und Spiel, Ethik und Ästhetik? Wie können sie uns dabei helfen zu verstehen, was in der Situation geschieht? Hierzu hat die Theaterwissenschaft zwei Konzepte diskutiert. Hans-Thies Lehmann nähert sich Brechts Lehrstücken über genau jenen Widerspruch zwischen Theorie und Praxis an, während Helga Finter versucht, Artauds spätes Theater der Grausamkeit als ein Theater der Stimmen zu verstehen, das Praxis als Körperlich-Werden von Sprache begreift. Brechts Beitrag zur zeitgenössischen Theaterperformance in der Lesart Lehmanns wird Thema des folgenden Abschnitts sein. Artauds Vermächtnis für den zeitgenössischen Tanz ist Thema in Kapitel 7, in dem es stärker um körperbezogene Fragen gehen soll.

5.2 Brecht und die Zukunft des Theaters

In seiner Auseinandersetzung mit Lehmanns postdramatischem Theater hat Christoph Menke Bertolt Brechts Lehrstücke als Beispiel herangezogen, um seine These vom Scheitern der Avantgarden zu belegen. Denn auch das Lehrstück mache deutlich, dass »die dialektische Integration von ästhetisch-theatralem Spiel und ethisch-politischer Stellungnahme« nur behauptet, nicht aber durchgeführt werden könne (Menke 2006: 183). Selbst im Lehrstück bleibt das Handeln der Teilnehmenden letztlich ein von der Praxis unberührtes Spiel und damit die Suspension von Handlung (Menke 2004: 31). Ende der 1920er Jahre beginnt Brecht das Format des Lehrstücks zu entwickeln, das er gegen seine Dramentexte, die für ein Publikum geschrieben sind, abgrenzt. Doch Brechts Auseinandersetzungen mit dieser neuen Form von Theater sind selbst Fragment geblieben. Er hat keine konsistente Theorie des Lehrstücks entwickelt, sodass die Forschung lediglich auf ein Konvolut von Materialien, Hinweisen und Versuchen zurückgreifen kann. Entgegen Menkes Abwertung von Brechts Lehrstücken als einem weiteren gescheiterten Versuch der (historischen) Avantgarden, die Spannung zwischen Ästhetik und Ethik aufzulösen, versucht Hans-Thies Lehmann, das Lehrstück für eine zeitgenössische Theaterproduktion fruchtbar zu machen. Dies bedeutet, dass er im Lehrstück selbst eben jene Spaltung von Spiel und Handlung, Kunst und Politik am Werk sieht, die für postdramatisches Theater kennzeichnend ist. Das Lehrstück weiß um die irreduzible Differenz zwischen Theorie und Praxis und macht sie zum Motor seines Verfahrens. Das Lehrstück zielt auf eine veränderte Theaterpraxis, die Gedanken, Haltungen, Einstellungen erprobt.

Brecht hat im Umfeld seines *Fatzer*-Fragments und in seinem Lehrstückversuch *Aus Nichts wird Nichts* 1929/30 die Idee einer großen und einer kleinen Pädagogik entwickelt, wobei die große Pädagogik erst nach der nach Brechts damaliger Ansicht bevorstehenden kommunistischen Revolution wirklich zum Tragen kommen sollte. In einem der Fragmente heißt es: »Die Grosse Pädagogik verändert die rolle des spielens vollständig sie hebt das system spieler und zuschauer auf. [...] sie kennt nur mehr spieler die zugleich studierende sind.« (Steinweg 1976: 23–24) Brecht trachtet danach, den Unterschied zwischen Tätigen und Betrachtenden aufzuheben, und macht zu diesem Zweck den Vorschlag, »die jungen leute durch theaterspielen zu erziehen d.h. sie zugleich zu tätigen und betrachtenden zu machen« (ebd.: 26–27). Erzogen werden sollen sie, daran lassen einige Aussagen Brechts kaum einen Zweifel, zur Unterordnung unter die kommunistische Idee und die Interessen des Staates, hinter denen ihre eigenen zurückstehen müssen. Dieser pädagogische Gedanke hat das Lehrstück in Verruf gebracht, ein kommunistisches Indoktrinationsinstrument zu sein, eine Lesart, die dem Lehrstück nach Meinung der Forschung eine konsistente Theorie unterstellt, die es so nicht gibt. Die literarische Qualität der oft nur fragmentarischen Texte macht diese offen für neue Interpretationen und Ideen auch jenseits von Brechts historischen Irrtümern. Für Nikolaus Müller-Schöll ist das Lehrstück-Theater daher eher »ein Theater, das noch im Kommen ist, Theater der Zukunft oder der Potentialität« (Müller-Schöll 2002: 324).

Von Interesse für unsere Frage, was nun eigentlich in der Theatersituation geschieht, sind die von Brecht ins Spiel gebrachten Veränderungen im System Spieler/Zuschauer. Wird das Lehrstück im Unterschied zum Schaustück landläufig als Theater ohne Zuschauer beschrieben, womit das Theater im Sinne der Avantgarden überhaupt abgeschafft würde, drängt sich hier eine andere Lesart auf. Das Lehrstück integriert die Praxis des Theaters, das Zusammenkommen von Menschen, in die Ebene der

Darstellung, die es den Spielenden erlaubt, die eigene Tätigkeit auf ihren Status als Praxis und Handlung hin zu überprüfen. Hans-Thies Lehmann beschreibt den Vorgang wie folgt:

> »*Der Zuschau-Akt wird ins Spiel selbst hineingezogen.* Die Spieler werden sich gegenseitig zu Anschauungsobjekten, sie spielen die Rollen füreinander, sind Akteure und Zuschauer zugleich und also genau genommen spielende Zuschauer und zuschauende Spieler. Sie lernen gegenseitig von den eigenen Gesten und finden sich in der szenischen Praxis als Bestandteil des Gestus der anderen. Das Theaterspielen ist hier also nicht nur einer der Pole des Theaters, sondern was wir sonst als die Theatersituation insgesamt auffassen, ist selbst schon eingetragen in das Spiel zwischen Agierenden, in denen keiner sich in der Funktion des Schauspielers befindet, ohne zugleich bewußter Zuschauer zu sein.« (Lehmann 2002a: 371)

Zuschauende und Spielende werden zu Funktionsträgern. Sie übernehmen die Rollen von Zuschauenden und Spielenden und erfüllen damit die beiden für das Theater konstituierenden strukturellen Positionen Zuschauer und Darsteller. Als symbolische Mandate sind sie auch durch tätige Partizipation der Zuschauer am Spielgeschehen nicht abzuschaffen. Was sich in dieser Konstellation aber verändert, ist die Art des Zuschauers und Spielers. Als Rollenträger können es, wie Brecht betont, Laien sein, die spielen, und Vorspieler, die zuschauen. Die Rede vom Theater ohne Zuschauer müsste streng genommen ergänzt werden durch die Vorstellung von einem Theater ohne Schauspieler. Das Theater zeigt sich als Skelett von Funktionen und Blickanordnungen, das völlig unabhängig von dafür vorgesehenen Räumen, ausgebildeten Schauspielern auf der einen und kompetenten Zuschauern auf der anderen Seite besteht. Spielen und Zuschauen, Handeln und praktisches Tun setzen sich im Lehrstück quer zu den traditionellen Rollenzuschreibungen von Spielern und Zuschauern mit sich selbst auseinander. Wie dies in der Theaterpraxis aussehen kann, mag das Beispiel einer Produktion der Gruppe Rimini Protokoll verdeutlichen.

Im Rahmen des Festivals »Theater der Welt« 2002 initiierte die Gruppe, die sich im Jahr 2000 am Institut für Angewandte Theaterwissenschaft in Gießen formiert hatte, eine Produktion, die sich zum Ziel gesetzt hatte, eine Parlamentsdebatte aus dem Deutschen Bundestag in Berlin live durch Bürger und Bürgerinnen am alten Ort des Parlaments vor der Wiedervereinigung, dem alten Plenarsaal des Bundestages in Bonn, nachsprechen zu lassen. *Deutschland 2* doubelte die Parlamentssitzung, indem es die Volksvertreter nun ihrerseits durch Bürger und Bürgerinnen vertreten ließ, um auf deren Vertretungscharakter als Prinzip repräsentativer Demokratien hinzuweisen.[32] »666 Parlamentarier vertreten hier Wähler und repräsentieren das Volk«, schreibt die Gruppe auf ihrer Homepage. »Lässt sich dieses Verhältnis auch umgekehrt denken? Was ist, wenn die Wähler einmal ihre Politiker vertreten? Was, wenn Politik einmal wirklich nur Theater ist?« (Rimini Protokoll) 230 Rednerinnen und Redner hatten sich zur Debatte angemeldet, die von morgens neun Uhr bis zum Ende der Berliner Parlamentssitzung um ein Uhr nachts abgehalten wurde. Durch die Wiederholung und Verschiebung an einen anderen Ort wurde nicht nur die Form der Parlamentsdebatte als Aufführung und Performance, als »cultural performance«, sichtbar gemacht. Es erfolgte gleichzeitig auch eine Intervention in den routinierten Ablauf politischen Sprechens und Handelns, der auf die politische Handlung selbst aufmerksam machte und diese in Rückbesinnung auf das Volk als den ersten Souverän (anders) einforderte. In dieser Versuchsanordnung gab es nur Spielende, von denen einige in den Bänken sitzend zuschauten und zuhörten, während andere auf dem Podium vor ihnen agierten. Die Übernahme der Rollen wechselte je nach

Rednerliste und wurde als überaus brüchig erfahrbar. Denn das Nachsprechen der über Ohrhörer eingespielten Reden aus Berlin erfolgte nur zeitverzögert, mit Versprechern und Aussetzern, mit Stolperern und Stottern, sodass der Übungscharakter der Veranstaltung deutlich in den Vordergrund trat. Die Spielenden wurden zu Lernenden gemacht, weil sie im Nachsprechen und Nachhören Gehalt und Tonfall der Reden zunächst einmal überhaupt erst erfassen mussten. Diese Verzögerungen entautomatisierten aber die Reden und machten ein anderes Verstehen, einen Nachvollzug des Gesprochenen im Sprechen selbst, möglich. Das gleichsam erst nachträglich und verzögernd einsetzende Durchdringen des Gesagten ließ den Inhalt auf andere Art und Weise erscheinen: als unfertigen und im Entstehen begriffenen. Dadurch aber wurden plötzlich verschiedene Haltungen zum Inhalt und zum Sprechen sichtbar gemacht. Zugleich wird an diesem Beispiel ein weiterer Aspekt dessen, was in der Theatersituation geschieht, deutlich. Die Fiktion, das Spiel, ist nur mehr Anlass, Auslöser und Aufhänger für etwas anderes und nicht mehr das Ziel der Inszenierung. Wer *Deutschland 2* von den Hinterbänken unter ästhetischen Gesichtspunkten anschaute, sah sich schnell gelangweilt von der vorhersehbaren Dramaturgie der immer gleichen Abläufe und den im wahrsten Sinne des Wortes dilettantischen Auftritten der Parlamentsvertreter*innen. Ästhetik – der Theaterrahmen – wird zum ästhetischen Effekt, der eine Verschiebung der Wirklichkeit ermöglicht – allerdings nicht mit dem Ziel, durch das Nach- und Vorspielen der Parlamentsdebatte der echten Debatte Wahrnehmungsdimensionen abzugewinnen, die unter regulären Bedingungen nicht auffallen würden. Vielmehr ging es darum, konkrete Haltungen zu den Beiträgen zu entwickeln und sie zumindest gedanklich im Nachhören und Vorspielen erneut zu prüfen.

Ein Theater ohne Zuschauer und ohne Schauspieler stellt auch *Hausbesuch Europa*, eine spätere Produktion der Gruppe aus dem Jahr 2015, dar. 15 Personen, die sich vorher nicht kannten, versammeln sich in der Privatwohnung eines Gastgebers um einen Tisch und stellen sich, über eine Landkarte Europas gebeugt und mithilfe eines Spielleiters, der ein Computerprogramm bedient, gegenseitig Fragen zu ihren aktuellen Befindlichkeiten, ihren politischen Aktivitäten und zu ihren Einstellungen in Bezug auf Europa. Anhand der Fragen werden gegenseitige Zuschreibungen vorgenommen, Haltungen und Meinungen diskutiert und gemeinsame Entscheidungen ausgehandelt, sodass die Teilnehmer sich als lebendiger Ausschnitt und Teil von Europa begreifen können.[33] Die Spielanordnung wurde seit der Uraufführung in verschiedenen Städten Europas und sogar in den USA (*Hausbesuch* USA, UA 2017) wiederholt. Die Vielen, die an verschiedenen Orten zusammenkommen, um Ähnliches zu tun, gewinnen hier die Oberhand über den handlungsmächtigen Einzelnen, den Protagonisten des Dramas. Als ebenso materielles körperliches wie immaterielles virtuelles Netzwerk zwischen den Teilnehmern, den Städten und Performances, repräsentieren sie die Bürger Europas, ohne ihnen eine geschlossene Repräsentation zu geben. Zusammen mit dem Protagonisten wird auch die Werkästhetik verabschiedet, die für das bürgerliche Theater in Form der geschlossenen abgedunkelten Aufführung zentral war. An die Stelle des Werks tritt der Prozess, der weder Anfang noch Ende kennt. Formate wie *Hausbesuch Europa* von Rimini Protokoll setzen sich fort; sie zeigen den Einzelnen eingebettet in sein Verhältnis zu den Vielen und zu deren Umwelt, die die ›Inszenierung‹ gestaltet, steuert und reguliert. Sowohl *Deutschland 2* als auch die *Hausbesuch*-Reihe, die hier auf Brechts Lehrstück zurückgeführt wurden, sind von der Überzeugung getragen, dass tatsächliches Sprechen, ein Sprechen also, das durch den eigenen Körper hindurchgeht, der sich zudem in der Situation räumlich anders positionieren muss, eher dazu befähigt, veränderte Haltungen einzunehmen und konkret anders zu handeln, als dies das bloße Zuhören erlauben würde.

Wie ist dieses Handeln, das nur ein Spiel ist, aber zu verstehen? Hierzu Brecht: »wenn einer am morgen einen verrat ausüben will, dann geht er am morgen in das pädagogium und spielt die szene durch, in der ein verrat ausgeübt wird. wenn einer abends essen will, dann geht er abends in das pädagogium und spielt die szene durch, in der gegessen wird.« (Steinweg 1976: 18) An diesem Zitat fällt zunächst seine merkwürdige Zeitlichkeit auf. Derjenige, der einen Verrat begehen oder essen möchte, tut dies *zur gleichen Zeit*, zu der er ins Pädagogium geht, das nach der Revolution das Theater ersetzt. Der Gang ins Theater ist damit keine Vorbereitung für die eigentliche Tat, die in der Logik der Abläufe zu einem späteren Zeitpunkt, etwa am Abend oder am nächsten Morgen, stattfinden müsste. Brecht lässt aber in dem Zitat keinen Ursache-Wirkungszusammenhang erkennen, sondern lässt das Wort, die Theorie, unmittelbar Praxis, Körper werden. Tat und Durchspielen der Tat fallen zusammen (vgl. Lehmann 2002b: 252). Sie wird damit prinzipiell wiederholbar und ist nicht mehr länger auf ein einziges, durch intentionales Handeln zu erzielendes Resultat reduzierbar. Stattdessen erproben die Spieler verschiedene Haltungen zum Problem der Handlung und nutzen dafür das Theater als Rahmen. Um den in die Theatersituation eingeschriebenen Gegensatz zwischen intentionalem Handeln auf der einen und responsivem Eingelassensein in Handlungszusammenhänge auf der anderen Seite zu entschärfen, könnte man von Subjekten sprechen, die »handelnd« sind: ein aktivisches Passivum und ein passivisches Aktivum, in dem Spiel und Handlung sich gegenseitig befragen. Handeln wird zum Probehandeln.

Durch die Praxis des Theaterspielens geraten die Lernenden in ein Spannungsverhältnis zum Text, den sie sprechen. Es ist daher nicht mehr länger der Text, der ein bestimmtes Sinnangebot macht und ein Verhalten vorschreibt, das im Lehrstück nur noch eingeübt werden müsste. Vielmehr ergibt sich der Sinn der Texte erst im Spiel durch die Art und Weise, wie gespielt und gesprochen wird. Andrzej Wirth hat dies bereits Ende der 1970er Jahre wie folgt formuliert: »Der Sinn des Textes (der mehr ist als ein Haufen von Bedeutungen) verwirklicht sich im Kontext einer konkreten Spielsituation.« (Wirth 2013: 140) Die Theaterpraxis gehört zum Text, der dadurch zu einem Raster wird, in dem und mit dem gespielt wird (Lehmann 2002a: 371). Wenn Annemarie Matzke über die Arbeitsweise der Gruppe She She Pop schreibt, dass der Ausgangspunkt für ein neues Stück das Erfinden von Situationen sei, die dann während der Aufführung vor und mit dem Publikum durchgespielt würden, so rückt dieses Grundgerüst als Spielgerüst in die Position eines Lehrstücks, das Aufgaben formuliert, die je nach Aktionen der Zuschauer*innen ein abgewandeltes und angepasstes Vorgehen notwendig machen.[34] Haltungen zum Text oder, wie hier, zur Situation zu finden ist nun keineswegs eine Aufgabe, die sich allein für zeitgenössisches postdramatisches Theater stellt. Seit dem Regietheater der 1970er und 1980er Jahre gehört dies ebenso zur Praxis von Stadttheateraufführungen. Doch verlegen diese den Prozess des Suchens und Aushandelns in der Regel in die Zeit der Proben, um dem Publikum anschließend das Resultat einer fertigen Inszenierung zu zeigen, so wird im Falle von zeitgenössischen Theaterperformances das Aushandeln selbst auf die Bühne gebracht, um damit den Kommunikationsraum auf den Zuschauerraum auszuweiten.[35]

In Lehmanns Brecht-Lektüre leitet sich das Mögliche vor allem aus der poetischen Sprache Brechts ab, die quer steht zu festgelegten Rollenzuschreibungen im traditionellen Theater. Auch für die Gruppe She She Pop dienen dramatische Texte wie Shakespeares *König Lear* in *Testament* (UA 2010) lediglich als Spielgerüst, in das sie ihre Fragen, Probleme, und Handlungsentwürfe eintragen. Das Spiel geht nicht aus dem Text hervor, es lehnt sich an den Text lediglich an. Christoph Menke hat für die Unvereinbarkeit von Spiel und Praxis die Autoren Samuel Beckett, der in Dramen wie *Endspiel* (1956) die Handlung aussetzte und das Bühnengeschehen stillstellte, und Heiner Müller angeführt, aus dessen späten Texten wie *Hamletmaschine* (1977) sich keine szenische Umsetzung ableiten lässt (Menke 2006: 184). Für die im zeitgenössischen Theater beliebten Texte Elfriede Jelineks, die wie die Texte Müllers weitgehend ohne *dramatis personae* und Figurenrede auskommen, gilt Ähnliches. Eine Theaterpraxis, die sich dieser Texte annimmt, muss sich jedes Mal aufs Neue erfinden, weil sich ihre Form nicht aus den Texten ableiten lässt. Sie muss Kontexte, Situationen, Sprechhaltungen, Räume, Figuren und Handlungen allererst erfinden. Die Unvereinbarkeit von Spiel und Praxis führt zu einer veränderten Praxis, die keine des dramatischen Theaters mit seinem Verständnis des verkörperten Rollenspiels sein kann. Keine Erfindung und Setzung kann aber auch »letztgültige« Praxis sein, weil sich die Texte aufgrund ihrer sprachlichen Form der definitiven Umsetzung immer wieder entziehen. Spiel und Praxis, Ästhetik und Ethik verhalten sich zueinander kontingent. Hier liegt ein Moment der Reflexion auf die Sprache, die in ihrer poetischen Dimension zum Vorschein kommt. Die Sprache hebt sich selbst auf, sie nimmt sich noch im Aussprechen in ihrer Aussage selbst zurück, weil alles, was gesagt wird, nur ein vorläufiges, unsicheres Sprechen in Bezug auf die Praxis und mithin auf die ethische Dimension des Theaters sein kann. Ein solches Verständnis von Sprache im Theater hat Auswirkungen auf die Sprechsituation im Theater überhaupt. Geht Hans-Thies Lehmann von einer doppelten Ansprache aus, die sich zum einen zwischen den Figuren auf der Bühne ereignet und zum anderen ans Publikum richtet, das stets mithört, können wir hier eine weitere Ansprache hinzufügen. Mit der poetischen Form der Texte wird das Theater als Theater angesprochen. Die Referenz der Sprache ist weder die Wirklichkeit der Figuren auf der Bühne noch die Wirklichkeit der realen Theatersituation, in der sich die Zuschauer*innen und Darsteller*innen gemeinsam befinden. Ihre Referenz ist das Theater selbst, das als dritte Dimension, gleichsam als Form, die vom Alltag und seiner Kommunikation unterschieden ist, in den Vordergrund tritt. Die Sprache ist nicht nur konkret an die Anwesenden gerichtet, sondern auch an etwas Abwesendes, das sich als Abwesendes nur in der Form der Sprache artikulieren kann. Es sagt sich als anwesendes Abwesendes in der vorläufigen, immer wieder neu herzustellenden Theatersituation, in der die Sprache erklingt.[36]

Mit der Theatersituation eröffnet sich für Hans-Thies Lehmann, wenn er auf Brechts Sprache verweist, auch in diesem Sinn der Möglichkeitsraum des Theaters als Möglichkeit. Im Sinne der Differenz zwischen Spielen und Handeln bleibt das Ergebnis des Handelns und Sprechens, obwohl es doch vollzogen wird, reine Möglichkeit. Für Lehmann verbindet sich mit dieser Beobachtung die merkwürdige Zeitlichkeit des Theaters. »Theater weist eine eigentümliche Zukünftigkeit im Sinne von Künftigkeit auf. [...] Was im Theater gegeben wird, steht nicht im Modus der Präsenz, sondern hat vielmehr die Seinsweise des Ankommens, Advent, Kunft.« (Lehmann 2002a: 366) Das, was im Theater gegeben, also gespielt wird, ist deshalb nicht präsent im Sinne von ›bei sich‹, weil der Andere, der Zuschauer, dem Theater konstitutiv eingeschrieben ist. Jenseits der Repräsentation einer geschlossenen Welt öffnet sich das Theater auf den

Anderen, dem das Gespielte überantwortet wird, damit er darauf antworte. Worin diese Antwort aber besteht, bleibt ebenso ungewiss wie die Antwort auf die Frage, ob der, der einen Verrat begehen will, diesen in der Tat auch wirklich begeht. »Das Mögliche ist, anders als das Wirkliche oder Notwendige, wesentlich offen.« (ebd.: 377) Mit dieser konstitutiven Offenheit, die in der Offenheit der Bühne hin zum Zuschauerraum schon angezeigt ist, setzt sich das Theater aber dem Risiko des Unfertigen, Unvorhersehbaren aus. Es verliert die Kontrolle über ›sich‹.

Hier schließen sich unsere aktuellen Überlegungen zur Theatersituation, die im Wirklichen das Mögliche als pure Potenzialität anvisiert, erneut an die existenzielle Situation von Jaspers, Heidegger und Sartre an. Vor dem Horizont des radikalen Aussetzens von Gewissheiten und der Gefährdung, des Todes, erscheint mir meine Situation, so ich sie annehme, als veränderbar. Der Tod ist nicht das Wirkliche, das noch kommt, sondern die Bedingung der Möglichkeit von Existenz und Leben überhaupt. Das, was anwesend scheint, ist es nur aufgrund einer radikalen Abwesenheit und Unverfügbarkeit (Siegmund 2006). Die zeitgenössische Theaterperformance öffnet sich dieser Unverfügbarkeit, die strukturell ins Theater eingeschrieben ist, da dessen Bestandteile Akteure und Zuschauer nicht über den jeweils Anderen, von dem sie doch abhängen, verfügen können. Im Blick des Anderen erscheinen mir meine Handlungen fremd; er löst ein Nachdenken darüber aus, was ich wie tue. Das Moment der Fremdheit ist in der Theatersituation nicht geringzuschätzen. Ein Moment der Distanz, des Abstands zum Geschehen, in das ich auf die ein oder andere Art und Weise involviert bin, ermöglicht eine Unterbrechung der Situation von ihrer eigenen Grenze her und verhindert so die Verdinglichung der Situation zu einem unreflektierten ›Weiter so‹. Das, was in der Theatersituation geschieht, lässt sich nach dem bisher Ausgeführten auf drei Begriffe bringen, die im Folgenden durch einzelne Beispiele erläutert werden sollen: *Durchspielen*, *Fiktionalisieren* und *Anerkennen*. Das Durchspielen macht das Spiel zur reinen Möglichkeit, durch den Vorgang des Fiktionalisierens werden Haltungen erprobt, und das Anerkennen erfolgt als Antwort auf den Anderen, den ich bezeuge. Die Künftigkeit des Theaters verwandelt die symbolische Handlung des Theaters in ein Probehandeln, das sich auf die ethische Dimension seines eigenen praktischen Handelns als Theater hin öffnet.

5.3 Funktionen der Theatersituation mit Blick auf das Theater

Durchspielen

Brecht belegt das, was im Theater geschieht, mit dem Verb »durchspielen«. Durchspielen erscheint als das andere des Schau-Spielens. »Während unter Spiel ein von äußeren Zwecken befreites, mehr oder weniger regelgeleitetes Handeln verstanden werden kann«, formuliert Patrick Primavesi in Bezug auf Brechts Verwendung des Begriffs, »wie auch der Akt der schauspielerischen Darstellung einer Rolle, steht das Durchspielen dazwischen – als Ausprobieren einer Handlung oder eines Szenarios.« (Primavesi 2018: 234) Theatersituationen haben die Funktion, dass die Mitspielenden eine Szene, ein Szenario durchspielen. Dem Wort haften Vorstellungen von *ausprobieren*, *andeuten*, *markieren* und *versuchen* an. Es signalisiert eine Art Probehandeln mit ungewissem Ausgang.

Das deutsch-britische Theaterkollektiv Gob Squad hat sich dieses Prinzip bereits in einem seiner frühen Stücke zu eigen gemacht, es in späteren Produktionen variiert und unter wesentlich komplexerem Einsatz von Film und Video-Technik ausdifferenziert.[37] Für die Performance *Say It Like You Mean It* (UA 2000) entwarf die Gruppe ein fiktives Szenario, das als Handlungsgerüst für die Teilnehmer*innen dient. *Say It Like You Mean It*, so die Homepage der Gruppe, »erschafft ein künstliches Environment in einem Zelt tief in einem imaginären Wald. Gob Squad verkünden das Ende der Welt und bitten die verbliebenen Überlebenden, eine neue Zukunft aus Pappe und Tesafilm zu bauen.« (Gob Squad) Zu diesem Zweck werden die Zuschauer*innen in ein Zelt geführt, das neben dem eigentlichen Theatergebäude errichtet wurde. Der Innenraum des Zelts ist offen gestaltet. Es gibt keine Zuschauertribünen, stattdessen setzen sich die Teilnehmenden auf Bänke oder bleiben einfach stehen. Auf Tischen sind verschiedene Materialien zum Basteln ausgelegt, und auch für die Verpflegung ist gesorgt. Einige Teilnehmer*innen werden gebeten, sich um die Versorgung der Truppe zu kümmern und Salate zuzubereiten. Nach und nach werden alle von einzelnen Darstellern mit Aufgaben betraut, die sie während der Vorstellung ausführen sollen. Wer möchte, kann auch nach draußen gehen, um durch Sehschlitze in der Zeltwand dem Treiben im Inneren zuzuschauen. Über Kopfhörer werden den Beobachtern dann Kommentare über das Geschehen, dem sie zuschauen, ins Ohr gelegt. Die vierte Wand ist hier physisch präsent und macht auf die Theaterkonvention des bürgerlichen Theaters aufmerksam. Durch einen Sehschlitz blicken die Zuschauer*innen wie Voyeure durch ein Schlüsselloch in einen vermeintlich abgeschlossenen Innenraum, in dem die Akteure Handlungen ausführen, ohne uns zu beachten. Währenddessen bewegen sich die Darsteller zwischen den Zuschauern. Im Raum sind wenige erhöhte Podeste installiert, auf die sie immer wieder klettern, um gut sichtbar und herausgehoben miteinander in einen Dialog zu treten, in dem sie die Akteure dazu auffordern, sich einfach gehen zu lassen und den Moment zu genießen. Am Ende der Performance wird eine Art Gedenkfeier abgehalten, um den ersten Tag in der neuen Welt zu feiern. Dazu wird ein Gruppenfoto gemacht, und der Abend wird den Teilnehmenden durch eine Reihe von Fotos, die an die Wand projiziert werden, noch einmal in Erinnerung gerufen.

Durch die Bewegung vom Innenraum in den Außenraum und zurück, durch die Bewegung zwischen Spielern und Zuschauenden, Handelnden und Beobachtenden, zwischen kommunikativer Nähe und räumlicher Distanz wird die in der bürgerlichen Theatertradition nur mentale Beweglichkeit der Zuschauer*innen physisch ausgeführt. Sie wird ebenso durchgespielt wie das fiktive Weltuntergangsszenario, das als Ausgangspunkt der Theatersituation dient. Die strukturellen Positionen des Theaters werden in Bewegung versetzt und kenntlich gemacht. Damit wird auch die Möglichkeitsbedingung von Theater als Ort des Zusammenkommens und der Versammlung in den Darstellungsraum der Fiktion hineingetragen. *Say It Like You Mean It* ist ein Vor-Spiel neben dem eigentlichen Theater, an dessen Ende die Teilnehmenden erst ins Bild gesetzt werden. Sie verlassen den Handlungsraum und versammeln sich auf der Bühne an der Stirnseite des Zeltes, von der aus sie auf den leeren Zuschauerraum blicken. Erst dann werden sie zu Repräsentanten ihrer eigenen Handlungen, die in der Vergangenheit liegen und die ihnen durch die Projektion der Fotografien in Erinnerung gerufen werden. Die Performance endet schließlich an jenem Punkt, an dem das »eigentliche« Theater beginnen könnte.

Das Geschehen während der Performance ist klar als Spiel, als Fiktion gekennzeichnet. Weder ist die Welt untergegangen, noch befinden wir uns in einem Wald. Die Fiktion ist allerdings so unausgearbeitet und schwach, dass sie lediglich als Aufhänger dient, die Teilnehmer*innen zum Basteln und Kochen zu bewegen. Ziel ist nicht das ausdifferenzierte Rollenspiel, sondern dass alle zusammen etwas herstellen. Durch die Integration der Handlung ins Spiel können die Performer das Geschehen nicht kontrollieren. Sie wissen nicht, was letztlich geschieht und wie sie ihr Spielen und Handeln in unerwarteten Situationen verändern müssen. Ebenso entzieht sich den anderen Akteuren der Überblick über den Ausgang und wie er zustande kam. In einem sehr grundlegenden Sinn musste die Situation ausgehandelt werden. Die Performance spielt mithin eine leicht fiktionalisierte Situation durch. Sie probiert aus, wie es wäre, wenn alle an einer neuen Welt basteln würden, und auf welche Art und mit welchen Mitteln zusammengearbeitet werden müsste, um diese herbeizuführen.

Das Durchspielen einer Möglichkeit ist auch für den Schweizer Theaterkritiker Tobi Müller das Kennzeichen einer neuen Form von Theater. Für Müller liegt der Unterschied zwischen der Generation der Theaterregisseure der 1990er Jahre, zu der für ihn maßgeblich Frank Castorf, Einar Schleef, Heiner Müller, Christoph Marthaler und Christoph Schlingensief gehören, und der jüngeren Generation von Theatermacher*innen darin, dass diese sich statt mit dem »Horror der Geschichte« mit dem »Zwang zu Zukunft« beschäftigt (vgl. Kapitel 1.1). Für Müller machten »die Erneurer der letzten dreissig Jahre [...] alle Kunst auf den Trümmern der Katstrophen des zwanzigsten Jahrhunderts« (Müller 2019). »Sie machten Theater in dem Riss, der die Erinnerung an den Zweiten Weltkrieg trennte vom Epochenumbruch nach dem Kalten Krieg, als der Neoliberalismus durchmarschieren konnte.« (ebd.) Im Gegensatz dazu entwerfen Künstler*innen der neuen Generation wie etwa die Gruppe The Agency oder Regisseurinnen wie Susanne Kennedy, die ihre Produktionen bisher vor allem an der Berliner Volksbühne und an den Münchner Kammerspielen realisiert hat, Situationen, in denen das »Werden« höher gewertet wird als das »Sein«. Ihre Arbeiten werden getragen von der Einsicht, »dass wir keine andere Wahl haben, als Zukunft endlich wieder denken zu können« (ebd.) Die Gedächtnisfunktion, mit der sich das deutsche Theatersystem institutionell legitimiert (vgl. Kapitel 1.1), wird ersetzt durch den Modus des Entwerfens. Mit Lehmann gesprochen eröffnen dieser dem Theater einen Möglichkeitsraum als »Zukünftigkeit«. (Lehmann 2002a: 366)

Fiktionalisieren

In der Theatersituation werden Situationen durchgespielt. Zu diesem Zweck werden die Zuschauer aufgefordert, aktiv am Geschehen zu partizipieren. Dieser Rollenwechsel geht einher mit der Fiktionalisierung der Zuschauer*innen. Die nächste Funktion lautet daher: Die Theatersituation fiktionalisiert die Zuschauenden. Durch die (Fremd-)Zuschreibung einer Rolle stellt sich für die Dauer der Aufführung für die Teilnehmenden ein verändernder Bezug zu sich und ihrem Verhalten her; der Rollenwechsel bietet Reflexionsmöglichkeiten und Handlungsoptionen. Wie in Richard Schechners Produktion *Dionysus in 69*, in der die Zuschauer*innen als Chor der Bacchantinnen tanzend die Spielfläche betreten konnten, oder wie in *Love Fiction* von The Agency, wo die Zuschauer*innen sich als Workshop-Teilnehmer verschiedenen Tests zur Selbstoptimierung unterziehen mussten, kann die Fiktionalisierung mehr oder weniger stark ausgeprägt sein. Mal ist sie, wie im Beispiel von Gob Squad, tatsächlich nur Anlass, etwas zu tun, mal ist sie, wie im nächsten Beispiel, ausgefeiltes Rollenspiel, das die Zuschauer tatsächlich inszeniert. Damit tritt die Theatersituation tendenziell aber wieder hinter der Nachahmung, Inszenierung und Darstellung von Handlung zurück. Fiktionalisierung ist das Resultat von Theatralität, deren Ziel es ist, Menschen, Dinge, Räume und Zeiten als andere erfahrbar zu machen und auffassen zu können (vgl. Kapitel 5.1).

Der Regisseur Bernhard Mikeska lädt die Zuschauer*innen in seinem Stück *Making of :: Marilyn*, das er 2013 am Schauspiel Frankfurt realisiert hat, zu einem Besuch im Haus von Marilyn Monroe ein.[38] Mikeska arbeitet seit 2006 an einer intimen Form des Theaters, das er seither unter anderem am Theater in Bielefeld, in Heidelberg und am Schauspielhaus Düsseldorf realisieren konnte. In Frankfurt wurden die Zuschauer einzeln auf einen labyrinthartigen Parcours geschickt, bis sie die Orientierung im Raum verloren hatten. Mit verbundenen Augen wird der Zuschauer zunächst durch die Hinterbühne des Schauspielhauses geführt, bevor er in einem Bretterverschlag darauf warten muss, ›sein‹ Haus, wie eine Stimme aus dem Off sagt, betreten zu dürfen. ›Mein‹ Haus ist das Haus Marilyn Monroes am Tag ihres Selbstmords 1962, an dem sie noch eine sechsstündige Therapiesitzung mit ihrem Psychiater Dr. Ralph Greenson abgehalten hatte. Auf der Ebene der Fiktion betritt Marilyn, in deren Rolle die Zuschauer*innen durch die Zuschreibung der Stimme aus dem Off schlüpfen, ihr eigenes Haus und begegnet sich darin in den verschiedenen Räumen, ihrem Schlafzimmer, dem Pool, einem Kinoraum und einem Therapiezimmer selbst. Aufgespalten in verschiedene Altersstufen und Facetten ihrer Persönlichkeit begegnen den Zuschauern in den einzelnen Räumen verschiedene Verkörperungen Marilyns, die ihnen nun ihrerseits in der Begegnung verschiedene Rollen zuschreiben. Mal begegnet man Marilyn als Psychiater, als Ehemann oder als Fan. Beinahe intime Hier-und-Jetzt-Situationen, in denen der einzelne Zuschauer etwa von Marylin zum Tanz aufgefordert wird, stehen Szenen gegenüber, in denen man ihren Monologen zuhört.

Damit provoziert die installationsartige Inszenierung eine ständige Unsicherheit darüber, ob man ›selbst‹ gemeint ist oder lediglich als Platzhalter in einem System agiert, das man selbst nicht durchschauen kann. Von Seiten der Schauspieler wird zum einen ein Eingehen auf die jeweilige andere Person im Raum abverlangt, ein Eingehen auf die Situation, die zwischen Spielern und Zuschauern bei ihrem Zusammentreffen entsteht. Doch zum anderen treten die Schauspieler nicht aus ihren Rollen heraus. Zwar stellen sie dem anderen Teilnehmer ständig Fragen wie etwa »Warum schaust du mich so an?«. Doch wenn der Zuschauer darauf antwortet, erhält er keine der Situation angemessene Antwort; die Schauspieler greifen seine Antwort nicht auf, sondern reden weiter, als sei nichts geschehen.

Diese Beobachtung zur grundlegenden Ab- und Aufspaltung von Identitäten, die auch die Identität des Theaters betrifft, berührt sich mit dem Inhalt der Performance, die das Verhältnis von Psychoanalyse und dem »Ich« im theatralen Rahmen thematisieren möchte. »›Ich‹ ist immer nur eine Fiktion«, heißt es dazu im Programmheft (Mikeska 2013). »Dass eine Person ›eins‹ ist, beruht auf Erfindung und Inszenierung.« Dem Zuschauer wird diese Einsicht in Mikeskas Regie nicht distanziert dargestellt, sondern das Spiel zwischen Entfremdung und Abspaltung auf der einen und Sein und Integration von Ich-Aspekten auf der anderen Seite wird ihm nicht nur durch die Figur Marilyn vorgespielt, sondern er macht diese Erfahrung durch die permanenten Rollen- und damit verbunden Haltungswechsel mit der Figur selbst.

Das Beispiel von *Making of :: Marilyn* soll verdeutlichen, dass die performative Hervorhebung der theatron-Achse Fiktionalisierungen nicht auslöscht, sondern diese lediglich vervielfacht und auf die Zuschauer*innen ausweitet. Wenn Christoph Menke argumentiert, dass auch postdramatisches Theater das Dramatische nie ganz abstreifen kann, so geschieht dies unter postdramatischen Bedingungen durch die Theatralisierung und Fiktionalisierung der Zuschauer*innen. Indem das Moment des Entzugs des Überblicks oder der Absichten der anderen Teilnehmer konstitutiv für die Theatersituation ist, bleibt ein Verhaftetsein des Subjekts in der Situation auch in jenen Momenten der Reflexion und der Distanz bestehen. Umgekehrt ermöglicht eine gegenständlich gewordene Theatersituation die Erfahrung, dass (Selbst-)Reflexion und Distanz der Zuschauer situativ verankert sind, ästhetische Urteile ebenso wie Handlungen von den Kontexten, in denen sie getroffen werden, abhängen. Während diese Einsicht sich im Beispiel von Gob Squad als eine Erfahrung mit anderen in einer Gruppe einstellt, bleibt sie im Beispiel von Mikeska an den Einzelnen gebunden.

Anerkennen

Von einer Theatersituation sprechen wir, wenn sich die Situation des Theaters im Theater selbst gegenständlich wird. In einer Theatersituation wird wenig dargestellt, aber viel durchgespielt. Zu diesem Zweck werden die Zuschauer*innen temporär fiktionalisiert. Das Gegenständlichwerden der Situation führt die Teilnehmenden dazu, sich selbst als solche wahrzunehmen. Dadurch geraten sie in die Funktion eines Zeugen, der das Geschehen durch seine Anwesenheit beglaubigt und anerkennt.[39] Die Theatersituation hat die Funktion, das, wofür Spielende und Zuschauende körperlich einstehen, anzuerkennen.

Mit der Frage der Anerkennung sind zunächst Fragen der Repräsentation verbunden. Wer darf überhaupt im Theater auftreten? Wer darf spielen, wer muss zuschauen? Wer darf wen mit welchem Recht repräsentieren? Ging das deutschsprachige Theater lange davon aus, dass weiße, an Schauspielschulen ausgebildete Schauspielerinnen und Schauspieler als Repräsentanten einer homogenen bürgerlichen Öffentlichkeit alles spielen und jeden repräsentieren können – dazu sind sie schließlich ausgebildet worden –, wird diese Übereinkunft in den vergangenen Jahren zusehends brüchig. Nicht nur treten immer mehr »Experten des Alltags« selbstbewusst in eigener Sache auf die Bühne. An den Stadttheatern wie z.B. in Dresden sind sogenannte Bürgerbühnen entstanden, in denen unterschiedliche Bevölkerungsschichten in die Theaterarbeit einbezogen werden. Kritik wird geübt an der fehlenden Diversität der Ensembles, deren Homogenität oft schon durch die Auswahl der Schauspielschulen garantiert wird. Regisseurinnen wie Anta Helena Recke oder Simone Dede Ayivi werfen in ihren Produktionen immer wieder die Frage nach dem kolonialen und rassistischen Blick auf, der nicht nur die Sehgewohnheiten des Theaterpublikums unbewusst prägt, sondern auch ein Strukturmerkmal der Institution Theater ist. Anta Helena Recke hat mit ihrer Inszenierung von *Mittelreich* (UA 2017) auf die abwesenden schwarzen Schauspieler*innen auf deutschen Bühnen aufmerksam gemacht, indem sie die exakte Kopie einer Inszenierung der Regisseurin Anna-Sophie Mahler erarbeitete, mit dem Unterschied, dass Recke alle sechs Rollen mit schwarzen Schauspielern und Schauspielerinnen besetzte. Erzählt Josef Bierbichlers Vorlage eine typisch deutsche, bayerische Familiengeschichte aus der Nachkriegszeit, verfremdet Reckes »Schwarzkopie« mit dieser Geste auch das, was als »deutsch« wahrgenommen und anerkannt wird. Zur Eröffnung des Tanzkongresses 2013 in Düsseldorf zeigte der aus dem Kongo stammende Choreograf Faustin Linyekula seine Rekonstruktion des Balletts *La création du monde* des schwedischen Choreografen Jean Börlin aus dem Jahr 1923. Das Ballett entwirft eine naive Schöpfungsgeschichte, in der Afrika als paradiesische Wiege der Menschheit dargestellt wurde. Da Linyekula aus rechtlichen Gründen an der Choreografie nichts verändern durfte, versah er das Stück mit einem kommentierenden Rahmen. Im Nachspiel am Ende beschuldigte der Tänzer Djodjo Kazadi den Westen und die kongolesische Regierung, die kolonialen Zustände im Kongo heute einfach nur fortzuführen, Zustände, zu denen, so Linyekula, auch Börlins Ballett mit seinem stereotypen und rassistischen Bild von Afrika beigetragen habe (Wittrock 2020: 43).

Im Zuge dieser Veränderungen erlangen auch Theatergruppen mit körperlich und geistig beeinträchtigten Menschen größere Aufmerksamkeit. Die Berliner Theater Thikwa und RambaZamba oder das Schweizer Theater HORA stellen Menschen ins Zentrum ihrer Arbeit, die von der Gesellschaft lange Zeit als »nicht normal« angesehen wurden. »Den Körper in den Kampf werfen«, nennt das der Düsseldorfer Choreograf Raimund Hoghe, der seit Anfang der 1990er Jahre seinen nicht-normierten buckligen Körper ins Zentrum seiner Tanzstücke rückt. Damit kritisiert er nicht nur das Schönheitsideal des klassischen Tanzes, sondern plädiert für eine größere körperliche Diversität auf den Bühnen. So bewegt sich auch die gehbehinderte britische Tänzerin und Choreografin Claire Cunningham in ihrem Stück mit Jess Curtis *The Way You Look (at me) Tonight* (UA 2016) auf Krücken virtuos zwischen den Stuhlreihen des Publikums hindurch und verändert mit ihrem Repertoire an außergewöhnlichen Bewegungsqualitäten, die nur sie aufgrund ihrer Behinderung erzeugen kann, das, was als Tanz gilt. Die vermeintliche Behinderung erweist sich auf diese Art als äußerst produktiv und kreativ. Dass das Sehen von Theater- und Tanzstücken mit Konventionen und Normen verbunden ist, macht der französische Choreograf Jérôme Bel in seiner Arbeit mit dem Theater HORA, *Disabled Theatre* (UA 2012), deutlich. Bels Arbeit macht den Blick der Zuschauer*innen auf die Schauspieler*innen zum Thema und konfrontiert sie mit ihren eigenen Vorurteilen und moralischen Haltungen. Dabei stellt er auch seine eigene Machtposition als

Regisseur, der den Schauspieler*innen Anweisungen gibt und Aufgaben verteilt, zur Disposition.[40]

Neben diesen repräsentations- und institutionskritischen Fragen entfaltet das Anerkennen im Theater aber noch eine viel grundsätzlichere Dimension. Denn nicht nur Minderheiten drängen auf die Bühne und ringen dort um gesellschaftliche Sichtbarkeit und damit einhergehend um Anerkennung. Theater kann grundsätzlich als Ort der öffentlichen Anerkennung betrachtet werden. In seinem Monolog *Versuch über das Sterben* (UA 2019) legt der Schweizer Theatermacher Boris Nikitin diese Dimension in all ihrer Vielschichtigkeit offen.[41] Ein Jahr nach dem Tod seines Vaters beginnt Nikitin mit dem Schreiben eines Textes, der versucht, dieser Erfahrung näherzukommen, sie sprachlich zu fassen und zu reflektieren. Der Text erzählt vom Tod seines Vaters, von der Diagnose bis hin zum Sterben in einem Krankenhaus, und beschreibt, wie Nikitin, seine Mutter und Geschwister ihn dabei begleiteten. Im Zuge seiner Auseinandersetzung mit dem bevorstehenden Tod zieht der Vater auch die Möglichkeit in Betracht, einen assistierten Suizid zu begehen. Nikitin deutet diesen Schritt als eine Art Outing; als ein Öffentlichmachen eines Wunsches, der die Person, die ihn äußert, angreifbar und verletzlich macht, einen Wunsch, der vielleicht sogar mit Scham und Angst besetzt ist. Nikitin verbindet diesen Schritt nun seinerseits mit seinem Coming-out als schwuler Mann zwanzig Jahre zuvor, der auch ihm Mut abverlangte, die Grenze zwischen Privatem und Öffentlichen zu überschreiten. Damit beschreibt er in seinem Text eine doppelte Anerkennung: zum einen das Ringen des Vaters mit der Krankheit und dem eigenen Tod, den er schließlich akzeptieren muss, und zum anderen seine eigene Geschichte als schwuler Mann, der durch sein Coming-out lernt, zu sich zu stehen.

Die Rede vom Öffentlichmachen und der Anerkennung impliziert eine Figur, die anerkennt: den Zeugen. In der Theatersituation sind wir auch als Zeugen aufgerufen. Worin besteht diese Zeugenschaft nun in *Versuch über das Sterben*? Sie besteht zum einen wesentlich im Verfassen des Textes, durch den Boris Nikitin das Sterben seines Vaters bezeugt. In seiner differenzierten Betrachtung der Figur des Zeugen unterscheidet der italienische Philosoph Giorgio Agamben zwischen drei Typen von Zeugen, von denen in unserem Zusammenhang vor allem der dritte, der *auctor*, Relevanz gewinnt.

»Bezeichnet *testis* den Zeugen, insofern er als Dritter beim Streit zwischen zwei Subjekten beteiligt ist, und *superstes* denjenigen, der eine Erfahrung bis auf den Grund erlebt, sie überlebt hat und deswegen anderen davon berichten kann, so bedeutet *auctor* den Zeugen, insofern sein Zeugnis immer etwas voraussetzt – ein Faktum, eine Sache oder ein Wort –, das vor ihm da ist und dessen Wirklichkeit und Gültigkeit beglaubigt oder bestätigt werden muss.« (Agamben 2003: 130)

Der *auctor* verleiht demnach einer Sache Beweiskraft, die diese von sich aus nicht unbedingt besitzt. Der Autor bringt demnach das »zum Sein«, was von sich aus nicht zum Sein gelangen kann (ebd.: 131). Dies erlegt dem Zeugen eine ethische Verantwortung gegenüber der Sache auf, die er in der Produktion des Textes immer auch erst hervorbringt und der er zum »Sein« verhilft. In einem gewissen Sinne schafft der Akt des Schreibens die Sache erst, die er bezeugen will. Deshalb muss der *auctor* als Zeuge die Verantwortung dafür übernehmen, wie er oder sie die Sache im Bezeugen hervorbringt.

Der Autor Boris Nikitin macht sich mit *Versuch über das Sterben*, dessen Titel die Unsicherheit und Unabgeschlossenheit schon beinhaltet, zum Zeugen eines Prozesses, den er streng genommen gar nicht bezeugen kann: des Todes eines Anderen, seines Vaters, einer Erfahrung also, die sich ihm auf ganz existenzielle Weise entzieht. Als Sohn und Autor kann er das Sterben zwar begleiten und aufschreiben, er kann es aber nicht erfahren. Im Tod des Anderen, so Maurice Blanchot, wird eine unüberbrückbare Trennung erfahrbar, die jedoch zugleich die Grundlage für eine andere Art der menschlichen Gemeinschaft bildet, die nicht auf der Erkenntnis des unteilbaren Individuums und, daran anknüpfend, der selbstidentischen Präsenz einer Gruppe von Menschen beruht. »Was stellt mich am gründlichsten in Frage«, fragt Blanchot und fährt fort: »meine Anwesenheit bei dem Anderen, der sich im Sterben absentiert.« (Blanchot 2007: 21) Für Blanchot basiert Gemeinschaft daher auf einer Teilung im doppelten Wortsinn: auf einer Gemeinsamkeit, die geteilt wird, »das erste und letzte Ereignis«, das zugleich das ist, was die Gemeinschaft von sich selbst trennt, das erste und letzte Ereignis, »das bei jedem aufhört gemeinsam zu sein (Geburt und Tod)« (ebd. 22–23). Für Blanchot stellt sich Gemeinschaft uns nur über die Unverfügbarkeit der individuellen Erfahrungen des anderen her, für die exemplarisch Geburt und Tod stehen. Ich kann den Tod des anderen nur bezeugen, ihn aber nicht erfahren oder zu meinem machen. Mehr noch: Geburt und Tod entziehen sich als Erfahrungen auch dem Subjekt selbst, weil beides ein Abstraktum bleibt, von dem wir eigentlich nichts wissen können. Anerkennen bedeutet daher auch immer, das anzuerkennen, was uns von uns selbst und den anderen trennt.

Das Thema des Textes ist jedoch nicht allein das Sterben, sondern das Öffentlichmachen, die Anerkennung dieses Vorgangs des Öffentlichmachens als stimmliche Verlautbarung, des Sprechens über Scham und Peinlichkeitsgrenzen hinweg. Hier nun liegt ein zweites Moment der Zeugenschaft, die das Theater unmittelbar berührt. Indem Nikitin den Text nicht nur geschrieben hat, sondern ihn auch selbst vorliest, wird er als Zeuge sichtbar. Anstatt sich von einem Schauspieler vertreten oder repräsentieren zu lassen, ist er Autor, Regisseur und Performer in Personalunion, der für seine Geschichte einsteht. Nikitins Inszenierung ist denkbar schlicht. Er sitzt nur mit weißem T-Shirt, Jeans und weißen Turnschuhen bekleidet in einem Lichtspot auf einem Stuhl, der zum Publikum hin ausgerichtet ist, und liest den Text vor. Ist er mit einer Seite fertig, lässt er sie langsam neben dem Stuhl zu Boden fallen. Er teilt den Text mit dem Publikum und er teilt ihn uns mit. Damit werden die Zuschauer*innen zu Zeugen des Zeugens. Der Text wird ausgesprochen, er steht im Raum zwischen Bühne und Zuschauerraum, zwischen Performer und Publikum, und damit zur Diskussion. Allein durch unsere Anwesenheit werden wir zu Zeugen seiner Geschichte, die dadurch nicht nur eine private Geschichte über das Sterben des Vaters bleibt, sondern Anerkennen und Bezeugen selbst zum Thema macht.

Der Zeuge wird im Theater nicht primär als *testis*, um eine Kategorie Agambens zu verwenden, aufgerufen. Er wird im Theater nicht zur Wahrheitsfindung in einer Streitsache bemüht, sondern was er oder sie bezeugt, ist die Verletzlichkeit des ersten Zeugen, seine körperliche Präsenz im Raum, die für das Berichtete einsteht. Was das Publikum bezeugt, ist mithin der lebendige Teil des Menschen. Der Körper des Performers, aber auch die Körper der Zuschauer*innen werden zu Supplementen, Ergänzungen im Spiel des Bezeugens, die die Lücke zwischen der Unverfügbarkeit des Ereignisses und dessen Wieder-Holen im Theater besetzen.[42] Wie in zahlreichen Inszenierungen der Gruppe Rimini Protokoll wird auch hier der Performer Boris Nikitin, der »Experte« seiner Geschichte, selbst zum Dokument. »Theater-Körper sind, weil nur ›da‹ im Zwischen-den-Körpern, von keinem Video faßbar. In dieser Ungesichertheit und Verlassenheit speichern sie Eingedenken: sie aktualisieren und (appellieren an) Körpererfahrung.« (Lehmann 1999: 441) Der Körper als Dokument, das bezeugt, ist nicht durch eine Kamera zu ersetzen: Diese kann nicht antworten. Verwandelt die Kamera das Geschehen in ein objektiviertes Faktum, wird in einer Theatersituation das Bezeugte körperlich ver-antwortet.

Für Hans-Thies Lehmann adressiert der dramatische Monolog vor allem die im Theaterraum anwesenden Zuschauer, allein schon deshalb, weil sonst keine weiteren Mitspieler vorhanden sind. »Es ist diese *Überschreitung der Grenze des imaginären dramatischen Universums zur realen Theatersituation*, die zu einem spezifischen Interesse an der Textform des Monologs und an der mit dem Monolog verbundenen spezifischen Theatralik führt.« (Lehmann 1999: 230) Die Theatralik des Monologs liegt für Lehmann darin begründet, dass die Zuschauer ihre Anwesenheit im realen Theaterraum beglaubigen, sodass sich bei ihnen ein Bewusstsein für die »*Realität* im Jetzt-Raum« einstellt (ebd.). Damit dies aber gelingt, muss eine weitere Trennung vollzogen werden. Denn die Ansprache durch den Performer ist nie nur allein eine private Ansprache zwischen zwei Personen über die trennende Rampe hinweg. Oft spricht Boris Nikitin niemanden direkt an, wendet den Blick ganz vom Publikum ab und blickt stattdessen auf das Blatt Papier in seinen Händen. Mit dem Akt des Lesens betont er zugleich eine raum-zeitliche Distanz zwischen der Theatersituation und dem Ursprung des Textes; er betont den Text als geschriebenen, geformten; er betont seine *Form.* »Das Bühnenwort ist nicht allein an den Gesprächspartner der Bühne und an das Publikum gerichtet«, schreibt Helga Finter, »sondern zugleich immer auch an den, der Sprechen und Sprache erst möglich macht bzw. legitimiert.« (Finter 2014b: 567) Durch die poetische Verfasstheit des Textes (Kapitel 5.2) wird eine dritte Instanz ins Spiel gebracht, ein »transzendenter Abwesender«, wie ihn Finter nennt, der in der Theatergeschichte zunächst die göttliche Instanz, später dann allgemeiner gefasst die symbolische Ordnung einer Kultur bezeichnet (Siegmund 2018). Wer anerkannt werden will, sucht einen Platz in dieser Ordnung und ihren Strukturen, die im Theater zugleich durchgespielt und reflektiert werden. Nikitins Inszenierung von *Versuch über das Sterben* spricht immer auch die Sprache und die Öffentlichkeit als *ermöglichende Instanz* des Sprechens und dessen Anerkennung an.[43] Sie spricht sie als Abstraktum an, das sich vorübergehend durch die Anwesenden im Theater konkretisiert.

Damit wird der Öffentlichkeitscharakter von Theater generell zum Thema. Denn diese allabendliche Konkretisierung von Öffentlichkeit verläuft heute aufgrund von Migration, gesellschaftlichen Ausdifferenzierungen und medialem Wandel keineswegs mehr so problemlos wie noch in den 1960er Jahren. Die Diskussion um Repräsentation und Anerkennung im Theater hat auch gezeigt, dass Öffentlichkeit heute nicht mehr vorausgesetzt werden kann. Indem die Theatersituation das Zusammenkommen selbst zum Gegenstand des Theaters macht, fragt sie immer auch danach, wer im Theater eigentlich zusammenkommt. Sie fragt mithin auch danach, was Öffentlichkeit heute unter veränderten gesellschaftlichen Bedingungen ausmacht. Mögen Forderungen nach Repräsentation von Minderheiten auch anmuten wie partikulare Interessen, verbinden diese sich im Theater doch mit Fragen nach dem Allgemeinen, ohne das Partikulare dabei hinter einem falschen Universalismus zum Verschwinden zu bringen. In einer Theatersituation kann somit über die Konstitution von Öffentlichkeit in der Öffentlichkeit selbst nachgedacht werden (Siegmund 2017a).

6. Formen gegenwärtigen Theaters

Untersuchte das vorangegangene Kapitel Funktionen der zeitgenössischen Theater- und Tanzperformance, stehen in diesem Kapitel Theater-Typen im Vordergrund. Für diese Formen haben sich inzwischen feste Begriffe oder Bezeichnungen eingebürgert, sodass man in diesem Zusammenhang schon von eigenen Genres sprechen kann. Vier solcher Genres, die sich durch die Verschiebung des Theaters hin zur Theatersituation herausgebildet haben, sollen im Anschluss kurz vorgestellt und in ihrer Tragweite umrissen werden: das Dokumentarische Theater, das Immersive Theater, das Theater als Ort der Versammlung und die Gender Performance. Die vorgestellten Theater-Typen tragen das Ethische ins Feld des Ästhetischen ein, was einen Widerstreit in der Form des Theaters erzeugt, der nicht ohne Verluste aufzulösen ist. Zeitgenössische Theater- und Tanzformen tragen diese Spannung aus. Sie tun dies, indem sie Theater als Situation begreifen, in der Vermögen wie Responsivität und Reflexivität ausgespielt werden.

In der Diskussion zum Situationsbegriff (Kapitel 4) ist deutlich geworden, dass beide Vermögen sowohl Anteil an der ästhetischen als auch an der ethischen Dimension der Theatersituation haben. So wirkt sich die Responsivität im Sinne einer Ästhetik des Performativen als sinnliches Wahrnehmen von Materialität, Körperlichkeit und Atmosphäre aus, die Reflexivität kommt als Nachdenken über die Möglichkeitsbedingungen der sinnlichen Erfahrung und ihrer Auswirkungen (Urteile, Lust- und Unlustempfindungen, Bedeutungen) ins Spiel. Im Feld des Ethischen impliziert Responsivität ein verantwortungsvolles Wahrnehmen der an der Situation beteiligten Personen und Dinge sowie ein reflektiertes Nachdenken über eigene Haltungen zum Geschehen und das eigene Handeln in der Situation. Auch hier gilt es, so die These, an der dialektischen Verknüpfung der beiden Vermögen in der Theatersituation festzuhalten. Die zeitgenössischen Theater-Typen, die in diesem Kapitel vorgestellt werden, machen von Responsivität und Reflexivität auf unterschiedliche Weise Gebrauch. Sie verschieben damit die Dynamik zwischen Ästhetik uns Ethik in die eine oder andere Richtung und setzen sich damit als Theatersituation selbst aufs Spiel auf die Gefahr hin, die Situation an ihrer Grenze aufzulösen. Das Ästhetische wird dann zum bloßen Effekt des Ethischen, das Ethische wird zum Effekt des Ästhetischen.

6.1 Dokumentarisches Theater

Mit dem Rückgriff von Theatermachern auf (historische) Dokumente verbindet sich spätestens seit der Moderne der Wunsch, mit dem Theater gesellschaftlich wirksam zu sein. In Dramaturgien, die sich aus Quellen unterschiedlichster Natur speisen, versucht das Theater seine ethische Dimension in den Vordergrund zu rücken. Das Dokumentarische wird damit, wie Andreas Tobler sagt, zur Geste, mit der auf die Wirklichkeit zugegriffen wird (Tobler 2014: 148). Das Dokument ist eine Strategie, diesen Anspruch auf Wirklichkeit zu beglaubigen. Tobler hat gezeigt, wie sich der dokumentarische Gestus historisch verändert hat. Für den Regisseur Erwin Piscator war es in den 1920er Jahren vor dem Hintergrund marxistischer Politik noch klar, dass es eine objektive Wahrheit der Wirklichkeit gebe, die mithilfe von wissenschaftlicher Durchdringung, Dokumentarfilmeinspielungen oder statistischen Tabellen auf die Bühne gebracht werden könne. »Mit der Darstellung der historischen Wirklichkeit sollte aber auch eine ›revolutionäre‹ Wahrheit aus dem bearbeiteten Material entborgen werden, die zu einer Neuordnung der Gesellschaft führen sollte.« (ebd.: 148) Mit der zweiten Welle des Dokumentarischen in den 1960er Jahren, die ihren Ausgang von der Krise des Zweiten Weltkriegs und des Holocausts nahm, stand vor allem der moralische Wahrheitsanspruch im Vordergrund. Autoren wie Rolf Hochhuth, Heinar Kipphardt und Peter Weiss basierten ihre Stücke auf historischen Quellen, die sie bewusst in eine ästhetische Form überführten, welche den historischen Fakten nicht immer treu blieb. Davon unberührt blieb ihr Anspruch, mithilfe von historiografischer Forschung auf Wirklichkeit zugreifen zu können und das Theater in der Nachfolge Brechts für das wissenschaftliche Zeitalter und für gesellschaftliche Veränderungen fruchtbar zu machen.

Was der Autor und Kritiker Günther Rühle über den Gestus des dokumentarischen Theaters der 1960er Jahre schreibt, trifft auf die aktuelle gesellschaftliche Situation, die von Debatten um Fake News geprägt ist, nur noch bedingt zu.

> »In einer Gesellschaft, die so große Erfolge darin gehabt hat, das Vergangene zu vergessen oder wegzudrücken, überlegt sich natürlich ein Autor, wie er sein allzu mobiles Publikum zwingt, sich wieder zu stellen und zu hören. [...] Das dokumentarische Theater ist eine Erfindung dieser Situation. Kein Ausweichen mehr! Was du siehst, ist belegt.« (Rühle 1976: 130)

Nicht mehr der Versuch, gesellschaftliche Verdrängungen aufgrund einer traumatischen Geschichte aufbrechen zu wollen, legitimiert heute auf aufklärerisch-moralische Weise die Arbeit mit

Dokumenten, sondern das allgemeine Weghören aufgrund einer Überfülle an Informationen, deren Glaubwürdigkeit immer schwerer zu überprüfen ist. Welche Dokumente dringen überhaupt noch zu uns durch? Welchen schenken wir Vertrauen, und welchen Einfluss haben sie überhaupt noch auf unser Leben? Das zeitgenössische dokumentarische Theater überprüft die Wirkungsweisen der Dokumente, damit sich aus der Folgenlosigkeit unpersönlicher und unendlicher Daten- und Informationsströme wieder Relevanzen herausschälen und vielleicht sogar Konsequenzen ableiten lassen. Wenn das neue dokumentarische Theater gegen Verdrängungen anarbeitet, so sind dies verdrängte Probleme der Gegenwart, die wie im Falle von Rassismus und Kolonialismus selbstredend auch historische Ursachen haben, die aber direkter auf ihre Auswirkungen auf das Zusammenleben in der Gegenwart und Zukunft hin untersucht werden.

Das Dokumentarische, so behauptet der Schweizer Theatermacher Boris Nikitin daher, »ist eine Form des Illusionstheaters« (Nikitin 2014: 13). Denn je genauer und historisch akkurater das Theater die Wirklichkeit darzustellen bemüht ist, desto mehr muss es auf illusionistische Verfahren zurückgreifen. Schließlich ist, so Nikitin, die Wirklichkeit selbst ein Konstrukt aus Perspektiven, subjektiv verinnerlichten Normen und Interpretationen, dessen »Wahrheit« kaum beizukommen sei. Die Sehnsucht von Theatermacher*innen und Zuschauer*innen nach Authentizität wird daher immer wieder enttäuscht; das Echte wird als Inszenierungseffekt einsehbar. Damit tritt auch das gegenwärtige dokumentarische Theater nicht mehr mit einem universellen Wahrheitsanspruch auf. Es versucht vielmehr, verbürgte Interpretationen von und Sichtweisen auf historische(n) Begebenheiten zu öffnen, um Inhalte und Wirkungen neu zu verhandeln. Es macht die Bedingungen einsehbar, unter denen wir dem Gezeigten und Gehörten überhaupt Glauben schenken.

Mit dem neuerlichen Interesse an dokumentarischen Formen, wie sie bei Künstlern wie Hans-Werner Kroesinger, Rimini Protokoll und vor allem dem Schweizer Regisseur Milo Rau zu beobachten sind, geht eine Vielzahl von Wirkungsabsichten und Zielen einher. Nutzt Boris Nikitin das Theater gerade als Instrument, um den Zuschauern vor Augen zu führen, dass es keine objektive Wirklichkeit abseits unserer eigenen Beobachterposition gibt, dass also unsere Erfahrung von Wirklichkeit abhängig ist von Täuschungen und affektiven Übertragungen, arbeitet Hans-Werner Kroesinger an der genauen Kontextualisierung der Dokumente, um Brüche und Widersprüche aufzuzeigen und es dem Publikum auf diese Weise zu ermöglichen, verschiedene Perspektiven auf einen Sachverhalt einnehmen zu können. Milo Rau dagegen verfolgt in der Arbeit mit Dokumenten nach eigener Aussage keinen »analytischen Ansatz«, um von vornherein den Verdacht loszuwerden, er wolle mit seinen Inszenierungen historischer Begebenheiten lediglich moralische Wertungen vornehmen und Vorurteile bestätigen. Stücke wie *Hate Radio* (UA 2011), das sich in Form einer mit Schauspielern nachgespielten Radiosendung des Völkermords in Ruanda annimmt, gehen aus einer bis zu zwei Jahren dauernden intensiven Vorbereitungszeit hervor, in der Rau und sein Team Quellen sammeln und Interviews mit Betroffenen führen. So geht zwar jede Aussage im Stück auf eine Quelle zurück, doch durch geschickte Montage wird diese jeweils in eine Art wiedergeholte, zweite Wahrheit überführt.

Milo Rau arbeitet mit verschiedenen Formaten, die oft auch als Reenactments, also als Wiederaufführungen von historischen Begebenheiten, bezeichnet werden. So inszeniert er mit Schauspielern und Laien mit unterschiedlichen biografischen Hintergründen traditionelle Bühnenstücke wie etwa seine Trilogie über Gewaltverbrechen. *Five Easy Pieces* (UA 2016) widmete sich den

Morden des belgischen Pädophilen Marc Dutroux. *Die Wiederholung* (UA 2018) betrachtete den Mord an Ihsane Jarfi, der 2012 in Lüttich nach Verlassen einer Schwulenbar von drei jungen Männern zu Tode geprügelt wurde. *Familie* (UA 2020) schließlich wendete sich dem kollektiven Selbstmord einer vierköpfigen Familie 2007 im französischen Calais zu. Daneben stehen andere Reihen von Projekten, etwa die großangelegte Nachstellung von Prozessen wie dem Strafprozess gegen das Diktatorenehepaar Nicolae und Elena Ceausescu 1989 (2009) in *Die letzten Tage der Ceausescus, Die Moskauer Prozesse* (1. bis 3. März 2013), denen drei russische Gerichtsverhandlungen gegen Kuratoren und Künstlerinnen, darunter auch die gegen die drei Pussy-Riot-Aktivistinnen, zugrunde lagen.

In beiden Formaten geht Rau gleichermaßen von einem unabgegoltenen Rest aus, der diesen Ereignissen auch Jahre später noch anhaftet. Etwas im Zentrum dieser »Fälle« bleibt unbearbeitet und unverstanden, so wie etwa die Gründe, warum sich die französische Familie aus Calais das Leben genommen hat, niemals aufgeklärt werden können. Diesem Nichterklärbaren, Unverstandenen versucht Rau nun auf die Spur zu kommen, indem er in komplexen Versuchsanordnungen, die unterschiedliche Perspektiven auf die Ereignisse ermöglichen, diese durchspielen lässt. In der je nach Format mehr oder weniger ästhetisch verdichteten Wiederholung, die widersprüchliche Erfahrungen zulässt, wird das Ereignis nachträglich konstituiert und erfahrbar gemacht. Dadurch entstehen neue Möglichkeiten der Deutung wie des emotionalen Umgangs mit der Situation. Durch »die Wiederherstellung einer Situation« wird versucht, »eine Ergriffenheit« zu provozieren, damit die Ambivalenz des gesellschaftlich Unverarbeiteten in der Wiederholung gleichsam psychoanalytisch durchgearbeitet werden kann (Wahl und Rau 2012; Wahl 2014). Wenn Boris Nikitin recht hat, dass das dokumentarische Theater im Prinzip ein Illusionstheater ist, teilt es im Fall der von Milo Rau erprobten Formate auch dessen Wirkungsintention. Sein »globaler Realismus« zielt auf eine emotionale Beteiligung des Publikums ab, und das Durchspielen erlaubt es, Emotionen freizusetzen, um auf das Unverstandene und Unverstehbare zu *antworten*: es mithin nicht nur als *fait divers* aus der medialen Berichterstattung abzutun, sondern es in all seiner Ambivalenz und Unauflösbarkeit körperlich zu bezeugen und anzuerkennen. Wenn Boris Nikitin den Status der verwendeten Dokumente immer wieder infrage stellt oder Milo Rau auf der Grundlage von Interviews eigene poetische Texte schreibt, wird in beiden Fällen die Form des Theaters selbst angesprochen (Kapitel 5.2). Damit rückt die ästhetische Dimension der Theatersituation erneut in den Vordergrund.

6.2 Immersives Theater

Eine besondere Form des Illusionstheaters stellt das sogenannte Immersive Theater dar. Umgangssprachlich bedeutet Immersion zunächst so viel wie eintauchen oder gar untertauchen in eine Welt, deren Teil wir werden. So hat Thomas Oberender, Intendant der Berliner Festspiele, die seit 2016 einen Programmschwerpunkt zum Thema Immersion unterhalten, den Begriff erklärt:

> »Was passiert, wenn ästhetische Phänomene inmitten einer Situation entstehen, die uns umgibt, die das rahmende Portal auflöst und eine Welt ohne Außen erzeugt? In ihr verschwindet der vertraute Dualismus von Subjekt und Objekt, von Produktion und Konsum, und an seine Stelle treten neue Rituale der Beteiligung und Organisation von Stoffen und Erlebnissen.« (Homepage Berliner Festspiele)

Eine Welt ohne Außen soll entstehen, in der wir vergessen, dass wir im Theater sind. Das Medium Theater mit seinem technischen Inszenierungsapparat soll ausgeblendet werden, um durch detailverliebte Inszenierungen und räumliche Ausgestaltungen eine scheinbar direkte unmittelbare Erfahrung zu ermöglichen.

Der Begriff Immersion stammt eigentlich aus dem Feld der Game Studies und ihrer Beschäftigung mit Videospielen, in deren virtuelle Welten die Spieler eintauchen sollen (Grau 2003). So schaffen die dänisch-österreichische Formation Signa[44] oder die britische Gruppe Punchdrunk[45] aufwendig gestaltete Environments, in denen sich die Zuschauer*innen frei bewegen können. Immersives Theater arbeitet also mit unserem In-der-Situation-Sein, die wir als ganze nicht überblicken können. In Signas Erfolgsproduktion *Die Erscheinungen der Martha Rubin* (UA 2007) bewegen sich die Teilnehmer*innen durch ein fiktives Dorf, Ruby Town, das, so die Geschichte, an der Grenze zwischen dem Nord- und dem Südstaat liegt. Das Dorf wird bevölkert von Anhängern einer sektenartigen Gemeinschaft, die sich um das Orakel Martha Rubin herum versammelt hat, die zu den Lebenden zurückgekehrt ist. An unterschiedlichen Stationen können sich die Teilnehmer*innen die Haare schneiden lassen, einen Drink an der Bar nehmen oder sich die Karten legen lassen. Dabei werden sie in Gespräche verwickelt, die um die politischen Interessenkonflikte um Ruby Town kreisen. Die Teilnehmer*innen verstricken sich im Laufe der Zeit in ein Netz aus sich widersprechenden Informationen und machen sich zu Überbringer*innen von Nachrichten und geheimen Botschaften, deren Absichten und Auswirkungen sie nie ganz durchschauen. *Die Erscheinung der Martha Rubin* simuliert ein Dorfleben, das sich gleichzeig unter Beteiligung aller wirklich entfaltet. Den Schauspieler*innen und Performer*innen wird dabei eine absolut realistische Spielhaltung abverlangt, ein Stanislawski-haftes Versinken in der Rolle, die niemals verlassen werden darf. Die Teilnehmer*innen sollen dabei in einen Sog geraten, der sie ganz in die fiktionale Welt der Geschichte eintauchen lässt.

Nach Josephine Machon kann man dann von immersivem Theater sprechen, wenn die Teilnehmer*innen mit den Perfomer*innen auf der gleichen Spielfläche agieren und so eine Interaktion zwischen beiden möglich wird. Diese Interaktion ist dadurch charakterisiert, dass sie sinnliche Qualitäten besitzt und dadurch auf den Körper der Teilnehmer*innen zielt. Inmitten eines imaginierten Environments wird deren körperliche Wahrnehmung durch Affizierung gestärkt (Machon 2013: 67–68). Die Wahrnehmung und Erfahrung der Teilnehmenden kann dabei durchaus auch durch technologische Apparate wie Kopfhörer ermöglicht werden. Wichtig ist, dass diese auf die Sinne einwirken, neue Eindrücke schaffen und Wahrnehmungsmuster verändern. Gareth White führt Machons Ansatz weiter und verstärkt die Forderung nach sinnlicher Erfahrung durch Machons Begriff der »(Syn)aesthese«, also einer Art synästhetischer Verschmelzung der Sinne im Prozess der Wahrnehmung (White 2012: 228). Der Sinn der Aufführung ist dabei gekoppelt an deren Sinnlichkeit. Sinnliches Spüren und die Gefühle, die es auslöst, tragen zur Konstitution von Sinn und Bedeutung des Erfahrenen bei und treten so gleichberechtigt neben das rationale Verstehen. Machon prägt für den »live«-Effekt des Immersiven den Begriff des »prae-sens«. Prae-sens meint hier nicht nur ›präsent sein‹ im Sinne von ›gegenwärtig sein‹ und Sich-im-Hier-und-Jetzt-Vollziehen. Machon gibt dem Begriff die doppelte etymologische Bedeutung von »that which stands before the senses« einerseits und »being at hand« andererseits (Machon 2013: 44). *Prae-sens* bezeichnet demnach das, was uns vor den Sinnen steht, und das, was uns dadurch verfügbar wird im Sinne eines taktilen Umgehens mit den Dingen.

Nicht nur für Thomas Oberender, sondern auch für Künstler wie Felix Barrett von Punchdrunk verbindet sich mit dieser Form des teilhabenden Theaters die Hoffnung auf politische Emanzipation im digitalen Zeitalter einerseits, in dem die Grenzen zwischen innen und außen, privat und öffentlich, Drinsein und Draufschauen immer mehr erodieren, andererseits aber auch auf individuelle Emanzipation z.B. für die Zuschauer, die endlich nicht mehr passiv im Sessel sitzen müssen, wenn sie ins Theater gehen. »It's an empowerment of the audience«, schreibt Barrett, »in the sense that they're put at the centre of the action; they're the pivot from which everything else spins.« (Machon 2013: 159) Doch was genau ist mit der Vorstellung der Ermächtigung der Zuschauer gemeint? Der britische Theaterwissenschaftler Adam Alston etwa stellt in diesem Zusammenhang die Frage, wie frei der sich frei bewegende Zuschauer eigentlich sei und was die Bedingungen seien, unter denen er sich einer Situation bemächtigen könne (Alston 2016: 109–110). Obwohl der Aktionismus als Aufforderung zum Handeln in immersiven Theaterprojekten in der Regel keine explizite politische Agenda mehr verfolge wie noch in den 1960er und 1970er Jahren, sieht Alston allein im Begriff des »empowerment« politische Implikationen, denen er nachgeht. So argumentiert er, dass die Zuschauer etwa in Performances von Punchdrunk als unternehmerische Subjekte angesprochen werden, die sich ihren Weg durch das unwägbare Gelände selbst bahnen müssten. Immersives Theater baue, ohne es auszusprechen oder es gar zu beabsichtigen, auf einer neoliberalen Weltsicht auf und verfolge deren Ziele wie absoluten Individualismus, persönliche Verantwortung, Risikobereitschaft und unternehmerisches Gespür für die richtigen, d.h. gewinnbringenden Gelegenheiten (ebd. 140). Die Freiheit des Zuschauers zur Teilnahme wird damit zum Zwang, handeln zu müssen, um sich gegenüber anderen Teilnehmern Vorteile im Sinne der besten

Geschichte oder der besten Erfahrung zu verschaffen. Der US-amerikanische Theaterwissenschaftler Marvin Carlson wirft immersivem Theater vor, dass es dabei zu keiner wirklichen Interaktion zwischen Akteuren und Zuschauern komme, weil das Wissen um das, was geschieht, einzig auf Seiten der Performer liege. Anstatt, wie es Jospehine Machon darstellt, zu Ko-Autoren ihres eigenen Stücks zu werden, könnten die Zuschauer die Handlung, das Geschehen nicht wirklich verändern und blieben so letztlich Konsumenten von Bildern, die sich die Gruppe vorher ausgedacht habe (Carlson 2012). Und Gareth White warnt davor, immersivem Theater eine andere Wirkungsweise zuzusprechen als traditionellem Theater. Ähnlich wie Rancière argumentiert auch er, dass aus dem Merkmal der Partizipation keine besondere Aktivität der Zuschauenden abzuleiten sei. Da das Kunsterlebnis ohnehin im Kopf des Betrachters stattfindet, wo sich sinnliche Erfahrungen mit Gedanken, Assoziationen und Empfindungen verbänden, verfahre immersives Theater im Prinzip nicht anders als traditionelles Theater (White 2012: 233). Doris Kolesch verweist daher zu Recht darauf, dass Theater seit der griechischen Antike immer schon auf die ein oder andere Art und Weise immersiv gewesen sei (Kolesch n.d.). Das Versprechen, das sich mit immersiven Theaterformen heute verbindet, ist das einer gesteigerten Erlebniswelt, die sich vor dem Hintergrund digitaler Medien als Kompensationserfahrung gesellschaftlicher Verluste lesen lässt. Nimmt man jedoch die gegen das immersive Theater vorgebrachten Einwände ernst, kann es auch als Fortsetzung ebendieses Verlust mit den Mitteln des Theaters verstanden werden. Das Verhältnis von Responsivität und Reflexivität wird zugunsten einer individuellen und vereinzelten Form von Responsivität aufgelöst, die gerade die ethische Dimension der Theatersituation verkennt.

Den Spielverlauf tatsächlich beeinflussen kann man in Projekten der Hildesheimer Gruppe machina eX.[46] Diese stellen den Versuch dar, die Welt der Computerspiele mit jener des Theaters zu verbinden, dem Theater Spielcharakter zu geben und dem Computerspiel die kollektive Erfahrung. Für ihre sogenannten »theatralen Games«, die eigens für die Produktionen ›programmiert‹ werden, entwerfen sie einen fiktionalen Rahmen, der den Teilnehmer*innen eine Rolle wie etwa jene als Auftragnehmer eines Überwachungsdienstleisters in *Patrol* zuteilt. Die fiktionalen Storylines dienen auch hier nur als Anlass, die Situation durchzuspielen in dem Sinne, dass Durchspielen tatsächlich heißt, Entscheidungen über den Fortgang des Spielverlaufs zu treffen – immer mit der Einschränkung, dass auch hier nur das möglich ist, was der Algorithmus vorgesehen hat. In *15.000 Grey* (UA 2012), »ein mobiles theatrales Game für 12 Spieler«, macht ein Wissenschaftler eine Entdeckung, die nun in falsche Hände zu geraten droht, was es zu verhindern gilt. Christian Rakow beschreibt seinen Besuch der Aufführung wie folgt:

> »In einem dunklen Retro-Setting mit alten MS-DOS-Computern, Karteikästen, einem Telefon mit Wählscheibe usw. geht es vor allem um eins: ums Rätsellösen. Wir knobeln an Codes für Digitalschlösser, klauen Daten per Diskette, mixen Aufputschmittel und entschärfen eine Bombe. Wir, das ist eine Gruppe von zehn Besuchern, die unter Zeitdruck durch den Rätselparcours rast.« (Rakow: 2012)

Hier verhindert der gemeinsam geteilte Theaterraum gerade ein nahtloses Eintauchen in die Welt des Spiels und lenkt stattdessen die Aufmerksamkeit auf den Vorgang des Aushandelns von Entscheidungen selbst. Der tatsächliche Fortgang des Spiels macht zudem die Konsequenzen der Entscheidungen unmittelbar einsehbar, überprüf- und kritisierbar. So gibt es je nach Entscheidungen unterschiedliche Enden des Spiels. Immersion bedeute hier also nicht das Eintauchen in eine fiktionale Welt, die sich an die Stelle meiner, unserer Wirklichkeit setze, sondern das Eintauchen in die geteilte Situation mit den anderen Spielteilnehmern. Denn die eigentlichen Handlungen finden vor den Bildschirmen statt, der hier als Medium dient, unsere Aufmerksamkeit auf die diskursiven wie affektiven Entstehungsprozesse von Entscheidungen zu lenken.

6.3 Theater als Versammlung

Richard Schechner baut in seinem grundlegenden Essay »Six Axioms für Environmental Theater« (vgl. Kapitel 1.2) sein Verständnis von Theater auf der These auf, dass es ein Kontinuum zwischen lebensweltlichen Aktivitäten und hier vor allem Demonstrationen und Formen politischen Protests am einen Ende des Spektrums und dem Kunsttheater an dessen anderem Ende gibt. So bedienen sich auch Formen öffentlichen politischen Protests theatraler Mittel, obwohl sie kein Theater sind. Durch eine bestimmte Kostümierung, räumliche Anordnungen oder eine bestimmte Art zu sprechen werden Protestaktionen aus dem Alltag herausgehoben und als inszenierte auffällig. Wie das Wort schon sagt, betonen Demonstrationen den Akt des Zeigens und Ausstellens. Sie zeigen jedoch nicht nur auf bestimmte politische Inhalte oder Forderungen, die die Demonstranten durchsetzen möchten. Indem sie dies öffentlich tun, zeigen sie immer auch auf sich selbst als Handelnde. Sie stellen sich aus wie auf einer Bühne.

Das verbindende Moment zwischen Formen des Protests und dem Theater ist für Schechner der *agon.* Beiden liegt ein Konflikt zugrunde, auf den durch die Protestaktionen hingewiesen wird, damit er ausgetragen werden kann. Für den Politologen Oliver Marchart gibt es keine Politik ohne einen solchen Antagonismus, der die Welt zunächst ganz einfach in Gut und Böse, Richtig oder Falsch einteilt. Wie die Philosophin Chantal Mouffe argumentiert, überführen Demokratien diese Spaltungen in einen »agonistischen Pluralismus«, d.h., sie entwickeln Strategien und Formen des Umgangs miteinander, die die verschiedenen Standpunkte und Interessen der diversen Akteure als legitim anerkennen, um auf dieser Grundlage Kompromisse auszuhandeln (Marchart 2019: 26). Aus dem radikalen Antagonismus, der Gegnerschaft, wird ein Agonismus, ein Wettstreit um Ideen und Konzepte. Für Marchart bietet das, was er »conflictual aesthetics« nennt (ebd. 28), die Möglichkeit durch Akte der Desublimation an dem grundlegenden Konflikt, den der Agonismus entschärft, dadurch aber auch entstellt, festzuhalten. Politische oder aktivistische Kunst, wofür sich der Begriff *artivism* eingeprägt hat, stellt für ihn nun gerade kein Durchspielen von zukünftigen und in der Regel dystopischen Szenarien dar (ebd.: 176). Vor dem Hintergrund dieser Argumentation wären unsere Beispiele von The Agency oder Gob Squad, obwohl sie die Theatersituation produktiv machen und Handeln thematisieren, dezidiert *kein* politisches Theater. Sie agieren, wie Tobi Müller in seinem Essay herausgestellt hat (vgl. Kapitel 5.3), rein *affirmativ*, weil in ihren Arbeiten eben kein Konflikt ausgetragen oder angedeutet wird.[47] Für Marchart ist nur jene Kunst politisch, die sich die Möglichkeitsbedingungen von Politik zu eigen macht, d.h. die genauso agiert wie Politik, *ohne bereits Politik zu sein.*

Marchart hebt fünf Merkmale hervor, die aktivistische Politik auszeichnen: Sie basiert auf einem Konflikt, der nur gemeinsam mit anderen ausgetragen werden kann. Dieses handelnde Kollektiv muss zudem organisiert sein und Strategien entwickeln, um die eigenen Interessen auch gegen Widersacher durchsetzen zu können. Aktivistische Politik interveniert im öffentlichen Raum und blockiert dadurch Wege und Passagen, die die Zirkulation von Körpern behindern, umleiten oder unterbrechen (ebd.: 178–180). Marchart hält ebenso wie Christoph Menke an der Unterscheidung zwischen Leben und Kunst, Ethik und Ästhetik fest. Für ihn sind Kunstaktionen im öffentlichen Raum wie jene der israelischen Gruppe Public Movement[48] nach wie vor Kunstaktionen und daher, wie er schreibt, »noch nicht oder noch nicht richtig« politisch (ebd.: 177). Sie verharren noch im Bereich der Kunst. Sie können aber prinzipiell die Schwelle zum Feld der eigentlichen Politik übertreten, weil bereits die Blockade einer Straße und das Tanzen eines Gruppentanzes die Möglichkeitsbedingungen aktivistischer Politik (kollektiv, organisiert, strategisch und intervenierend) beherzigten. Der Übertritt wird dann möglich, wenn ein gesellschaftlicher Konflikt – in Marcharts Beispiel die Proteste der Bevölkerung in Tel Aviv 2011 – auftritt, an den sich die Kunstaktion als Protestform aufgrund ihrer strukturellen Isomorphie mit dem politischen Ereignis anschließen kann.

Aus diesem Gedanken leitet Marchart für die politische Kunst die Folgerung ab, dass sie funktionieren soll wie ein »pre-enactment«. Politische Kunst nimmt einen Konflikt vorweg, von dem man nicht weiß, ob er eintritt oder nicht. »I propose to use pre-enactment as a term for the artistic anticipation of a political event to come.« (ebd. 177) Pre-enactments agieren das Politische in einer abgeschwächten, d.h. künstlerischen Form aus, ohne jedoch wissen zu können, ob sich das politische Moment in der Zukunft tatsächlich einstellt. Tritt es ein wie für Public Movement 2011 in Tel Aviv, geht auch die Ästhetik über ins Feld der Ethik und wird zur Lebenskunst.[49] Mit Marcharts Definition des pre-enactments erhält Hans-Thies Lehmanns Kategorie der Zukünftigkeit von Theater als Möglichkeitsraum (vgl. Kapitel 5.2) eine dezidiert politische Dimension. Hier wird nicht irgendetwas durchgespielt, sondern im Theater wird eine Gesellschaft vorweggenommen, die nur im theatralen Vollzug im Hier und Jetzt existiert und damit zugleich auch nicht existiert. Das Erspielen der Zukunft, von der Tobi Müller spricht (vgl. Kapitel 5.3), ahmt streng genommen keine prä-existierende Wirklichkeit nach, sondern es präfiguriert Zukunft als, wie es Brecht nennt, »Vorahmung«, als Vorwegnahme von etwas, von dem man noch gar nicht wissen kann, wie es aussehen wird oder ob es eintritt. »There is nothing to be postponed«, schreibt Marchart. »If you wish for a democratic society, your present actions have to prefigure the democratic structure and procedures of this society.« (ebd.: 185) Eine konflikthafte Ästhetik ist demnach ein *strategisches* Handeln, das eine Art Zeitschleife, ein »time loop« (ebd.), zwischen Gegenwart und Zukunft herstellt, um eine andere Gesellschaft denken zu können oder, wie es Milo Rau formuliert, die Zukunft zurückzuerobern (Rau 2020).[50]

Inmitten all der zahlreichen aktivistischen Kunstformen, von denen die spektakulären Aktionen des »Zentrums für politische Schönheit« regelmäßig medienwirksam Schlagzeilen machen,[51] erfreut sich eine Form von Theater besonderer Beliebtheit: die Versammlung. Theatermacher*innen laden zu alternativen Parlamenten, zu Gipfeltreffen und Weltklimakonferenzen, zu Gerichtsverhandlungen oder, wie Milo Rau, sogar zu einer Generalversammlung ein. Wie die Produktion von Rimini Protokoll *Deutschland 2* deutlich gemacht hat, ist solchen Veranstaltungen selbst eine theatrale Dimension eigen. Doch viel mehr als die Selbstreflexion des Theaters steht hier dessen Charakter als öffentliches und kollektives Medium im Zentrum des Interesses. Denn es geht gerade darum, im Sinne Marcharts (zukünftige) Konfliktlinien aufzuzeigen oder gar zu erfinden, um andere Formen der Öffentlichkeit und der Demokratie durchzuspielen und zu erproben. Der Kurator und Autor Florian Malzacher betont daher in seiner Betrachtung zum politischen Theater heute mit einem kritischen Blick auf Jacques Rancières emanzipierten Zuschauer auch die kollektive Rezeptionsweise im Theater.

»Es war ein wichtiger Impuls, ZuschauerInnen auf diese Weise mit ihren eigenen Erfahrungen als Ko-Autorinnen ernst zu nehmen, aber er hatte auch einen signifikanten Nebeneffekt. Das Publikum wurde weniger als mögliches Kollektiv denn als eine Zusammenkunft von Individuen gesehen.« (Malzacher 2020: 37)

Theaterformen, die den individuellen Rezipienten ansprechen, erzeugten ein Subjekt, das dem neoliberalen Subjekt ähnele, »das seine Individualität vor allem im aktiven Konsum sucht« (ebd.). Gesellschaftlich relevant und damit immer auch politisch wird Theater nur dann, wenn es die Teilnehmer aktiv als Gruppe, als mögliches Kollektiv anspricht und mit dieser Gruppensituation, die das Theater als Ort der Versammlung anbietet, arbeitet. Nun wird sich auch jede*r Zuschauer*in, die als Mitglied eines »möglichen Kollektivs« und in diesem Sinne als Vertreter*in einer (Gegen-)Öffentlichkeit adressiert wird, nach wie vor auf individuelle Weise zu den Themen der Versammlungen positionieren. Ob die Zuschauenden zu Konsumenten gemacht werden, hängt außerdem weniger von der individuellen Rezeptionssituation ab als von der Art und Weise der Inszenierung. Trotzdem wird in Projekten, die Theater als Ort der Versammlung begreifen, die Live-Situation des Theaters zur herausgehobenen Möglichkeit, gesellschaftlichen Dissens auszutragen (ebd.: 125).

Als Beispiel stellt Malzacher die Arbeit des Holländers Jonas Staal vor, der seit 2012 in seiner Serie *New World Summit* als Künstler Kongresse organsiert, zu denen er Vertreter von internationalen Organisationen oder Gruppen einlädt, die aus dem politischen Diskurs herausfallen, weil sie in ihren jeweiligen Herkunftsländern offiziell als Terroristen gelten (ebd.: 119–122). »Der New World Summit ist eine künstlerische und politische Organisation, die Parlamente mit und für staatenlose Staaten, autonome Gruppen und verbotene politische Organisationen entwickelt.«[52] (Homepage Jonas Staal) Für die erste Ausgabe, die am 4. und 5. Mai 2012 in den Berliner Sophiensälen stattfand, waren u.a. Vertreter*innen der Kurdischen Frauenbewegung, der Baskischen Unabhängigkeitsbewegung, der nationalen Befreiungsfront von Azawad und der Nationalen Demokratischen Bewegung der Philippinen eingeladen (ebd.). Staal konfrontiert zum einen die Vertreter der Organisationen miteinander und zum anderen konfrontiert er deren Anliegen mit den unterschiedlichen Haltungen und Meinungen der Zuschauer, die den Forderungen der Organisationen mit unterschiedlicher Sympathie begegnen. Mitunter mit politischen Forderungen und Praktiken konfrontiert, die gerade in einer sich als liberal gebenden westlichen Öffentlichkeit auf Ablehnung stoßen, provoziert Staal affektive wie intellektuelle Widerstände oder ungeahnte Sympathien, die ein Nachdenken auslösen sollen. Wie kommen wir zusammen, und unter welchen Voraussetzungen kann es eine Verständigung überhaupt geben? Wo liegen die Grenzen unserer Meinungsfreiheit, die, so Staal, letztlich auch die Demokratie begrenzen?

Zielen Staals alternative Versammlungen auf einen offenen Aushandlungsprozess, der außerhalb des künstlerischen Rahmens so nicht möglich wäre, tritt der Inszenierungscharakter bei Raus Arbeiten stärker in den Vordergrund.[53] Unter einem anderen Aspekt können Gipfeltreffen wie die *Welt-Klimakonferenz* von Rimini Protokoll (UA 2014) betrachtet werden. Auch wenn dort zum Abschluss der Veranstaltung die Vertreter einzelner Staaten alternative Klimaziele formulieren konnten, lag der Fokus in den vorangegangenen Stunden auf dem Expertengespräch und damit auf dem Versuch, den Delegierten von 196 Staaten die komplexe Materie von verschiedenen Seiten näherzubringen und in ihrer Widersprüchlichkeit einsehbar zu machen, um ggf. einzelne politische Entscheidungen besser verstehen und sich dafür oder dagegen positionieren zu können.[54] Versammlungen als und im Theater haben immer auch das Ziel, Wissen zu generieren und zu zirkulieren. Theater als Versammlung entwirft mithin neue Institutionen, um andere gesellschaftspolitische Agenden zu verhandeln. Oder es entwendet bereits bestehende Formen und deutet deren Möglichkeiten und Handlungsspielräume um. Theater als Versammlung erspielt Handlungsoptionen, von denen man, wie Oliver Marchart schreibt, eben noch nicht wissen kann, ob sie einmal politisch werden oder nicht. Offensichtlich ist hier, dass die responsiv-sinnliche Dimension über ein alltägliches Maß hinaus in den Versammlungen kaum zum Tragen kommt, während die Reflexivität auf ethische und politische Fragen in den Vordergrund rückt. Der Widerstreit scheint in der Form des Theaters zugunsten eines ethischen Handelns entschieden zu sein. Indem Theater als Versammlung die inhaltliche Dimension der Vermittlung von alternativen oder politisch nicht anerkannten Positionen zum Thema macht, tritt die poetische Funktion der Adressierung an einen Anderen (Kapitel 5.2, 7.3) nahezu ganz in den Hintergrund. Der ausgetragene Streit ist ein inhaltlicher Streit und keiner, der im Inneren des Sprechens selbst ausgetragen würde.

6.4 Gender Performance

Zielt die Theatersituation darauf ab, gängige Repräsentationsmuster zu durchbrechen, wird in ihr auch die Frage nach der Darstellung der Geschlechter und der Anerkennung geschlechtlicher Diversität virulent. Gender Performances sind im Zusammenhang mit der feministischen Bewegung Ende der 1960er und der 1970er Jahre im Bereich der bildenden Kunst und deren Wende hin zur Performance verstärkt aufgetreten. Jenny Schrödl definiert Gender Performance wie folgt:

»›Mit Gender Performances werden ganz allgemein Inszenierungen von Männlichkeit und/oder Weiblichkeit bezeichnet‹ [...] und grundsätzlich die Konstruiertheit von Geschlechtlichkeit betont. Der Terminus der Performance verweist sowohl auf kulturelle, soziale, alltägliche Bereiche (im Sinne der *cultural performances*) als auch auf künstlerische Bereiche (im Sinne der *performance art*) – das heißt also, Gender ist nicht nur eine Performance im Rahmen eines künstlerischen oder ästhetischen Kontexts, sondern jeder alltägliche Vollzug von Geschlechtlichkeit ist als Performance zu verstehen.« (Schrödl 2014: 34)

In Gender Performances, wie sie hier verstanden werden sollen, geht es also nicht in erster Linie um eine identitätspolitisch korrekte Repräsentation von Geschlechtlichkeit (gender), sondern darum, das Konzept von Identität selbst zu befragen und infrage zu stellen. Um der Anmaßung zu entgehen, Erfahrungen der »Anderen« nachzuvollziehen, sie sich anzueignen und zu repräsentieren, haben sich Theatermacher und -gruppen, die seit Anfang der 1990er Jahre aus dem Umfeld des Gießener Instituts für Angewandte Theaterwissenschaft hervorgegangen sind, verstärkt mit Problemen der Repräsentation auseinandergesetzt. René Pollesch bringt das Problem wie folgt auf den Punkt: »Das Repräsentationstheater behauptet eine Universalität. Es tut so, als würde es für alle sprechen, blendet aber das aus, was nicht weiß, männlich und heterosexuell ist. Andere Perspektiven werden nicht berücksichtigt. Sie müssen sich der universellen unterordnen.« (Mackert et al. 2011: 45) Gruppen wie She She Pop haben davon ausgehend die Entscheidung getroffen, selbst als Performerinnen aufzutreten und zunächst ihre eigenen Probleme als Ausgangspunkt für eine theatrale Umsetzung zu verhandeln (vgl. Kapitel 5.1). Damit sollte nun aber keine authentische Selbstdarstellung erzielt werden, sondern Einsicht in die Konstruiertheit von Subjekten und deren Identitäten gewährt werden. Nicht die Behauptung einer selbstidentischen, möglichst starken Weiblichkeit steht dabei im Vordergrund, sondern die Fragmentierung und Pluralisierung weiblicher Rollenmuster und Identitäten, die sich zwischen geborgten Gesten, zitierten Posen und Bildern aus Werbung und Popkultur, zwischen normierten Verhaltensmustern, gesellschaftlichen und sprachlichen Zuschreibungen und dem strategischen Umgang damit auf der Bühne als hergestellte und aufgeführte, performte Weiblichkeit zeigte.

Weil das Theater immer mit Verdoppelungseffekten und Spaltungen, seiner Theatralität, spielt, »liefert das Schauspiel in besonderem Maße Einsicht in die Heteronomie des Subjekts« (Matzke 2005: 12). Um diese Heteronomie zu beschreiben, sind für Annemarie Matzke theaterwissenschaftliche Kategorien wie Figur und Rolle unzulänglich, gehen sie doch nach wie vor von einem abgeschlossenen, zentrierten Subjekt aus, das durch eine*n Schauspieler*in adäquat repräsentiert werden kann. Lange Zeit galt die Formel »A verkörpert X, während S zuschaut« (Fischer-Lichte 1983: 199) als basale Definition von Theater. Doch wie genau A, die Person des Schauspielers, sich zu X, der Rolle, in Beziehung setzt und was mit »verkörpern« gemeint ist, ließ auch schon im Feld des dramatischen Theaters einen gewissen Interpretationsspielraum zu. In zahlreichen Gender Performances geht es darum, dass A und X gar nicht mehr klar voneinander zu trennen sind, sondern Teile des ›Selbst‹ zum Einsatz des Spiels werden, das ›Selbst‹ mithin gar als Spiel erscheint. Die Zuschauer*innen schauen dem Spiel mit Versatzstücken zu, aus denen sich eine mögliche Identität zusammensetzt oder auch nicht. Wenn Julia*n Meding sich in der *Hamlet*-Performance von Boris Nikitin mit leichtem tänzelnden Schritt an die Rampe vorwagt, um dort den Zuschauern sofort sein Wissen um Subjekt- und Theatertheorien entgegenzuschleudern, thematisiert Meding damit seine »authentische Inauthentizität« (Liebl 2014: 141–143) als conditio sine qua non zeitgenössischer Subjektivität.[55] Meding inszeniert und zeigt sich als queere und gepixelte Identität, deren Konturen sich auflösen und neu konfigurieren. Auf der anderen Seite erscheint diese Suche nach dem, was ihn oder sie als Meding ausmacht, immer auch als Notlage, als verzweifelter Versuch, sich selbst anzueignen im Wissen, dass dies inmitten von *found-footage*-Filmen und musikalischen Versatzstücken schwierig zu bewerkstelligen ist. Mit einer Mischung aus Arroganz und Verletzlichkeit, überheblicher Cleverness und sentimentaler Weinerlichkeit und einer immensen Verunsicherung ist Medings Figur in der Tat so etwas wie ein zeitgenössischer Hamlet. Obwohl kein Satz aus Shakespeares Stück fällt, präsentiert dieser Hamlet ein Ich zwischen Sein oder Nicht-Sein, das auch seine Gender-Identität als stets im Übergang begriffen versteht. Mit geschorenem Kopf und abrasierten Augenbrauen erscheint der Körper geschlechtlich nahezu unmarkiert. Weder männlich noch weiblich, tendiert er je nach Kontext und Haltung mal in die eine, mal in die andere Richtung. Dabei wirkt er weniger androgyn und begehrenswert, sondern vielmehr fremd und unheimlich, weil er sich in seinem Auftreten unserer binären Logik der Geschlechter entzieht.

Dass der biologische Körper keine letztgültige Referenz für die Geschlechtsidentität mehr ist, daran lassen auch She She Pop in ihrer Produktion *50 Grades of Shame* keinen Zweifel (UA 2016). In einem »Bilderreigen«, inspiriert von Frank Wedekinds Drama *Frühlings Erwachen* und dem erotischen Weltbestseller von E.J.

James *50 Shades of Grey*, verschmelzen die Körper der Darsteller*innen zu geschlechtlich hybriden Wesen. Durch Kameras live und aus verschiedenen Perspektiven aufgenommen, werden die Körper schließlich fragmentiert und die einzelnen Teile durch Bildmontagen zu neuartigen Wesen zusammengefügt, die im Bühnenraum auf Leinwände oder Tafeln projiziert werden. Auf diese Art verbinden sich männliche und weibliche Geschlechtsmerkmale zu einem monströs anmutenden Körper, der mit den Formen der menschlichen Anatomie spielt. Die Tänzerin und Choreografin Eszter Salamon lässt in ihrem fast schon ikonisch gewordenen Stück *Reproduction* (UA 2004) neun Performer*innen als Drag Kings auf einer erhöhten Plattform auftreten, um die das Publikum wie um einen Tisch herum sitzt. In dem Table Dance, der sich ganz dicht vor unseren Augen entfaltet, gerät das, was wir als männlich oder weiblich wahrnehmen, immer mehr ins Rutschen. Denn Salamon kombiniert weiblich konnotierte Frisuren, Kleidung und Schmuck mit männlich konnotierten Bärten, Körperhaltungen und Bewegungen und umgekehrt. So ist bei den sich umarmenden und streichelnden Figuren auf dem Tisch nie klar, ob es sich um gemischtgeschlechtliche oder um Männer- oder Frauenpaare handelt. Miriam Dreysse beschreibt die Wirkung der Performance wie folgt:

»Man wird auf das eigene Denken in binären Kategorien zurückgeworfen, erfährt die Macht dieses binären Modells für die eigene Wahrnehmung und Welterfahrung und scheitert beständig in dem Bestreben, eindeutige Zuschreibungen zu machen. Geschlechtsidentität wird als Effekt von Zeichenprozessen inszeniert, an denen das wahrnehmende Subjekt beteiligt ist, zugleich wird jede fixierbare Identität als solche verunsichert.« (Dreysse 2008: 43)

In jüngeren Gender Performances steht eine differenzierte Wahrnehmung von geschlechtlich kodierten Attributen und der ihnen zugrunde liegenden Normen und Vorannahmen nicht mehr zwingend im Vordergrund. In Daniel Cremers Stück *Das Wunder der Liebe* (UA 2019) erscheint das Überschreiten der Geschlechtergrenzen als eine ganz selbstverständliche Sache. Einen Rollkoffer hinter sich herziehend, stürmt der Autor, Regisseur und Performer die Bühne. Er klappt den Koffer auf und heraus fallen alle möglichen Haarteile, Schuhe und Kleidungsstücke. Eben noch liegt er mit seinem männlichen Bart und einer langen blonden Perücke im schwarzen Minikleid auf dem Boden, schon gewährt er uns einen Blick auf seinen nur mit einer Unterhose bekleideten männlichen Körper. Cremers souveränes Spiel mit den Zeichen der Geschlechtsidentitäten hat eine Selbstverständlichkeit erlangt, die im Geschlecht gar keine problematische Kategorie mehr sieht. Vielmehr geht er durch diverse Identitätszuschreibungen hindurch, er *queert* sie im ständigen Wechsel, ohne diesem Wechsel eine besondere Bedeutung beizumessen. In seiner Queer Performance zählen nicht mehr das Geschlecht und das an dessen Attribute gebundene Begehren, weshalb die Show auch alles andere als erotisch oder unheimlich wirkt. In einer Mischung aus unterschiedlichen Formaten zwischen Stand-up-Comedy, Cabaret und Sex-Education-Programmen leitet er das Publikum an, sich zu begegnen und das »Wunder der Liebe« als positive Kraft und als Abendunterhaltung zu entdecken. Die Theatersituation, an der wir alle teilhaben, stellt sich auf diese Weise als eine Art ironisches Heilungsritual dar, bei dem die Zuschauer*innen unter anderem dazu aufgefordert werden, in jene Stelle des Körpers zu atmen, an der sie das Patriarchat am stärksten spüren. Die Hände zur Schale geformt, atmen oder spucken wir das Patriachat dort hinein und reichen die Schalen anschließend an unsere Sitznachbar*innen weiter, bevor sie am Ende der Stuhlreihen von Cremer eingesammelt werden und er das gesammelte Patriarchat aus dem offenen Fenster bläst.

Im klassischen Ballett, wie es sich seit Ende des 18. Jahrhunderts herausgebildet hat, sind geschlechterspezifische Normen bereits in die Sprache des Tanzes selbst eingeflossen. Ballett basiert auf einem Kode, dessen einzelne Elemente wie Schritte oder Figuren Tänzerinnen oder Tänzern vorbehalten sind. Während die Männer die Ballerinen stützen, führen und in oft spektakulären Hebungen in die Luft stemmen, bleibt den Frauen das Geführtwerden sowie der Tanz auf Spitze, der dem Ideal einer körperlosen, ätherischen Weiblichkeit Vorschub leistet. Bereits mit der Zuordnung der Schritte werden Ideale von Weiblichkeit und Männlichkeit inszeniert, die im Bereich des klassischen Tanzes bis weit ins 20. Jahrhundert hinein Gültigkeit behalten sollten.[56] Für ihre Produktion *Tanz* (UA 2019) eignet sich die österreichische Tänzerin und Choreografin Florentina Holzinger das romantische Ballett an und stellt dabei das Ideal der schwerelosen Ballerina vom Kopf auf die Füße. Denn bereits in die romantischen Vorlagen wie *Les Sylphides* (UA 1832) oder *Giselle* (UA 1841) ist eine Ambivalenz eingeschrieben, die die zerbrechlichen, dem Tode geweihten Frauen zugleich auch als starke, männermordende Horde kennzeichnet. In einer Art Männerfantasie jagt das Heer der untoten Frauen in *Giselle*, die Wilis, im zweiten Akt den Mann, Albrecht, durch die Nacht und hetzt ihn schließlich zu Tode. Holzinger setzt auf diese Stärke der Frauen.

Die zehn nackten Tänzerinnen und Body-Artistinnen eignen sich in *Tanz* den männlichen Blick an und drehen ihn selbstbewusst um. Sie versuchen erst gar nicht, den voyeuristischen Blick auf den weiblichen Körper zu umgehen. Bereitwillig bieten sie sich den Blicken dar, während eine Live-Kamera ihre Posen und Körperteile abfilmt und auf Flachbildschirme überträgt, wobei die von einer Tänzerin selbst geführte Kamera vor keiner Körperöffnung haltmacht. Wie in Cremers *Das Wunder der Liebe* stellen sich Geschlechterrollen auch in Florentina Holzingers Tanz nicht als Problem dar, sondern als lustvolle Aneignung von Praktiken, Bildern und Klischees, die selbstbestimmt und selbstbewusst ins Publikum zurückgespielt werden (vgl. Siegmund 2020). Die Theatersituation bietet auch hier auf affirmative Weise den Raum für ein anderes Verhalten, für das Durchspielen alternativer Handlungsoptionen im Umgang mit den Geschlechternormen. Gleichzeitig erzeugt sie einen Raum für die Anerkennung veränderter Geschlechterrollen und geschlechtlicher Diversität.

Mit dem Fokus auf dem Körper, der mal als Zeuge, mal selbst als Dokument für bestimmte Erfahrungen wie zum Beispiel jene im Umgang mit Geschlechtsidentitäten aufgerufen wird, soll an dieser Stelle zum nächsten Kapitel übergeleitet werden, das sich mit dem Tanz beschäftigt. Bisher wurden auch in den Beispielen für einzelne Funktionen und Typen von Theatersituationen Tanz und Theater weitgehend gleich behandelt. Das zeitgenössische Theater wie der zeitgenössische Tanz stellen Situationen her, in denen das Verhältnis von Spiel und Handlung, Ästhetik und Ethik erprobt wird. Dennoch gibt es Unterschiede, die sich sowohl aus der spezifischen Verfasstheit als auch aus der historischen Entwicklung des Genres Tanz ergeben. Sind der Köper und dessen Bewegungsqualitäten das Material von Tanz und Choreografie, bedarf es einer genaueren Definition dieses Körpers sowie seiner Leistungen. Weil der Tanz immer schon ein primär körperliches Phänomen ist, sind die Einsätze in Bezug auf den tanzenden Körper für zeitgenössische Tanzperformances andere als für zeitgenössische Theaterperformances. Daraus leiten sich im Anschluss drei leicht verschobene Funktionen der Theatersituation für den Bereich des Tanzes ab: ein erweiterter Choreografiebegriff, eine veränderte Kommunikation mit dem Publikum und schließlich ein besonderes Interesse am Herstellen von Relationalität zwischen Körpern, Objekten und anderen Akteuren.

7. Das Darstellungsproblem und der Tanz

Dieses Kapitel widmet sich den Verbindungen zwischen Theater und Tanz, wie sie sich in der Theater- und Tanzmoderne abzeichnen: Entdeckt die Theater-Avantgarde die Grundlagen ihrer Kunst im Tanz, theatralisiert sich im Gegenzug der moderne Tanz in der körperlichen Gebärde als Ausdruck und Wahrheit menschlicher Erfahrung. Die amerikanische Tanzwissenschaftlerin Kate Elswit beschreibt die trennende Verbindung von Tanz und Theater daher wie folgt: »Heightened theatricality and embodiment tend to mark some of the most familiar moments and ways in which we are accustomed to picturing intersections of theatre and dance.« (Elswit 2018: 10) Wie wir gesehen haben, lag das Darstellungsproblem des dramatischen Theaters darin, dass es seine eigene Praxis, den realen Vollzug des Zusammenkommens, das Spielen und Zuschauen als Möglichkeitsbedingung von Theater, nicht in die Darstellung, verstanden als Nachahmung von Handlung, mit einbeziehen konnte. Ebendies geschieht im postdramatischen Theater (vgl. Kapitel 5.1). Demgegenüber versteht sich der moderne Tanz immer schon als ethische Handlung, die auf körperliche Weise auf die Zuschauer*innen verändernd einwirkt. Deshalb ist das Zusammenkommen von Tänzer*innen und Zuschauer*innen im emphatischen Sinn bereits Teil der Aufführung. Im Gegensatz zum Handlungsballett, gegen das sich der moderne Tanz absetzen möchte, ahmt er keine Handlung nach, sondern er ist bereits Handlung, weil er die Prinzipien des Lebens selbst gestaltet. Was sich im zeitgenössischen Tanz aber auf vielfältige Weise vollzieht, ist eine Spaltung der Bühnendynamik von innen heraus, indem sich die tanzenden Körper als sprachlich informierte kulturelle Körper begreifen und sich damit in gewisser Weise »dramatisieren«. Der zeitgenössische Tanz trennt mithin den Körper von sich und verschiebt den physiologischen gegen den diskursiv produzierten Körper. Er eröffnet damit einen Raum, der auf vielfältige Weise choreografisch gestaltet werden kann. In der Folge weitet sich der Choreografiebegriff erheblich aus. Er dient nicht mehr allein der Sichtbarmachung und Gestaltung von körperlicher Bewegung, sondern Choreografie etabliert eine Situation zwischen heterogenen Elementen, von denen der menschliche Körper nur eines ist (vgl. Kapitel 8). Von dieser im Vergleich zum Theater veränderten Ausgangslage leiten sich Unterschiede in Hinblick auf unseren Leitbegriff der Theatersituation ab, die es im Anschluss zu entwickeln gilt. Hierfür steht der Dichter und Theatermacher Antonin Artaud Pate, dessen Vorstellung des Körpers wichtige Impulse für das Verständnis der zeitgenössischen Tanzperformance liefern kann.

7.1 Verkörpertes Theater

In den Bemühungen, die Veränderungen in der theatralen Kommunikation um die Wende zum 20. Jahrhundert zu beschreiben, rückt der Tanz für die Theaterreformer ins Zentrum ihrer Überlegungen. Die Verbindung von Tanz und Theater ist daher keineswegs neu, sondern wurde schon zu Beginn des 20. Jahrhunderts im Zusammenhang mit der Aufwertung der Zuschauerposition immer wieder hergestellt. Warum jedoch wird der Tanz für Theatermacher plötzlich so interessant? »Das ›Kunstwerk‹ an und für sich hat keinen anderen Wert als den der Materie, aus der es besteht«, schreibt der Münchner Literat, Kunstkritiker und Theaterreformer Georg Fuchs 1909 in seinem Buch *Die Revolution des Theaters*.

> »Der ›Wert‹ ist also nicht im ›Kunstwerk‹. Er wird erst geschaffen, wenn ein Mensch zu dem ›Kunstwerk‹ in Wechselbeziehung tritt, wenn es einem Menschen zum ›Erlebnis‹ wird. Diese Wechselbeziehung löst in dem betreffenden Menschen eine rhythmische Bewegung aus – und diese Bewegung ist der einzige reale ›Kunstwert‹, den es gibt.« (Fuchs 1909: 58)

Und weiter heißt es: »Das Kunstwerk, die ›Kunst‹, das Schöne ist nicht Objekt und nicht Subjekt, sondern ist Bewegung, ist eine Bewegung, die aus der Berührung und Durchdringung des ›Subjekts‹ mit dem ›Objekte‹ entspringt.« (ebd.: 59) Auch Edward Gordon Craig, der britische Theaterregisseur, der wie Fuchs wesentliche Impulse für seinen Theaterentwurf von einer Tänzerin erhielt – in Craigs Fall war es die Pionierin des freien Tanzes Isadora Duncan, im Fall Fuchs war es die Münchner Hypnosetänzerin Madeleine Guipet –, leitet das Theater aus dem Tanz ab. »Das Theater in allen Ländern, im Osten und Westen, hat sich aus der Bewegung, aus der Bewegung des menschlichen Körpers entwickelt« (Craig 1969: 46), schreibt Craig, um später die Geburt des Theaters aus dem Geiste des Tanzes zu präzisieren: »Die Kunst des Theaters ist entstanden aus Bewegung: Gebärde und Tanz.« (ebd.: 102) »Die dramatische Kunst ist«, so Fuchs seinerseits, »ihrem Wesen nach Tanz, d.h. rhythmische Bewegung des menschlichen Körpers im Raum, ausgeübt in dem schöpferischen Drang nach einem in sich harmonischen Erleben des Weltgeschehens.« (Fuchs 1909: 56) Deshalb, noch einmal Fuchs, ist »Drama [...] möglich ohne Wort und ohne Ton, ohne

Szene und ohne Gewand, rein als rhythmische Bewegung des menschlichen Körpers« (ebd:. 65).

Ausgangspunkt für die Grundlegung des Theaters im Tanz durch die Theateravantgarde war Richard Wagners Konzept eines Gesamtkunstwerks, das als »Bündnis aller Künste«, wie Wsewolod Meyerhold schreibt (Meyerhold 1976: 142), eine umfassende Reform der Theatermittel und, damit einhergehend, der Inszenierung einleitete. Damit verband sich auch die Hoffnung, das Theater der griechischen Antike für die Moderne wiederzugewinnen, bei dem die Theatermacher davon ausgingen, dass es durch den Einsatz von Musik, Tanz und Sprache eine umfassende Art von Theater darstellte, das die Zuschauer auch körperlich affizierte. Das griechische Wort *mousiké* bedeutete ursprünglich weit mehr als nur die Tonkunst im engeren Sinne. Der Begriff beinhaltete im Prinzip alle Künste und so auch Rhetorik und Dichtung, Tanz- und Schauspielkunst. Stand das griechische Theater zwar am Ausgang des Ritus, d.h. es war kein Ritus mehr, sondern Theater, war es dennoch eingebunden in einen festlichen Rahmen, der die Teilnahme aller am Geschehen voraussetzte.

Meyerholds Konzept eines »stilisierten Theaters« geht von der Befreiung des Schauspielers von der Dekoration aus (Meyerhold 1976: 134). Dadurch schafft das stilisierte Theater einen dreidimensionalen Raum und gibt dem Schauspieler »die Möglichkeit natürlicher körperlicher Bewegung« (ebd.). Durch die Abschaffung der Rampe befindet sich die Bühne auf Augenhöhe mit dem Zuschauerraum. »Diktion und Bewegung der Schauspieler« seien auf dem Rhythmus aufgebaut mit dem Resultat, dass dessen Spiel »dem tänzerischen Element wieder näher« komme (ebd.). Meyerholds stilisiertes Theater zielt auf nichts Geringeres als auf »die Wiedergeburt des Tanzes« (ebd.). Die »Re-Theatralisierung des Theaters«, die Georg Fuchs 1904 in seiner Schrift *Die Schau-*

bühne der Zukunft paradigmatisch für die Moderne ausrief, suchte ihren Grund ebenso nicht mehr im gesprochenen Wort, das der Literatur angehört, sondern in Körper, Bewegung und Raum sowie der aus ihrem rhythmischen Zusammenspiel resultierenden Bewegtheit des Zuschauers. Theater und Tanz kommunizieren also auf gleiche oder zumindest ähnliche Weise mit dem Zuschauer. Sie transportieren geformte Energie, die den Zuschauer in Bewegung versetzt. Da er auf diese Weise selbst aktiv das Kunstwerk mit hervorbringt, entsteht für den Zuschauer eine Erfahrung.

»Der Tanz«, schreibt Meyerhold, »ist für unseren Körper das gleiche, was die Musik für unser Gefühl ist: eine künstlich geschaffene Form, die ohne die Hilfe der Erkenntnis auskommt.« (ebd.: 141) Der »skulpturhafte körperliche Ausdruck« (ebd.: 135), der auf inneren, körperlichen Impulsen basiert, bringt Gefühle zum Ausdruck, die sich in stilisierter Form als gestaltete zugleich darstellen. Ist die Musik Ausdruck der Seele in der Zeit, realisiert der Tanz den seelischen Ausdruck stärker noch im Raum. Die Fundierung des modernen Theaters im Körper und im Tanz hat die Funktion, das Bühnengeschehen, und das bedeutet die Nachahmung der Handlung, an die der körperliche Ausdruck rückgebunden bleibt, zu beglaubigen. Im Gegensatz zur naturalistischen Nachahmung vermag die von Meyerhold geforderte stilisierte Bühne mit der entsprechenden Spielhaltung den Zuschauer*innen größere Freiräume der Imagination und den Schauspieler*innen eine andere Art der Kommunikation zu ermöglichen. Diese beruht darauf, dass dort die bewegte Körperlichkeit in Raum und Zeit in den Vordergrund gerückt wird. Nicht mehr die möglichst veristische Nachahmung von Handlungen macht Einfühlung möglich, sondern die körperliche Stilisierung formt das Gefühl selbst zur Gebärde und macht es anschaulich.

7.2 Theatraler Tanz

Die Verbindung von Tanz und Theater in der Moderne liegt zum einen im Körperlichwerden des Theaters, das den Körper des Schauspielers, dessen Bewegungen und Gesten als zentral für seine Theaterentwürfe entdeckt. Auf der anderen Seite wird der Tanz theatral, weil er nicht nur aufgrund eines körperlichen Vollzugs Gefühle hervorruft, sondern diese zu lesbaren Gebärden formt und darstellt. Modell für die Gesten der Tanz- und Theatermoderne war die antike Plastik, an der sich Tänzerinnen wie Isadora Duncan oder Tänzer wie Alexander Sacharow in ihren Tänzen orientierten, indem sie in den Musen deren ausdrucksstarke Körpersprache studierten. Gabriele Brandstetter hat darauf aufmerksam gemacht, dass sich gerade im Modell der Antike und der antiken Statue ein »kaum beachteter Zusammenhang zwischen Theater- und Tanz-Avantgarde« auffinden lässt (Brandstetter 1995: 90): Tanz und Theater der Moderne basieren auf ähnlichen Körpertechniken, die auf die innere Wahrheit der Gebärde abzielten. »Nicht die naturalistische Imitation von Affekten mithin, sondern die zur Pathosformel kondensierte Körperdarstellung menschlicher Erfahrung«, so Brandstetter, »komme sowohl im Schauspiel als auch im Tanz zur Gestaltung« (ebd.: 92). In der Stilisierung der Gebärde, die im damaligen Verständnis nicht nur eine einzelne Geste bezeichnet, sondern den ganzen Körper als zum Ausdruck geformten begreift, treffen sich Abstraktion und Konkretheit, Sehen und Fühlen, lesbares Symbol und affektive Intensität, Bewegung und zum Bild geronnener Stillstand, in dem für den deutsch-ungarischen Tänzer und Tanztheoretiker Rudolf von Laban immer noch Spannungen spürbar sind. Für Laban ist Tanz Ausdruck von Spannungsverhältnissen, die im Gemüt ihren Ursprung nehmen und sich körperlich materialisieren. Unter dem Stichwort »Tanz als Gebärde« schreibt Laban in seinem Buch *Die Welt des Tänzers*: »Der Weg zwischen zwei ausdrucksstarken Körperspannungen, die mit entsprechenden Gemütsbewegungen und Verstandesregungen gleichzeitig ablaufen und mit derselben eine untrennbare Einheit bilden, ist tänzerische Gebärde.« (Laban 1920: 19) Der Tänzer erkennt die allen Dingen zugrunde liegenden Spannungsverhältnisse und vermag diesen im Raum eine Richtung zu geben. »Das Verhältnis der Teilspannungen zueinander läßt also auf die der Gebärde innewohnenden Gemütsregungen und Verstandesvorstellungen schließen.« (ebd.: 23) Dieses »Schließen« meint nun keine interpretatorische Leistung der Zuschauer*innen, sondern eine gleichsam natürliche Art der Kommunikation, die ganz und gar körperlich ist und deren Erkenntnis sich spontan und unmittelbar einstellt.

> »Der gesehene Sturz versursacht in uns ein Schwindelgefühl, wie wenn wir selbst ohne Stütze durch den Raum rasen würden. Das Auge sieht die unsichtbare Schwerlinie, das Auge nimmt ihre Schwankungen auf. Der ganze Körper des Zuschauers bebt mit, ohne seine Stellung äußerlich wahrnehmbar zu verändern. Kleinste Teile in uns schwingen den gleichen Tanz, wie ihn der ganze Körper selbst stürzend schwingen würde.« (Laban 1920: 77)

Das »Mitschwingen« mit anderen dynamischen Zuständen ermöglicht eine permanente Resonanz zwischen den Körpern, die durch ein wellenartiges Pulsieren von Energie, die in Labans Verständnis den ganzen Kosmos durchströmt, miteinander verbunden sind (Ruprecht 2019: 74). Tanz ist in seiner vitalistischen Ausprägung deshalb immer schon Handlung, weil er die menschliche Trägheit durch Bewegung überwindet (Laban 1920: 16). Bewegung ist, so der amerikanische Tanzkritiker John Martin, die Grundlage des Lebens. Weil alles Leben Bewegung ist, ist der

Tanz, dessen Mittel die Bewegung ist, Ausdruck des Lebens und damit *Handlung*, die auf andere verändernd einwirkt (Martin 1965: 53). In dieser Kommunikation, in der das »menschliche Ganze zum Ganzen« redet, wie Gabriele Brandstetter Hugo von Hofmannsthal zitierend sagt, gewinnt die »symbolische, holistische Lesart der Pathosformel« (1995: 90) die Oberhand, die den ihr inhärenten Widerspruch zwischen kultureller Prägung und natürlichem Ausdruck in einem humanistischen Universalismus auflöst.[57]

Gabriele Brandstetters Vorschlag, die Tanzmoderne als »lecture corporelle«, als eine »körperliche Lektüre« tradierter und im kulturellen Gedächtnis deponierter Körperbilder und ihres affektiven Gehalts zu begreifen – ebendies meint der Begriff der von dem Kunsthistoriker Aby Warburg geprägte Begriff der Pathosformel –, ebnet aber auch den Weg für ein nicht-holistisches Verständnis der stilisierten Gebärden.

> »Dabei meint der adjektivische Begriff ›corporelle‹ hier sowohl den Gegenstand, also das Lesen von Körpern als Körperbilder und ihrer Raumkonfigurationen, als auch eine körperliche, die im Tanz selbst inszenierte Form der Lektüre bestimmter kultureller und künstlerischer Phänomene in Bild und Text.« (ebd.: 21)

Der Körper ist zugleich Gegenstand der Gefühlsartikulation und Praxis von deren Lektüre. Da die Gebärden immer wieder aktualisiert werden müssen, sind sie, wiewohl wiederkennbar als Formeln für Gefühle, aber nie identisch mit ihren vorherigen Ausprägungen. Sie werden gelesen und setzen sich dabei mit sich auseinander. Der Rekurs auf antike Körperbilder stellt damit eine Aktualisierung im jeweiligen zeitgenössischen Kontext dar; er wird zum körperlichen Kommentar auf die antiken Vorbilder, der in das Erinnerte stets eine Differenz zu anderen Aktualisierungen einträgt. Damit ist die Ausdrucksgebärde immer schon eine Aneignung von Bewegung, die einen kulturell-gesellschaftlichen *Gebrauch* im Hier und Jetzt darstellt. Weil sie körper- und kontextgebunden ist, ist sie zugleich immer auch das Scheitern der Aneignung, die das Angeeignete nie mit sich identisch werden lässt. Die Tanzgebärde lässt sich so als performativer Akt begreifen in dem Sinne, den die Philosophin Judith Butler ihm gegeben hat. Performative Akte stellen Wirklichkeit her. Jeder Akt basiert dabei auf einer Wiederholung oder einem Zitat vorangegangener Akte und deren Kontexten, die so die Spur des Vergangenen in die gegenwärtige Situation tragen. Da aus diesem Grund keine Wiederholung gleich sein kann, produziert sie unweigerlich Differenzen und Abweichungen der zitierten Normen und Werte, worin für Butler die Chance für Veränderungen und Neues liegt.

In ihren Überlegungen zu Gender-Identität unterscheidet Butler zwischen Performativität und Performance (Butler 1997: 321): Performativität bezeichnet ein umfassenderes Prinzip, das sich unweigerlich vollzieht, ohne dass Subjekte darauf Einfluss hätten. Die Wiederholung, Einübung und schließlich die Verkörperung von Werten und Normen geschehen gleichsam hinter dem Rücken eines jeden. Dagegen steht die Performance als eine bewusst und intentional ausgeführte »darstellerische Realisierung« (ebd.), die zum Beispiel in Drag-Performances darauf abzielen kann, heteronormative Gender-Identitäten infrage zu stellen und zu subvertieren (vgl. Kapitel 6.4). Butlers Verständnis von Performance als einem begrenzten inszenatorischen Akt kommt so dem nahe, was in der theaterwissenschaftlichen Diskussion als Theatralität bezeichnet wird. In der Plastizität des Körpers und den ausgestellten Posen zeigt sich die menschliche Erfahrung, und die Tänzer*innen zeigen in stilisierter Form, dem Brecht'schen Gestus gleich, dass sie zeigen. Einerseits ist der Körper Grund

und Material aller Aktionen. Andererseits zeigt er sich als transformierter, verwandelter Körper. Der Tanz führt uns durch seine Bewegungen gerade diese Transformation von Gebärde zu Gebärde ständig vor Augen. Das Lesen der Körper, das sich im zeitgenössischen Tanz als eine weitere Form der Kommunikation durchsetzt (vgl. Kapitel 8), ist damit selbst eine theatrale Inszenierungspraxis. Sie bringt den Körper als jeweils anderen immer wieder neu hervor und stellt ihn aus, ohne dass dieser sich in der jeweiligen Lektüre erschöpfen könnte. Damit ist dem Konzept ein gewisser Entzug eigen, der sich in der Irreduzibilität von Material auf Bedeutung artikuliert.

Die Gewichtung der beiden Elemente Verkörperung und einer auf performativen Akten basierenden Theatralität in einer Performance stellt sich jedoch für den Bereich des Tanzes anders dar als für den des Theaters. Diese Verschiebung hat Auswirkungen auf das, was in der Theatersituation geschieht. Liegt die Herausforderung im Falle des Theaters darin, die Dimension des realen Vollzugs und damit der Verkörperung gegenüber der Repräsentationsfunktion von Theater anzuerkennen und ins Spiel zu integrieren, begreift sich der Tanz seit der Moderne immer schon als universal verständliche, weil verkörperte *Handlung*. Aus der Perspektive des Tanzes liegt die Herausforderung an die Theatersituation daher darin, sich an seine Repräsentationsfunktion und damit an seine kulturelle Seite zu erinnern, die seine Bewegungen abhängig macht von Formen, Kontexten und den gesellschaftlichen Bedingungen, unter denen sie stattfinden. Erst auf dieser kulturellen und gesellschaftlichen Grundlage von Bewegung versuchen zeitgenössische Tanzkünstler*innen Handlungen im und als Spiel zu ermöglichen. Vereinfacht gesagt: In der Theatersituation setzt der Tanz seine verkörperte Abstraktion natürlicher Dynamiken aufs Spiel, das Theater seine entkörperlichte, rein geistige Bedeutungsdimension.

In seinem Klassiker *The Show Must Go On* (UA 2000/2001) hat Jérôme Bel den vermeintlich natürlichen Körper des modernen Tanzes mit seinem Ideal des dynamischen Bewegungsflusses einer ebenso kritischen wie humorvollen Revision unterzogen. Das Stück besteht aus 19 bekannten Popsongs, die ein DJ abspielt, der vor der Rampe zwischen Bühne und Zuschauerraum hinter einem CD-Spieler sitzt. Die Texte der Lieder spannen einen lockeren narrativen Bogen von der Erwartung, die mit einem Theaterbesuch verbunden ist, bis hin zum Applaus nach der Vorstellung, zu dem sich alle Darsteller*innen wieder an der Rampe aufrichten. Das Stück spielt mit dem Mythos der Schöpfung. Im Theater werden Welten erzeugt, die aus dem Dunkel der Bühne heraus entstehen, nur um am Ende der Vorstellung wieder zu verschwinden, bevor am nächsten Tag der Vorhang erneut hochgeht und die Show wieder von vorne anfängt. Die Vorstellung selbst, die, so der Titel des Stücks, immer weitergeht, besteht aus einer Abfolge von Bildern, die die Tänzer*innen erschaffen, indem sie genau das ausführen, was die Refrains der Popsongs sagen. Zu *Come Together* von den Beatles versammeln sie sich alle zu einem Halbkreis auf der leeren Bühne. Zu David Bowies *Let's Dance* fangen sie an zu tanzen. Zur passenden Musik wird der populäre Macarena-Tanz getanzt, und zu *My Heart Will Go On* aus dem Film *Titanic* lassen die Männer ihre Partnerinnen mit weit ausgetreckten Armen nach vorne überfallen, wie es Leonardo di Caprio und Kate Winslet im Film einem Millionenpublikum vorgemacht haben. Die Bewegungen der Tänzer*innen sind also weder originell noch besonders schwierig auszuführen. Jérôme Bel hat sie auch nicht erfunden, um dem Publikum damit etwas Neues darzubieten. Seine Choreografie artikuliert auch kein rhythmisch-dynamisches Spannungsverhältnis, das Rudolf von Laban als zentral für den Tanz angesehen hatte, sondern reiht in einer absolut gleichförmigen Art und Weise seriell Bild an Bild, Szene an Szene. Alle Bewegungen sind als kulturelle Zitate ausgewiesen, die performativ auf der Bühne wiederholt und theatral ausgestellt werden. Um den Diskurs der Tanzmoderne aufzugreifen, kann man sie auch als stilisierte Gebärden verstehen, wobei das, was sie stilisieren, nicht in erster Linie Gefühle sind, sondern die kulturellen Muster, die sie hervorbringen, stützen und wiedererkennbar machen. Die Körper auf der Bühne erscheinen als kulturell geprägte Körper, was hier so viel bedeutet wie: Sie sind von der *Sprache*, den Texten der Popsongs, abhängig, die sie hervorbringen. Ihr Tanz öffnet sich auf zahlreiche kulturelle Kontexte und Situationen, die die Tänzer*innen mit dem Publikum teilen. Dennoch beharrt das Stück auf der Trennung von Publikum und Bühne. Es verweist die Zuschauer*innen auf ihre Rolle als Zuschauer*innen, die sie auch als Mitspieler*innen einzunehmen haben.

Aus der Perspektive von *The Show Must Go On* und seinen lesbaren Körpern stellt sich der Einsatz der zeitgenössischen Tanzperformance im Hinblick auf unseren Leitbegriff, die Theatersituation, als ein anderer dar. Das Spannungsverhältnis von Ethik und Ästhetik, das wir als kennzeichnend für die Theatersituation bestimmt haben, wird im zeitgenössischen Tanz anders in Gang gesetzt und ausgespielt als im zeitgenössischen Theater. Der Körper muss sich spalten in einen physiologischen ›natürlichen‹ Körper, der eine Tanzgemeinschaft herstellt, und in einen diskursiv produzierten Körper, der diese Gemeinschaft teilt. Der Selbstwiderspruch der Avantgarden (vgl. Kapitel 2), Kunst und Leben verschmelzen zu wollen, hebt sich im zeitgenössischen Tanz dadurch auf, dass dieser seinen Gegenstand, den Körper, als gespaltenen denkt. Eben dies haben wir mit der Formulierung der Theatralität der Körper zu verstehen versucht. Dadurch vermag der zeitgenössische Tanz seine Praxis neu zu bewerten und von seinem Publikum andere Rezeptionshaltungen einzufordern. Das Zusammenkommen von Zuschauer*innen und Tänzer*innen wird zunächst als ästhetisches Spiel der Zeichen kenntlich gemacht, welches dann wiederum an seine Grenzen, das Ethische, geführt wird. *The Show Must Go On* basiert erkennbar auf der Nachahmung von Handlung, was im Feld des zeitgenössischen Tanzes im Gegensatz zum Theater eine deutliche Provokation darstellt. Durch die dramatische Nachahmung und die Art und Weise ihrer Inszenierung wird nun aber gerade das Zusammenkommen von Performer*innen und Zuschauer*innen betont, die einem geteilten westlichen Kulturkreis angehören und ihr eigenes Tun, ihr Leben mit und ihre Erinnerungen an die Popsongs mit denen der Tänzer*innen teilen.

An dieser Stelle soll nun also das eingelöst werden, was am Ende der Auseinandersetzung mit Jacques Rancières Text »Der emanzipierte Zuschauer« in Kapitel 3.3 angekündigt wurde, nämlich ein Weiterdenken der Ansätze von Bertolt Brecht und Antonin Artaud für die zeitgenössische Theater- und Tanzperformance. In Bezug auf Brecht und das Theater ist dies in Kapitel 5 bereits geschehen. Im Anschluss soll nun analog dazu eine Auseinandersetzung mit Artauds Theaterentwurf folgen, der, und das mag vielleicht überraschen, hier nicht in erster Linie auf das Theater im engeren Sinne hin, sondern in seiner Bedeutung für zeitgenössische Experimente im Tanz untersucht werden soll.[58] Die Verbindung zum Tanz liegt dabei im Verständnis Artauds vom Körper und dem, was mit ihm auf der Bühne geschieht. Vor allem in seinen späten Schriften entwickelt Artaud die Vorstellung eines theatralen Körpers, der den Weg weisen kann für zahlreiche zeitgenössische Tanzperformances. Für Rancière gehört Artaud neben Debord und Brecht zu jenen Feinden des Theaters, die dieses durch die Partizipation und Aktivierung des vermeintlich passiven Zuschauers abschaffen wollen. Entgegen Rancières Kritik soll jedoch Artauds Denken hier für die Theatersituation fruchtbar gemacht werden. Denn wenn die Theatersituation von der Seite des Tanzes aus betrachtet wird, rücken neben den bereits etablierten Funktionen *Durchspielen*, *Fiktionalisieren* und *Anerkennen* drei weitere Funktionen ins Blickfeld: *Anordnen*, *Diskursivieren* und *Verbinden*. Um diese soll es im Anschluss an eine kurze Darlegung von Artauds Einsatz für die zeitgenössische Tanzperformance gehen.

7.3 Artauds Szene des Körpers

In den Texten des französischen Dichters und Theatermanns Antonin Artaud finden sich zahlreiche Forderungen an ein Theater jenseits der Repräsentation, die sich zunächst problemlos in unsere Diskussion um die Theatersituation einfügen. In seinem Theater der Grausamkeit befindet sich der Zuschauer, so Artaud über die räumliche Situation dieses zukünftigen von ihm selbst nie realisierten Theaters, »in der Mitte und das Schauspiel umgibt ihn« (Artaud 1996: 87). »Wir schaffen Bühne wie Zuschauerraum ab«, (ebd.: 102), um eine »Kommunikationssituation« herzustellen, die Zuschauer und Schauspieler in der Gegenwart verankert. »Weil das Theater nicht dieser szenische Aufmarsch ist, wo man virtuell und symbolisch einen Mythos entwickelt«, kann es auf die Repräsentation einer Fabel und einer Handlung verzichten (Artaud 2002: 71). Stattdessen will es, und dies verbindet es mit den Versuchen der Avantgarden, selbst Handlung sein. Die Handlung, die das Theater der Grausamkeit vollzieht, ist für Artaud eine der körperlichen Transformation, die Erschaffung eines neuen Körpers (2002: 71), in der, und hier knüpft Rancières Kritik an Artaud an, »die Idee des Theaters und des Schauspiels [...] verschwindet« (ebd.). Doch verschwindet das Theater in Artauds Theaterentwurf wirklich?

Braucht nicht die Transformation des bestehenden Theater-Körpers das Theater als Spiel, um diese Veränderungen überhaupt vorstellbar zu machen? Artaud lässt in seiner zentralen Textsammlung *Das Theater und sein Double* keinen Zweifel daran, dass Theater und Leben zwei unterschiedliche Dinge sind. Das Theater der Grausamkeit formuliert eine »Haltung« zur Grausamkeit, die nicht mit der Grausamkeit »draußen« im Alltag gleichzusetzen ist. Von der naiven Annahme, »das Beispiel ziehe das Beispiel nach sich« (Artaud 1996: 88), hält Artaud jedenfalls wenig.

»Aber man darf nicht vergessen, daß eine Theatergebärde zwar gewaltsam, doch unbeteiligt ist und daß das Theater gerade die Nutzlosigkeit der Handlung lehrt, die, einmal ausgeführt, nicht mehr ausgeführt werden kann, daß es den höheren Nutzen des von der Handlung ungenutzten Zustands lehrt, der jedoch, *umgekehrt*, die Sublimierung hervorruft.« (ebd.)

Für Artaud ist die Theatergebärde deshalb nutzlos, weil sie singulär und nicht wiederholbar ist. Sie kann nicht nachgeahmt werden. Dafür löst ihr ungenutztes Potenzial aber Wirkungen auf der anderen Seite des Theaters aus. Artaud fordert einen Zuschauer »heraus, sich draußen Vorstellungen von Krieg, Aufruhr und zufälligen Morden zu überlassen« (ebd.). Das ungenutzte Potenzial der einmalig ausgeführten Handlungen im Theater führt zur Sublimierung ebendieser Grausamkeit im Leben.

An diesem Punkt setzen die Analysen der Theaterwissenschaftlerin Helga Finter ein. Finter hält daran fest, dass das Theater und damit das ästhetische Spiel für Artaud letztlich unerlässlich sind. Sie baut ihre Analyse des Artaud'schen Denkens auf der Grundannahme auf, dass der Ausgangspunkt Artauds für seine Kritik am bestehenden Literaturtheater eine fehlende Verbindung der Sprache und der Worte zum Körper sei (Finter

2014a: 280). Weil seine Worte keinen Sitz oder keinen Resonanzraum im Körper finden und jeder Artikulationsversuch ihn schmerzhaft, wie er schreibt »gleichsam genau vor der Pforte des Lebens keuchend« zurücklässt (Artaud 1983: 38), erscheint ihm die Sprache als äußerlich, fremd oder souffliert. Artaud erfährt sich als fremdbestimmt, nahezu tot und seiner eigenen Möglichkeiten zu fühlen und zu denken beraubt. Dieses Leiden an der Sprache möchte er in seinem Entwurf eines Theaters der Grausamkeit aber nicht durch eine »Metaphysik des Körpers«, wie es Finter nennt, ersetzen (Finter 2014a: 286). Die Grausamkeit ist für Artaud eine Notwendigkeit, die »auf poetische Weise jene Bahn wieder her[stellt], die zur *Erschaffung der Sprache* geführt hat« (Artaud 1996: 118, m.H.). Es geht bei Artauds Vorstellung von einem Theater also nicht um ein stummes Körpertheater, sondern um eine andere Art und Weise, mit der Sprache im Theater umzugehen.[59] Artaud hegt eine Skepsis gegenüber einem »bereits gebildeten Wort« (ebd.) oder einer »vorgeformten Wortsprache« (Finter 2014a: 284) und damit einhergehend den gesellschaftlichen Gepflogenheiten zu denken, zu sprechen und zu fühlen.

Um den Bruch zwischen Körper und Sprache zu überwinden, um sich mit seinem singulären Begehren und in seinen Potenzialen sagen zu können, macht Artaud im Laufe seines Schaffens zwei Vorschläge. In den 1930er Jahren im Umfeld seiner berühmten Textsammlung *Das Theater und sein Double* sieht er, darin ganz der Theatermoderne verpflichtet, in der Geste einen Ausweg aus der gesellschaftlichen Wirkungslosigkeit des Theaters seiner Zeit. Da das Theater die Wortsprache in einer »Sackgasse« vorfindet, kehrt es »auf spontane Weise zur Gebärde zurück« (Artaud 1996: 118). Die Gebärde, die zusammen mit Lauten, Lichtern und Gegenständen »zu richtigen Hieroglyphen« (ebd.: 96) konfiguriert werden soll, ist für ihn eine Möglichkeit, eine »Art von Sprache zwischen Gebärde und Denken wiederzufinden« (ebd.: 95).[60] In Artauds Vorstellung ist die körperliche Gebärde also nur ein Teil dessen, was er als Hieroglyphen, als eine Sprache des Theaters bezeichnet. Sie wird umfassender und auch technischer im Sinne einer Konfiguration heterogener Elemente verstanden, die ihre Spontaneität einbindet in ein übergreifendes inszenatorisches Geschehen. In dieser körperlich-hieroglyphischen Unterbrechung und Zersetzung der »geformten Wortsprache« begegnet Artaud auf eigentümliche Weise Bertolt Brecht, der nur allzu rasch zum Antipoden Artauds stilisiert wurde. Verbindet Brechts Gestus-Begriff, wie Hans-Thies Lehmann betont, »Körperhaltung, Tonfall und Gesichtsausruck«, so vereint er in sich das »Divergierende«. Der Gestus fungiert gerade aufgrund seiner Körperlichkeit mithin nicht als lesbare Chiffre einer sozialen Bedeutung, sondern er unterbricht und untergräbt als körperlicher jede auf Eindeutigkeit abzielende Bedeutungsdimension des Textes (Lehmann 2002c: 225–226). Trotz dieser Einsicht lässt sich gerade im zeitgenössischen Theater eine neue körperlose Wortgläubigkeit feststellen, die in Formen wie dem dokumentarischen Theater oder den neuen Spielarten des politischen Theaters mit ihren Bestrebungen, (alternatives) Wissen zu vermitteln, primär auf die kommunikative Funktion von Sprache baut (Kapitel 6.3.). Dagegen bringt der zeitgenössische Tanz in seiner Verwendung von Sprache viel mehr jene von Artaud angesprochenen Dimensionen der Laut- und Klanglichkeit, der Dynamik und des Timbres von Stimmen ins Spiel und nimmt damit eine kritische Position gegenüber dem Sprach-Körper selbst ein.

Nach seiner Entlassung aus der psychiatrischen Klinik und der Erfahrung des Faschismus 1946/47 entwickelt Artaud in Form von drei Hörspielen, von denen *Schluss mit dem Gottesgericht* aufgrund des Skandals, das es auslöste, berühmt geworden ist, ein Theater der Stimmen. Im Gegensatz zur Geste operiert die Stimme im Radio nicht mit sichtbaren Körpern, deren Grausamkeit für Artaud in den Konzentrationslagern allzu schreckliche Realität wurde. In den Radiostimmen seines Hörspiels wird ein abwesender Körper hörbar gemacht. »In Artauds Hörspielen«, so Helga Finter, »wird dieser Bezug seines physischen Leibes – der Glieder – zu seiner eigenen Geschichte hörbar in der lautlichen Projektion eines neuen Körpers in der Stimme: eines *corps sans organes*, eines Körpers ohne Organe.« (Finter 2014a: 282) Organlos ist dieser stimmliche Trieb-Körper, weil er keine eindeutige geschlechtliche, soziale oder altersmäßige Zuordnung erlaubt. Organlos ist der Körper aber auch deshalb, weil er im Medium des Hörspiels nur über die stimmliche Artikulation aufgerufen, projiziert wird (vgl. Kapitel 7.4). Er ist ein gespenstisch anwesender abwesender Körper, der nirgends sichtbar ist und dessen Glieder sich der gesellschaftlichen Gliederung und Anordnung nicht fügen wollen. »Laßt endlich die menschliche Anatomie tanzen«, fordert Artaud in seinem letzten Text zum Theater der Grausamkeit (Artaud 2002: 34), damit sich eine andere, je singuläre Bindung von motorischer und muskulärer Tätigkeit aller nur erdenklichen Körperteile und sprachlicher Artikulation herstellen kann.[61] Mit dem Tanz der menschlichen Anatomie verliert der Körper seine habitualisierte organische Funktionsweise und separiert sich von sich selbst. Wenn der französische Choreograf und Tänzer Xavier Le Roy in seinem Solo *Self-Unfinished* (UA 1998) in einer einzigen langen Bewegung seinen Körper von einem brummenden Roboter über verschiedene Tiere über einen gehenden Menschen in ein liegendes Objekt übergehen lässt, weist er damit auf die Unabgeschlossenheit des Köpers und seines Selbst hin. Körper und Selbst gleiten von einer Form in die nächste, der Körper faltet sich auf und um und stellt auf diese Wiese immer wieder neuartige Beziehungen zwischen den einzelnen Gliedmaßen her, deren Funktionsweisen sich dadurch ständig verändern. Die Hände werden zu Füßen, zu Augenpaaren, der Hintern zum Gesicht und die Arme zu Flügeln. Artauds organloser Körper organisiert sich im Prozess der Bewegung ständig neu. Er *wird*, ohne (endgültig) zu *sein*. Tanz wird in diesem Beispiel ganz im Sinne Artauds als *Transformation* des Körpers verstanden. Der Körper wird, jenseits unserer Vorstellungen, was der Körper ist, in seiner Potenzialität entfaltet. Was der Körper sein kann, blitzt immer nur vorübergehend im Übergang auf und wird im Blick des Publikums arretiert. Dieser identifiziert auf Grundlage des Gesehenen bestimmte Tiere wie z.B. eine Spinne oder ein Huhn, ohne dass der Tänzer diese Figuren jedoch darstellte. Der Blick der Zuschauer*innen figuriert sie.

Le Roys Beispiel macht auch deutlich, dass es Artaud, so Finter, weder um ein »mythenbildendes, sozialtherapeutisches Massenspektakel« (ebd.: 285) geht, noch um die durch die Erfahrung der Grausamkeit in situ körperlich hergestellte Gemeinschaft im Theaterraum, wie Rancière vermutet. Artauds Theater der Stimmen möchte den körperlichen Grund der Sprache erkunden und dorthin zurückkehren, wo sich aus ersten stimmlichen Artikulationen, Schreien und lustvollen Glossolalien die Sprache aus dem Körper herausbildet, an ihm haften bleibt und sich doch nach und nach von ihm zu lösen beginnt. In diesem Prozess, der letztlich zur Herausbildung eines sprechenden Wesens, eines Subjekts, führt, entsteht auch das menschliche Begehren, das, obwohl durchaus körperlich, stets auf die Sprache bezogen bleibt. Das spätere Subjekt lernt, mit der Sprache und dem Körper zu spielen, indem es die Fähigkeit entwickelt, sich etwas vorzustellen, zu imaginieren und sich damit in die kulturelle Ordnung hinein zu entwerfen. Der reale Körper wird über das Imaginäre in die symbolische Ordnung einer Kultur eingeschrieben, zu der er immer schon gehört (vgl. Siegmund 2006).

Doch der Ort der »Erschaffung der Sprache«, den Artauds Theater aufsuchen möchte, ist nicht nur ein Ort friedlicher und lustvoller Triebe oder Impulse. Artauds Begriff der Grausamkeit weist bereits darauf hin. Was grausam an dieser Erfahrung ist, ist die Erfahrung von Gewalt oder sogar der Lust an Gewalt, der Aggression und der Zerstörung, die es dort abseits gesellschaftlicher Normen zu machen gilt. Helga Finter verwendet für diese andere, dunkle Seite des Subjekts den Begriff des Heterogenen (Finter 2014a: 296). Im Prozess der Individuation auf dem Weg zu einem gesellschaftlichen Subjekt wird das dem Subjekt Heterogene ausgeschlossen. Die für das Ich gefährlichen Impulse und Triebregungen werden verdrängt, gebunden und sublimiert. Das Theater der Grausamkeit eröffnet dem Subjekt die Möglichkeit, sich im Rahmen des Theaters und der Kunst mit seiner anderen Seite in Beziehung zu setzen, um sich deren Existenz bewusst zu werden. So schreibt Artaud über die Arbeit des Schauspielers: »Muskel für Muskel kann man am Körper des methodisch traumatisierten Schauspielers die *Entwicklung der allgemeinen Impulse* begreifen und sie bei sich selbst korrigieren.« (Artaud 2002: 78, m.H.) Dies ist die Heilung durch den veränderten, ›neuen‹ und das heißt nicht mehr schmutzigen, pestkranken, eiternden und stinkenden Körper (Artaud 2002: 69), die sich Artaud vom Theater verspricht.[62] Mit Artaud kehren wir zurück zum Beginn unserer Subjektwerdung, die im Prozess der Aufführung wiedereröffnet wird, indem die Zuschauer*innen auf den Grund ihrer eigenen Grausamkeit zurückgeführt werden, damit diese gerade *nicht* wie im Faschismus auf zerstörerische Weise in der Realität selbst zurückkehrt.

Helga Finter betont, dass Artauds Theaterentwurf auf seine persönliche Krankengschichte und die damit zusammenhängenden Erfahrungen zurückgeht. Von daher ist er singulär und vermag weder eine Ästhetik noch einen Stil zu begründen. Die radikale Grenzerfahrung, die Artaud mit seinem Körper gemacht hat, ist nicht übertragbar auf die Erfahrungen anderer Menschen im Umgang mit ihren Körpern und ihrer Sprache (Finter 2014a: 283). Wenn Artaud jedoch eine Aktualität für Theater und Tanz besitzt, so liegt diese in der Frage, die er ans Theater stellt. Die Frage, die er stellt, ist, wie das Subjekt mit dem ihm Heterogenen umgeht, und daran anschließend, wie sich Körper, Bewegung, Stimme und Sprache zu den Ordnungen einer Kultur verhalten. Dies bedeutet zum einen, dass der Körper nie nur ein natürlich-biologischer Körper ist. Einerseits steht er stets im Horizont der Laute, Worte und schließlich der Sprache, auf die seine Erfahrungen bezogen bleiben. Andererseits ist er als vor-gestellter Körper nicht ohne sein Bild, ein Körperbild, zu denken, das seinen Entwurfscharakter als ein Ideal unterstreicht.

Mit Artaud gedacht setzt die Theater-Situation Anwesenheit mit Abwesenheit in Beziehung und eröffnet auf diese Weise einen Zwischenraum zwischen Hören und Sehen, einen »subjektiven Raum«, wie Finter ihn nennt (Finter 1990), der die Zuschauer*innen dazu auffordert, ihr eigenes singuläres Begehren in die Ordnung der Signifikanten einzuschreiben und zwischen Hören und Sehen eigene gedankliche und assoziative Verbindungen herzustellen. Der Tanz der menschlichen Glieder, der die Gliederung des Körpers durcheinanderbringt, ist damit auch ein Tanz der Stimmen, der Worte, der Laute sowie der anderen Theatermittel, die sich mit dem Körper in Beziehung setzen. Der Körper, der im Theater geschaffen werden soll, ist ein vor-gestellter, projizierter Körper, der sich in seiner Totalität nicht auf der Bühne repräsentieren kann. Weil er sich im Vollzug als imaginierter und imaginärer begehrter Körper zugleich herstellt und entzieht, bleibt auch der Körper, wie Lehmann sagt, eine Möglichkeit: Er ist »künftig«. Die Theatersituation wird im Tanz zum Austragungsort des Körpers mit der ihn anrufenden Kultur, die ihm Bedeutung und symbolische Anerkennung verleiht. Der Körper und der Raum, den er herstellt, werden in diesem Prozess selbst zur Szene.

7.4 Die Zersetzung der Ordnung

Die Einschreibung der Körper in die kulturelle Ordnung erfolgte lange Zeit über die doppelte Einbindung des tanzenden Körpers in zwei Ordnungssysteme: das eine die Choreografie, das andere die Musik, die wiederum der Choreografie zugrunde liegt. Choreografie, von gr. *chorós*, Tanz und Tanzplatz, oder im Sinne von *choreia*, das die Synthese von Tanz, Rhythmus und vokaler Harmonie bezeichnet, und *graphós*, *graphein*, Schreiben oder Ritzen – Choreographie als ein Schreiben im Raum, ein Schreiben mit dem Körper, das durch die Bewegungen den Raum erzeugt. 1700 veröffentlichte Raoul-Auger Feuillet eine von Pierre Beauchamp entwickelte Notationsschrift, die auf einem System abstrakter Zeichen basiert, welche frei kombinierbar das Entwerfen unterschiedlicher Tänze ermöglichte. Als Schriftbild ging die choreografische Praxis von der Schrift aus und nicht vom sich bewegenden Körper. Der Körper erlernte eine vorab niedergeschriebene Choreografie, die von der von Ludwig XIV. ins Leben gerufenen Académie Royale de Danse in Paris für korrekt empfunden und anschließend an die Tanzlehrer im Land distribuiert wurde (Laurenti 1994). Tanz brachte eine vorab erstellte Ordnung zur Erscheinung, die er repräsentierte.[63] Dabei orientierte sich die Choreografie ihrerseits an der Musik, deren Notenschrift den jeweiligen Schrittfolgen zugeordnet wurde.

Im neoklassischen Ballett in seinen modernen Spielarten erfolgte die Beziehung zwischen Bewegung und Musik entweder mittels einer Visualisierung der Ordnung der Musik im Raum durch die Schrittkombinationen und geometrischen Figuren der Tänzer*innen oder der Übertragung seelischer Zustände oder atmosphärischer Stimmungen, die die Musik auslöst, in die Bewegungen und deren choreografische Gestaltung. In beiden Fällen wird zwischen der Anordnung der Körper und der musikalischen Struktur eine Harmonisierung ins Werk gesetzt, die die Bewegung der Körper und die Bewegungen der Musik aufeinander abstimmt. Analog zum Körper der Schauspieler*in im Sprechtheater, der im realistisch-psychologischen Theater eine Integration von Körper- und Stimmbild zu einer wiedererkennbaren Figur, einem Charakter oder einem Typus erzielt, integriert die Tänzer*in Körper, Bewegung und Musik zu einem imaginären geordneten Ganzen.[64]

Eine Auseinandersetzung mit dem Heterogenen im Tanz, wie Artaud sie fordert, muss aus dieser Perspektive über eine Auseinandersetzung mit der Musik und, so vorhanden, den in ihr artikulierten (Gesangs- und Sprech-)Stimmen erfolgen, deren bindende Wirkung außer Kraft gesetzt wird. Tanz emanzipiert sich nicht nur von der Musik, sondern auch von der Vorstellung einer schönen, weil in ihren Raumrichtungen und Dynamiken ausgewogenen und harmonischen Bewegung. Wie kaum eine andere Inszenierung hat Pina Bauschs Stück *Blaubart. Beim Anhören einer Aufnahme von Béla Bartóks Oper »Herzog Blaubarts Burg«* (UA 1977) eine solche Auseinandersetzung geführt. In den knapp zwei Stunden Spieldauer wird Bartóks Oper weder vertanzt noch deren Geschichte nacherzählt. Vielmehr wird das Thema des Liebestodes, des Mordes aus Begehren, den Blaubart an seinen sieben Frauen begangen hat, assoziativ im Bühnenraum ausgebreitet. Männer und Frauen agieren dabei in Chören, die die Rollen der beiden Protagonisten – Blaubart und Judith – auf verschiedene Tänzer und Tänzerinnen aufteilen.

In Bauschs Choreografie wird die Musik regelrecht zerstückelt und zerfetzt, um Raum zu schaffen für das sich körperlich artikulierende Begehren der knapp zwanzig Tänzerinnen und Tänzer des Wuppertaler Tanztheaters. Die Einspielung der Oper erfolgt über ein Tonbandgerät, das auf der Bühne in einen rollenden Lautsprecherwagen eingebaut wurde, der von der Figur des Blaubart durch den Bühnenraum gerollt wird. Diese Konsole ist mit einem langen Kabel an eine Stromquelle angeschlossen, das die ganze Apparatur wie eine lange Nabelschnur hinter sich herzieht. Musik wird so Teil der Bewegungschoreografie und der Handlung, womit sie ihren transzendenten Charakter verliert. Mit der Musik wird auf der Bühne und in der Szene gespielt, wodurch sie selbst in Bewegung versetzt wird. Der Tänzer des Blaubart lauscht nicht einfach hingebungsvoll der Aufnahme der Oper, sondern er spult immer wieder hektisch kurze Sequenzen zurück, um sich bestimmte Stellen noch einmal anzuhören und seine tänzerische Aktion daraufhin zu wiederholen. Die kurzen musikalischen Sequenzen wecken beim Anhören der Aufnahme anscheinend seine Fantasie, die er daraufhin auf der Szene in die Tat umsetzt. Fast zwanghaft muss er diese wiederholen und sein gewalttätiges Begehren bis zur Erschöpfung auf gleichsam sadomasochistische Art und Weise ausagieren. Über weite Strecken setzt die Musik ganz aus. Was sich zwischen den Musikschnipseln und in den Pausen ereignet, ist alles andere als harmonisch. Der Kampf der Geschlechter, den Pina Bausch in unendlichen Variationen immer wieder durchgespielt hat, wird in *Blaubart* zum veritablen Kampf, in dem sich weder Männer noch Frauen als Opfer fühlen können. Mit all ihrer zerstörerischen Kraft knallen ihre Körper an die Seitenwände und torkeln wie betäubt durch den Raum. Die Körper prallen aufeinander und voneinander ab, nur um sich mit gespreizten Beinen und selbstverliebten Muskelspielen dem vollkommen traumatisierten anderen Geschlecht erneut anzunähern. Der Umgang mit der Musik wie mit den kurzen, mehr geschrienen als gesprochenen Worten der Tänzer*innen löst die Ordnung auf und durchsticht sie mit einem körperlichen gewalttätigen Begehren, das sich jeder gesellschaftlichen Sanktionierung entzieht. Musikalischer Körper, Stimm-Körper und anschaulicher Körper öffnen sich auf das ihnen zugrunde liegende, in der Ordnung aber ausgeschlossene Begehren.

Der französische Choreograf und Tänzer Boris Charmatz hat in zahlreichen seiner Stücke der 1990er und der 2000er Jahre sein Verständnis von Bewegung ausgeweitet auf die Bewegung der Stimme der Tänzer*innen, die im Zusammenspiel mit Musik oder Geräuschkulissen die physischen Körper mit Stimmkörpern konfrontieren. In der Mitte seines Stücks *Con forts fleuve* (UA 1999) setzt die Choreografie der Körper plötzlich aus und öffnet für etwa zehn Minuten den Raum für die Bewegung der Stimmen und der Geräusche. Eine ohrenbetäubende Kakophonie aus sirenenartigen Klängen und elektronischem Heulen mischt sich mit menschlichen Stimmen, die, erschöpft vom vorangegangenen Tanzen, immer wieder unterzugehen drohen. Ihre vokalen Artikulationen, die sich manchmal sogar anhören wie Gesang, machen den Körper hörbar, weil sie sich an ihm reiben. So tragen die Tänzer*innen allesamt Jeanshosen über dem Kopf, die sie nicht nur in ihrer Sicht behindern, sondern auch ihre Stimmen ersticken, weil sie Klang und Timbre zurückhalten und filtern. Anhaltende Töne aus geschlossenen Mündern tragen die Spuren des Körpers, dessen Widerstand sie hervorbringt. Dazwischen werden einzelne Worte und Sätze hörbar, die aus Gedichten des amerikanischen Dichters John Giorno stammen und die, ins Französische übersetzt, von einer Tänzerin nahezu emotionslos gesprochen werden. Gleichzeitig werden auch diese Texte elektronisch verzerrt, gedoppelt und mit Echo unterlegt und damit ort- und geschlechtslos gemacht (Charmatz/Launay 2003: 117–118). In seiner komplexen Verdichtung einem explosiven Schrei ähnlich, bricht sich in dem Stimm-Ton-Gemisch ein Begehren Bahn, das in all seiner befremdlichen Ambivalenz aus lustvoller Gewalt und gewalttätiger Lust erfahrbar wird.

Der sexuelle Gehalt von Giornos Gedichten, die auch vom revolutionären Begehren der 1960er Jahre erzählen, trifft auf verhüllte Tänzer*innen, denen kein Geschlecht zuordenbar ist (ebd.: 119–121). Eine in ihrer Bewegungsfreiheit extrem eingeschränkte Gruppe von Tänzer*innen klumpt zusammen, verdichtet sich, gerät ins Stocken: eine Masse Körper, die in ihrer undurchdringlichen Opazität unter Spannung gesetzt wurde, welche sich letztlich nur in den Stimmen entladen kann. Der energetische Fluss von Bewegungen wird durch das Dispositiv der Bühne zusätzlich erschwert. Von der Bühnendecke fallen nach und nach zwölf graue dicke Wolldecken zu Boden und begraben die Tänzer*innen unter sich. Spricht Artaud von einem organlosen Körper, so choreografiert Charmatz einen desartikulierten Körper, dessen Gliedmaßen funktionslos geworden sind und der von stimmlichen, klanglichen und Bewegungsimpulsen durchzogen wird. Ähnlich wie in Bauschs *Blaubart* wird auch in *Con forts fleuve* die gesellschaftlich sanktionierte Verbindung zwischen Körper, Musik und Sprache in der Choreografie zersetzt und aufgelöst. Charmatz selbst spricht davon, dass die Stimme es erlaube, »das Heterogene im Körper« zu erzeugen (ebd.: 118). In der klanglich-stimmlichen Dimension der Inszenierung wird die Stimme von ihrer Funktion zu kommunizieren befreit und entfaltet aufgrund ihrer hörbaren Materialität selbst performative Dimensionen. Sie affiziert die Zuhörenden, die sich ihrer Gewalt nicht entziehen können und auf je subjektive Weise respondieren. Körperlich von ihr angegangen, erzeugen die Stimmen Stimmungen und Atmosphären, die die Wahrnehmung der

Inszenierung prägen.[65] Mit einem solchen Vorgehen wird ein gesellschaftlicher Sprachkörper attackiert, der in der Harmonisierung der Künste das Heterogene gerade ausschließen und unhörbar machen will.

Aus den beiden Beispielen lassen sich für die folgenden Abschnitte drei Punkte für die Beziehung des Tanzes zur Theatersituation ableiten. In der Theatersituation wird der tanzende Körper nicht in erster Line als natürlicher Körper thematisiert, sondern als gesellschaftlich-kultureller Körper. In der Theatersituation werden nicht nur Bewegungen choreografiert, sondern auch Stimmen, Töne und Objekte. Dadurch entstehen andere Bewegungsqualitäten, die abseits etablierter Tanztechniken andere Möglichkeiten der Bezugnahme und der Relationalität sowohl zwischen den Tänzer*innen untereinander, zwischen Tänzer*innen und Zuschauer*innen als auch zwischen Tänzer*innen und nicht-menschlichen Akteuren ermöglichen. Um die Funktionen der Theatersituation, die entstehen, wenn man sie vom Tanz her betrachtet, soll es im nächsten Kapitel gehen.

8. Funktionen der Theatersituation mit Blick auf den Tanz

Bezieht man die Spezifik des Tanzes in die Überlegungen zur Theatersituation ein, so lassen sich drei weitere Funktionen dessen, was in der Situation geschieht, unterscheiden. Übernehmen *Durchspielen*, *Fiktionalisieren* und *Anerkennen* die Hauptrollen im Theater, stehen *Anordnen*, *Diskursivieren* und *Verbinden* im Tanz im Rampenlicht. Auf der Grundlage dieser Funktionen haben sich analog zum Theater bestimmte Typen von Tanzaufführungen herausgebildet und etabliert, die zum Teil ebenfalls den Anspruch auf eigene Genres erheben können. Aus dem Anordnen gehen Formen der Medien-Installation ebenso hervor wie Tanzperformances, die auf offenen Raumkonzepten beruhen. Das Konzept eines kulturell geprägten sprechenden Körpers ermöglicht eine reflektierte Auseinandersetzung mit der Geschichte des Tanzes in Form von Reenactments sowie die Diskursivierung von Tanz als Wissensform in der Lecture Performance. Dass Tanz aufgrund seiner Körperlichkeit eine relationale Kunstform ist, ermöglicht zahlreiche kollaborative Formate, die den Charakter einer Aufführung lediglich streifen, sowie die Auseinandersetzung mit nicht-menschlichen Akteuren auf der Bühne. Um diese drei Funktionen mit ihren jeweiligen Formen soll es im folgenden Abschnitt gehen.

8.1 Choreografie als Anordnungskunst

Die Einsicht, dass der Körper und somit auch der tanzende Körper nicht ohne Bild und Sprache existieren, führt zu einer Vervielfältigung des Körpers auf der Bühne. Neben den anschaulichen Körper und hörbare Stimmen treten projizierte Stimm-Körper und Körper-Bilder, die die Aufführung zu einem vielstimmigen Geschehen zwischen verschiedenen Medien machen. Die Vervielfältigung von Körpern und Stimmen in Form von Video- oder Computerprojektionen, Mikrophonen oder Aufzeichnungsgeräten schafft einen Raum zwischen Anwesendem und Abwesendem, der durch die Imagination der Zuschauer*innen und Zuhörer*innen gestaltet werden kann. Durch die Anordnung von Körpern und Medien entsteht eine Bewegung zwischen ihnen, die den Ort der Zuschauer*innen markiert. Daraus folgt ein grundlegend anderes Tanzverständnis als jenes, das die Moderne und sogar die Postmoderne verfolgt haben. Hört die Bewegung auf, an den physisch anwesenden Körper gebunden zu sein, ergibt sich für den Tanz und vor allem für die Choreografie ein erweitertes Tätigkeitsfeld. Choreografie wird zur Anordnungskunst für ganz unterschiedliche Körper und Elemente, die nicht mehr in erster Linie menschliche Körper sein müssen.

Die Dramaturgin und Tanzwissenschaftlerin Bojana Cvejić beschreibt den Einsatz zeitgenössischer Tanzperformances als Kritik am System theatraler Repräsentation, das die Künstler*innen durch die Problematisierungen einzelner Parameter des modernen Tanzes wie etwa des Bewegungsflusses, dessen flüchtigen Charakter und Präsenzversprechen oder dessen Art und Weise zu kommunizieren bearbeiten.[66] Für Cvejić besteht das Repräsentationsregime des Tanzes im 20. Jahrhundert in erster Linie aus der vermeintlich natürlichen Verbindung von Körper und Bewegung, die gleichgesetzt werden. Der menschliche Körper und seine Bewegungen sind Material und Gegenstand des modernen Tanzes. Die spezifische Medialität des Tanzes besteht im Gegensatz zu den anderen Künsten darin, mithilfe des menschlichen Körpers Bewegung in Zeit und Raum zu gestalten. Cvejić nennt diese Verbindung das »organische Regime« des Tanzes (Cvejić 2017: 202). Das »organische Regime« begründet die Spezifik der Kunstform Tanz. Die Medienspezifik des Tanzes ist nun auf zwei unterschiedliche Arten und Weisen ausgespielt worden, die der Bruchlinie zwischen modernem und postmodernem Tanz entsprechen.

Die Tanzkünstler*innen in der ersten Hälfte des 20. Jahrhunderts gehen davon aus, dass sich durch die Bewegungen innere Regungen, Gefühle oder Erfahrungen der Tänzer*innen ausdrücken (vgl. Kapitel 7.2). Daran gebunden ist eine bestimmte Form der Kommunikation mit den Zuschauer*innen, die ebenfalls als eine organische Form gedacht wurde. Der Körper wird in der Moderne als plastisches Volumen konzipiert, das sich flexibel an die Ein- und Abdrücke der äußeren Umgebung – der Natur, des Kosmos, der Gesellschaft – wie an die inneren physischen und psychischen Regungen formend anpassen kann. Der Tänzer und die Tänzerin können diese Empfindungen und Erfahrungen auf äußerst individuelle Weise bearbeiten und kommunizieren, indem sie ihnen in ihrem eigenen Körper nachspüren. Tanz wird zur subjektiven Sicht auf die Welt. Biologische Prinzipien wie die Atmung oder die Muskelkraft werden als gleichsam natürliche Gestaltungsprinzipien für Bewegung eingesetzt. Die spezifische ästhetische Qualität des Tanzes liegt daher in seiner kinästhetischen Wirkung begründet. Sie ermöglicht eine Kommunikation von Körper zu Körper, welche die Zuschauer*in in die Lage versetzt, die Erfahrung des Tänzers oder der Tänzerin unmittelbar und direkt körperlich, emotional und geistig mitzuvollziehen.

Auch der sogenannte postmoderne Tanz richtet sein Hauptaugenmerk auf die menschliche Bewegung, löst jedoch deren Verbindung zur inneren Erfahrung oder Empfindung. Stattdessen rücken die Konkretheit des physischen Vollzugs der Bewegung und deren Artikulation ins Zentrum des Interesses. In den Experimenten der Tänzer*innen rund um das New Yorker Judson Dance Theater der 1960er Jahre rücken alltägliche und einfache Formen der Bewegung wie Gehen, Hüpfen, Stehen und Liegen zu legitimen Formen tänzerischer Bewegung auf, um den Tanz weniger virtuos und spektakulär, sondern alltäglicher und damit anschließbar für soziale Situationen und Experimente zu machen (Banes 1987). In ihrem berühmt gewordenen »No Manifesto« aus dem Jahr 1965 fasst die Tänzerin, Choreografin und Filmemacherin Yvonne Rainer diese (utopischen) Ziele wie folgt zusammen: »NO to spectacle no to virtuosity no to transformations and magic and make believe.« (Rainer 1974: 51) Durch die Arbeit mit Zufallsprinzipien, Objekten oder partiturähnlichen Scores soll die Bewegung entsubjektiviert und in ihrer objektiven Qualität als Bewegung sichtbar werden. Cvejić fasst ihre Überlegungen wie folgt zusammen:

> »The subjectivation of the body through movement and the objectivation of movement through the body constitute the organic regime of dance: they connect the body and movement in one organic whole, either comprehended by inner (emotional) experience or by physical activity (task, action).« (ebd.: 203)

Durch die Auflösung der natürlichen Verbindung zwischen Körper und Bewegung im Tanz entstehen, so Cvejić, andere Möglichkeiten, das Verhältnis von Körper und Bewegung zu denken und beide aufeinander zu beziehen. Durch ihre Separierung entsteht ein Zwischenraum, der einerseits durch Anordnung der

Elemente choreografisch gestaltet werden muss und in dem im Sinne Finters andererseits Medien dazwischenkommen, die die Beziehung zwischen Körper und Bewegung im Prozess allererst herstellen. Körper spektralisieren sich in Vorstellungsbilder, Medienbilder, projizierte Stimm-Körper und anschauliche anwesende Körper, aufgezeichnete und physisch artikulierte Stimmen, in Licht und Schatten. Bewegung entsteht zwischen all diesen heterogenen Elementen als choreografierte Bewegung. Ein derart erweiterter Choreografiebegriff setzt verschiedene Elemente, Materialien, Körper zueinander in Beziehung. Choreografie ordnet sie an und ordnet ihren Bezug an, der je nach Interessenlage geschlossener oder offener gestaltet werden kann.

Medien/Installation

Zum Selbstverständnis des Tanzes gehört es, dass er aufgrund seiner Flüchtigkeit eine gesteigerte Präsenz erzeugt, die unsere Wahrnehmung von Bewegungen intensiviert. Für Bojana Cvejić liegt genau darin ein Problem, das zeitgenössische Choreografen und Choreografinnen zu bearbeiten suchen. Sie machen Bewegung unsichtbar oder lagern sie aus in mediale Systeme, über die sie nur noch vermittelt wahrnehmbar ist (Cvejić 2017: 213). Die Vervielfältigung des Körpers durch Bild- und Tonmedien, die für Helga Finter in Artauds Vorstellung eines organlosen Körpers angelegt ist, ermöglicht andere Blicke auf den Körper. Diese eröffnen andere Perspektiven, die durch technische Verfahren wie Close-ups, Kameraführung oder Surroundsound dem menschlichen Auge und Ohr in der Regel nicht zugänglich sind. Körper und Medien sind daher keine Gegensätze. Der amerikanische Choreograf William Forsythe, der seit den frühen 1980er Jahren als Leiter des Ballett Frankfurt in seinen Stücken mit

Medientechnik gearbeitet hat, beschreibt den Zusammenhang zwischen Medientechnik und Körper wie folgt:

»Das Virtuelle gehört zum Körper dazu, damit er seine Angst verliert. Immer sagt das Virtuelle, hier ist etwas, wo eigentlich nichts ist. Das Virtuelle ist ein Zusatz zum Leben, die Schnittstelle zum Leben. Das Virtuelle gehört zur Etablierung von Realität, nicht zu dem, was man dem Virtuellen nachsagt, dem bloß Irrealen und Immateriellen.« (Forsythe 1997)

Dabei wird dort, wo nichts ist, etwas sicht- oder hörbar gemacht. Etwas Nichtexistentes wird zur Erscheinung gebracht und bietet sich durch das Medium materialisiert unserer Wahrnehmung dar. Medien sind in diesem Verständnis nicht bloß Mittler oder Überträger von Dingen, die unabhängig vom Medium bereits existieren. Vielmehr erzeugen Medien selbst Phänomene. Sie phänomenalisieren.[67] Wenn nichts ohne (s)ein Medium erscheint, sind auch die Bedingungen, unter denen wir Dinge wahrnehmen, medial strukturiert. Walter Benjamin hat in seinem Aufsatz »Das Kunstwerk im Zeitalter seiner technischen Reproduzierbarkeit« darauf hingewiesen, dass die menschliche Wahrnehmung nicht nur ein natürliches Phänomen ist, sondern sich durch Berührung mit Medien wie dem Film oder der Fotografie strukturiert und verändert. »Die Art und Weise, in der die menschliche Wahrnehmung sich organisiert«, schreibt Benjamin, »– das Medium, in dem sie erfolgt – ist nicht nur natürlich, sondern auch geschichtlich bedingt.« (Benjamin 1991: 439) Auch in diesem Sinne gehört »das Virtuelle«, wie Forsythe schreibt, zum Körper. Denn wer einmal einen Film gesehen hat, ist mit den durch Schnitte und Montage bedingten Brüchen im menschlich erfahrbaren Raum-Zeit-Kontinuum vertraut und vermag damit umzugehen.[68] Das Anfüllen des Nichts mit Medienbildern, das im Zeitalter der Sozialen Medien im Alltag überall greifbar ist, darf nun aber im Sinne Artauds nicht so verstanden werden, dass sich dieses Nichts, der Abstand zwischen Gehörtem und Gesehenen, An- und Abwesendem jemals schließen könnte. Denn jedes Erscheinen produziert unweigerlich neue Abstände zwischen den erscheinenden Phänomenen. Hierin liegt die ebenso produktive wie analytische Kraft der Imagination, die es dem Subjekt ermöglicht, eigene Verbindungen zwischen den Elementen zu ziehen und sich mit seinem Begehren in die installativen Anordnungen einzuschreiben, um damit Erfahrungen von Lust und Unlust zu machen und diese zu beurteilen.

In den 2000er Jahren hat William Forsythe eine ganze Reihe solcher installativen Choreografien wie etwa *Human Writes* (UA 2005) oder *Heterotopia* (UA 2006) erarbeitet, in denen die Zuschauer*innen auf unterschiedliche Arten und Weisen zur Partizipation aufgefordert werden (vgl. Maar 2019). In seinem Stück *Kammer/Kammer* (UA 2000) konkurrieren verschiedene Medien miteinander um die Aufmerksamkeit des Publikums, das in diesem Fall ganz traditionell auf der Zuschauertribüne Platz genommen hat. Für ein Tanzstück zunächst ungewöhnlich, basiert der Abend auf zwei literarischen Texten, die zwei komplizierte und abgründige Liebesgeschichten erzählen.[69] Die beiden Protagonisten, ein Mann und eine Frau, bewegen sich dabei zwar durch den gleichen Bühnenraum, aber ihre Geschichten berühren sich dort nicht. Die Bühne besteht aus einer Reihe von verschiebbaren Holzwänden, die als Kulissen auf einem Filmset dienen. Sie bilden im Folgenden eine Reihe von Räumen, die zum Teil nach vorne offen und für das Publikum einsehbar, zum Teil aber auch verschlossen sind, sodass man nur durch die Zwischenräume hindurch einen flüchtigen Blick auf das Geschehen dahinter werfen kann. Matratzen liegen dort herum, auf denen kleine Gruppen von Tänzern mit kräftigen und abrupten Bewegungen liegend oder stehend einen Tanz beginnen. Eine Gruppe von Tänzer*innen bewegt sich hinter einer großen Stellwand, sodass man vom eigentlichen Tanz nur ihre nach oben gestreckten Arme erkennen kann.

Forsythe überträgt in *Kammer/Kammer* die Struktur eines Films oder einer Fernsehshow auf einen Theaterabend. Dabei setzt er das Live-Geschehen, dem die Zuschauer beiwohnen, in Beziehung zu vorgefertigten Videos und live aufgenommenen Videobildern, die abgemischt und zum Teil durch Computerprogramme verfremdet werden. Das Bühnengeschehen fungiert so zunächst lediglich als Rohmaterial für einen Film, der auf eine Reihe von Plasmabildschirmen übertragen wird. Die Bildschirme setzen sich von der Rampe in den Zuschauerraum hinein fort, wo sie in einer sich weitenden Schere über den Köpfen der Zuschauer befestigt sind. Das Publikum ist frontal auf die Bühne ausgerichtet, wobei sich der Blick ständig zwischen dem Geschehen auf der Bühne und den komponierten Bildern auf den Bildschirmen aufspaltet.

Diese Interferenz zwischen Bühne und Film wird gleich zu Beginn schon zum Thema gemacht. Der Theaterraum, der als Filmset dient und durch seine Offenheit jegliche Illusion zunichtemacht, wird dabei in einen geschlossenen filmischen Illusionsraum verwandelt, während der filmische Raum seinerseits die Struktur einer Live-Aufführung erhält. In der Wahrnehmung der Zuschauer*innen werden die beiden Räume gegeneinander verschoben, ohne dabei jedoch zur Deckung kommen zu können. Denn im Gegensatz zu den Bildern eines Filmes, die ihre Rahmung stets verschweigen müssen, um als Bilder zu erscheinen, führt die Öffnung des Tanzes auf andere Medien in *Kammer/Kammer* zu einer gegenseitigen Brechung der Medien. Die Gemachtheit der Bilder – dort die ästhetisch gerahmten schönen Filmbilder, hier die schäbige Bühnenrealität von Filmkulissen, an denen abgerissene Tapetenteile kleben – wird stets kenntlich gemacht und damit die totalitäre Schließung des einen Mediums durch das andere verhindert. Was dabei in Bewegung gerät, ist die Wahrnehmung der Zuschauer*innen. Der Tanz findet nicht mehr in erster Linie auf der Bühne statt, wo er kaum zu sehen ist, sondern in unseren Köpfen. Forsythe choreografiert unsere Wahrnehmung, indem er unsere Blicke steuert und sie sich zwischen Kamerabild und Bühnengeschehen, sichtbarem Tanz und unsichtbarem, nur zu erahnendem Tanz hin und her bewegen lässt.

Dezentrierte Räume

Mit einem erweiterten Choreografiebegriff, der nicht nur menschliche Körper und ihre Bewegung gliedert, sondern auch andere Körper oder Elemente anordnet, ist vor allem, am Beispiel von Forsythe ist dies bereits deutlich geworden, ein anderer Blick auf den Raum verbunden. Selbst der Bühnenraum erscheint in Forsythes Stück nicht mehr länger als ein abgeschlossener, begrenzter Raum mit einer festen Materialität und spezifischen Eigenschaften. An die Stelle der Vorstellung eines Container-Raums, in den Dinge einfach hineingestellt werden können, tritt die Einsicht, dass Raum ein komplexes Gebilde von Überlagerungen ist, durch deren Anordnungen und Konstellationen sich Räume allererst herausbilden und verändern. Räume werden durch Handlungen performativ hergestellt. Der moderne Tanz hat den Raum in seiner Ausprägung und Gestaltung an den Körper und dessen Bewegungen gebunden. Im Zuge dessen haben die Künstler*innen den Bühnenraum verlassen und sich ins Offene begeben, um auf Wiesen, im Gebirge oder an Stränden bewegliche Tanz-Räume zu schaffen. Demgegenüber sind Oskar Schlemmers Raum-Körper-Experimente am Bauhaus viel stärker an den traditionellen Bühnenraum als Guckkasten oder Kubus gebunden, wie er etwa im Ballett bevorzugt verwendet wurde. Die geometrische Ordnung des menschlichen Körpers, seine Funktionsgesetze, die im Ballett ihren idealen Ausdruck findet, findet ihre Entsprechung in den Gesetzen des kubischen Raumes, mit dem der Tänzer interagiert (Schlemmer 1965: 15). Wie für Schlemmer so bildet auch bei Rudolf von Laban der aufrechte menschliche Körper das Zentrum der Bewegung, die sich von ihm aus in den Raum hinein fortsetzt. So gibt der Körper zwar Raum, er eröffnet ihn durch sein dynamisches Spiel, weist ihn damit aber auch als zentrierten Raum aus. Demgegenüber stehen Überlegungen der Topologie, wie Räumlichkeit als Prozess hergestellt wird, welche Elemente dazu in Konstellationen gebracht und variiert werden, um variable räumliche Strukturen herauszubilden (Günzel 2007: 13).

> »Wird in Bezug auf die Bühne eine ständige Gabelung der Wege, die Multiplizität der Perspektiven zwischen Nähe und Distanz, zwischen Konkretheit und Abstraktion, zwischen Zeitfluss und Arretierung des Augenblicks betont, dann kann der *Körper* nicht als Werkzeug der Orientierung gelten, das Ordnungen im Raum ermöglicht. Offenbar wird vielmehr die unendliche Verflechtung von Lagerungen in einer dichten Textur von Subjekt und Welt.« (Eke/Haß/Kaldrack 2014: 12)

Damit wird der Mensch nicht nur aus dem Zentrum des Raumes gestoßen, sondern auch als alleiniger Motor für die Herausbildung eines Raumes abgeschaltet. An seine Stelle treten die vielfachen Verflechtungen heterogener Elemente, ihrer Zeitlichkeiten und Materialitäten, die Räume herstellen, indem Körper, wie Ulrike Haß betont, zusammen erscheinen.[70]

Der Fotograf, Bühnenbildner und Choreograf VA Wölfl, der seit Mitte der 1980er Jahre mit seiner Gruppe NEUER TANZ in Düsseldorf ansässig ist, erarbeitet Choreografien aus Licht und

Farben, die den Raum öffnen oder schließen, ihn kippen und in einer bestimmten Stimmung oder Tönung erscheinen lassen. Töne, Klänge, Stimmen und Lieder dehnen sich aus, wandern im Raum umher, sie verbinden sich mit menschlichen Bewegungen und Bewegungen von Material, das im Verlaufe der Stücke durch unerbittliche Wiederholungen variiert und durch den Wechsel von Positionen transformiert wird. Die Tänzer*innen sind dabei lediglich ein Element, das zur Generierung eines Raumes eingesetzt wird. Das gemeinsame Auftreten von Licht, Ton, Musik und Bewegung löst die Genese des Raumes vom menschlichen Körper ab. Dieser existiert ebenso in Lichträumen wie in akustischen Räumen, die sich auch unabhängig von ihm formen, von unterschiedlicher zeitlicher Ausdehnung sind und sich im Zusammenspiel überlagernd verändern. Ein Ton, der unten im Raum durch Drücken einer Taste auf einem elektronischen Klavier erklingt und eine gefühlte Ewigkeit wiederholt wird, erfährt eine veränderte Ausdehnung und erzeugt damit verbunden eine andere Wahrnehmung, wenn er von einem Tänzer auf einer hohen Leiter stehend oben im Raum angeschlagen wird. Umgeben von massenmedial verbreiteten Bildern, Filmen, Videos und Soundtracks, überlagern sich die Botschaften. Bilder und Klänge konkurrieren um unsere Aufmerksamkeit. Die Kunst von VA Wölfl trägt dieser Gleichzeitigkeit heterogener Sinneseindrücke Rechnung und spielt mit ihr, indem sie ihnen Raum gibt, sie choreografiert (Siegmund 2010).

8.2 Diskursive Körper

»Der Körper«, schreibt der französische Choreograf Jérôme Bel, »ist nicht ein einzelner. Der Körper ist Milliarden von Körpern. Mein Körper ist infiziert von Ihrem Körper, und das ist wunderbar.« (Bel 1999: 37) Mit dieser Aussage stehen gleich mehrere Punkte zur Diskussion. Wurde Tanz in der Moderne als subjektiver Ausdruck und in der Postmoderne als objektivierte Bewegung verstanden, führt jede tänzerische Bewegung letztlich dazu, einmalig und neu zu sein, da sie in ihrer Hervorbringung an das je singuläre Tänzer*innensubjekt gebunden ist. Gleichzeitig werden die Tänzer*innen damit zu Autor*innen ihrer Bewegungsfindung. Bewegung ist damit im Prinzip auch nicht überlieferbar, da sie mit dem Ableben ihrer Urheber in ihrer je eigenen Qualität unweigerlich verloren geht. Dieser Gedanke verstärkt die tradierte Vorstellung von Tanz als einer flüchtigen Kunstform, die im gleichen Moment, in dem sie sich manifestiert, auch schon wieder verschwindet. Jede getanzte Bewegung wird mit- und fortgerissen im Strom der fließenden Bewegungen. Was die amerikanische Theoretikerin Peggy Phelan als Ontologie der Performance beschrieben hat, gilt insbesondere für den Tanz:

> »Performance's only life is in the present. Performance cannot be saved, recorded, documented, or otherwise participate in the circulation of representations *of* representations: once it does so, it becomes something other than performance.« (Phelan 1993: 146)

In dem Moment aber, in dem sich Bewegung im Tanz vom Körper als ihrem natürlichen Träger löst und sich der Choreografiebegriff erweitert, steht auch das Prinzip der Flüchtigkeit von Tanz auf dem Prüfstand. Was mit der von Bel vorgebrachten Vorstellung eines prinzipiell offenen und das heißt eines kulturellen Körpers, der im Austausch mit anderen Körpern und deren Repräsentationen entsteht, auf dem Spiel steht, ist die Vorstellung der Moderne, Tanz müsse neue und originelle Bewegungen hervorbringen, die absolut gegenwärtig und an ihren Autor oder ihre Autorin gebunden sind.

Bels eigenes Stück *The Show Must Go On*, das wir in Kapitel 7.2 als Beispiel für die Theatralität des Tanzes schon angeführt haben, hat diese Veränderungen paradigmatisch durchgespielt. Von den Texten der Popsongs geführt, haben die Tänzer*innen sowohl ihre Körper als auch deren Bewegungen als durch und durch kulturell hervorgebrachte anschaulich gemacht. Die Bewegungen, die die Tänzer*innen ausführen, sind also weder neu noch originell, noch basiert ihre Wirkung auf einem körperlichen Nachempfinden bestimmter Bewegungsformen. Die Bewegungen sind allesamt Zitate aus dem Bereich der populären Kultur, die auf der Bühne lediglich wiederholt werden. Dass sie wiederholt werden können, relativiert ihre Flüchtigkeit und verleiht ihnen eine gewisse Dauer. Bewegung erscheint somit als performativ in dem Sinne, dass sie auf kulturellen Formen und Normen basiert, die sich durch Wiederholung tradieren und das Netz einer Kultur bilden. Ihre Bedeutung ist daher weder natürlich noch selbstverständlich, sondern offen, abhängig vom Kontext und dem subjektiven Wissen und den Erfahrungen der Zuschauer*innen. Deshalb kann Jérôme Bel auch nicht im modernistischen Sinn der Autor oder Erfinder der Tanzbewegungen sein, da diese als kulturelle Formen im Prinzip von jedem, also auch von nicht ausgebildeten Tänzer*innen, ausgeführt werden können. Was dadurch in den Vordergrund rückt, ist der *Gebrauch*, den Tänzer*innen und Zuschauer*innen von den Bewegungen machen. Da jede*r aus einem bestimmten Kulturkreis die Lieder kennt und mitsingen kann, verringert sich der Abstand zwischen einem Expertenwissen, das auf der Bühne entfaltet wird, und dem Wissen im Parkett. Die Theatersituation umfasst Zuschauer und Tänzer gleichermaßen, die gemeinsam mit den Popsongs, die allen gehören, etwas tun: singen, lachen, dazwischenrufen oder gar die Bühne stürmen, wobei letzteres die Grenze zwischen Ästhetischem und Ethischen einreißt, die die Inszenierung an ihrem

Berührungspunkt penibel aufrechtzuerhalten sucht. Bels »organloser Körper« (ebd.) ist damit das genaue Gegenteil von Artauds geschundenem Körper. Bels Körper, die vieles sein können, sind nahezu identisch mit der Sprache der Popsongs und perfekt in ihre Ordnung integriert, die sie nun in einem lustvollen Spiel für sich zu verwenden wissen.

Rekonstruktionen

Die Geschichte weiter Teile des Theaters war jahrhundertelang an die Überlieferung dramatischer Texte gebunden, deren jeweilige Interpretationen und Umsetzungen dem Theater einen Bezug zur Vergangenheit eingeschrieben haben. Im Gegensatz zur Musik hat sich für den Tanz auch keine universelle Notationspraxis durchgesetzt, die dem Tanz Schrift- und Sprachcharakter und damit Lesbarkeit und Überlieferungsfähigkeit verliehen hätte. »Die ›Sprachlosigkeit‹ des Tanzes«, folgert Inge Baxmann, »hatte verhindert, dass er für das kulturelle Gedächtnis moderner europäischer Kulturen relevant wurde.« (Baxmann 2007: 217) Im Gegensatz zu traditionellen asiatischen Theaterformen, die vom Tanz nicht zu trennen sind, weil sie ihr Wissen durch rollenspezifische körperliche Übungen von Generation zu Generation weitergeben, liegt der Fokus im modernen Europa auf der Neuschöpfung von Werken. Der Tanz ist damit schon wesentlich länger als das Theater ein Feld der Produktion und nicht in erster Linie eines der Interpretation (vgl. Kapitel 1.1). Doch mit der Einsicht, dass Kulturen sich nicht allein auf der Grundlage von Texten konstituieren und erhalten, wird auch dem »Körper als Gedächtnisort« (ebd.) neue Relevanz zugesprochen. Der Ethnologe Dwight Conquergood hat darauf hingewiesen, dass performative Praktiken, die zugleich Handlungen sind, weil sie das, was sie sagen, auch tun, nicht nur sprachliche Praktiken sind, sondern dass ihnen immer auch eine körperliche Dimension eigen ist. Und diese betrifft auch die Tätigkeit des Wissenschaftlers, der als verkörpertes Wesen in der Situation, in der er forscht, Wissen generiert (Conquergood 1991: 180). Kultur basiert auch, um den Begriff des Anthropologen Marcel Mauss zu gebrauchen, auf »Techniken des Körpers« (Mauss 1997), die nicht nur in Ritualen, sondern auch in alltäglichen Verrichtungen wie der Art und Weise zu sitzen, zu essen oder zu laufen zum Tragen kommen.

Mit der Vorstellung eines kulturell geprägten Körpers, der sich je aktuell durch performative Akte immer wieder hervorbringt, eröffnet sich dem Tanz also eine historische Dimension. Jeder performative Akt, was hier nichts anderes heißt als jede Bewegung, zitiert unweigerlich vorangegangene Akte oder Bewegungen, deren körperliche Ausführung sowie deren kontextabhängige Bedeutung sich in die je aktuelle Situation einschreiben. Entbunden von der Vorstellung, sich einzig im Hier und Jetzt zu bewegen, rückt der Körper als Träger und Produzent von Erinnerungsspuren in den Blick vieler Künstler*innen. Ihre Auseinandersetzung mit der Geschichte bleibt jedoch keineswegs abstrakt oder theoretisch, sondern sie äußert sich in den Aufführungen selbst und wird als Performance zu einer künstlerischen Praxis, die nicht nur auf der Interpretation von Dokumenten basiert, sondern als verkörperte Praxis, wie Conquergood es formuliert, selbst Wissen produziert. »Denn in Bewegungen, Gesten und im Rhythmus«, so Inge Baxmann weiter, »sind Sinnes-, Gefühls- und Wahrnehmungserfahrungen gespeichert«, deren Gehalt sich nur im performativen körperlichen Vollzug entfalten kann (Baxmann 2007: 217). Wenn in der Theatersituation der reale Vollzug des theatralen Geschehens zum Thema wird und die ästhetische Dimension der Aufführung sich damit auf die ethische öffnet, so wird in der Praxis des Reenactments sogar das, was vor der eigentlichen Aufführung liegt, ihr Gewordensein und ihre gesellschaftlichen Voraussetzungen, zum Thema. Rückt die Gedächtnisfunktion des Theaters im Ausspielen der Theatersituation in den Hintergrund, kann sie aus der Perspektive des Tanzes in der Situation gerade zum emanzipatorischen Akt werden.

Für die Arbeit an alten Tanzstücken haben sich die Begriffe Reenactment, also Wiederaufführung, oder Rekonstruktion durchgesetzt.[71] Während Reenactment den wiederholten Auf- und Ausführungscharakter betont, tritt im Wort Rekonstruktion der Konstruktionscharakter der Vorlage in den Vordergrund. Denn auch bei guter Quellenlage basiert die künstlerisch-wissenschaftliche Arbeit auf Entscheidungen, wie die sich oft widersprechenden Materialien zu interpretieren seien und unter welchen Aspekten sie betrachtet werden. Was soll eigentlich rekonstruiert werden? Eine choreografische Abfolge von Schritten? Eine Bewegungsqualität oder gar eine Stimmung? Jeder Gang ins Archiv wird damit selbst zu einem performativen Akt. Ein Original, das es wiederherzustellen gelte, kann es daher nicht geben. Es kann es auch deshalb nicht geben, weil der Akt des Tanzens selbst, wie Gabriele Brandstetter betont, nicht archiviert werden kann. Jedes Tanzen produziert unweigerlich Differenzen zu sich selbst (Brandstetter 2019: 294).

Claudia Jeschke hat in ihrer Auseinandersetzung mit rekonstruktiven Praktiken die Unterscheidung der kulturwissenschaftlichen Gedächtnistheorie zwischen einem »kommunikativen« und einem »kulturellen« Gedächtnis aufgegriffen und diese im Hinblick auf den Tanz zu definieren versucht (Jeschke 2007). Im kommunikativen Gedächtnis besteht noch ein lebendiger Zusammenhang mit der Geschichte, der in erster Linie durch die mündliche und körperliche Weitergabe von Wissen durch Lehrer an die Schüler garantiert wird. Der zu rekonstruierenden Aufführung wird also noch eine Bedeutung für die aktuelle Arbeit und das Selbstverständnis einer Gruppe oder Kompanie zugesprochen. Hierunter lassen sich die Einstudierung und die Wiederaufnahmen ins Repertoire einer Kompanie fassen. Das kulturelle Gedächtnis hingegen verweist auf weiter zurückliegende oder aktuell vernachlässigte Praktiken, mit denen kein lebendiger Austausch (mehr) unterhalten wird. Dies impliziert eine andere Form des Archivs. Nicht mehr die lebendige Körperpraxis und die im Tanz so wichtige mündlich-körperliche Überlieferungstradition im Tanzstudio können hier veranschlagt werden. Ist eine Aufführung einmal ins kulturelle Gedächtnis gesunken, ist dieser Zusammenhang gekappt worden. Mit ihm ist auch die Wichtigkeit der historischen Praxis für die Gegenwart nicht mehr evident. Dem Archiv des Körperwissens steht hier das Archiv der Dokumente gegenüber. Dem kulturellen Gedächtnis sind daher das Reenactment sowie die Rekonstruktion im engeren Sinne zuzuordnen. Für Jeschke stellt die Arbeit an Archivmaterial wie etwa an einer Partitur einen Versuch dar, für das Stück oder den Stil, an dessen Wieder-Holung gearbeitet wird, erneut ein kommunikatives Gedächtnis zu etablieren (ebd.: 185).

Im Zusammenhang mit der Rekonstruktion können verschiedene dramaturgische Strategien eingesetzt werden, die die Arbeit an einem abwesenden Original auf unterschiedliche Art und Weise in die Aufführung mit einbeziehen. Während ein kopierender Ansatz davon ausgeht, dass man Aura oder Wirkung einer Performance unter Ausblendung der Kontexte und der Differenz, die jeder Wiederholung innewohnen, wiederherstellen kann, stellt ein reflektierter Ansatz den Unterschied zwischen Gestern und Heute aus. Weil er die Choreografie nicht verändern, sondern nur kopieren durfte, rahmte Faustin Linyekula seine Reenactment von *La création du monde* mit kolonialismuskritischen Aussagen, um die Differenz der Kontexte und Bedeutungen zwischen gestern und heute zu akzentuieren (vgl. Kapitel 4.3.3). Im zeitgenössischen Tanz gibt es Beispiele für beide Herangehensweisen. So versucht etwa der ecuadorianische Tänzer Fabián Barba in seinem auf Filmaufnahmen, Fotografien, schriftlichen Zeugnissen sowie Arbeit an der Bewegungsqualität Wigmans mit einigen ihrer Schülerinnen basierenden *A Mary Wigman Dance Evening* (UA 2009) eine möglichst große Deckungsgleichheit zwischen Original und Kopie zu erzeugen. Von der Musik über das Kostüm bis hin zur Frisur des Tänzers wird hier eine mimetische Aneignung von Wigmans persönlichem Gestus wie der Situation angestrebt, die eine geschlossene Form ohne Brüche erzeugt. Doch Barba setzt dabei weniger auf eine Kontinuität der Wirkungen durch Kopie des Originals als auf die Fremdheit, die Wigmans Ästhetik bei einem heutigen Publikum auszulösen vermag, eine Fremdheit der Gesten und Bewegungen, eine Fremdheit der Bühnensituation und der Inszenierung des Körpers. Der Zeitsprung: Er wird hier nicht auf der Bühne verhandelt, sondern er verläuft zwischen Bühne und Zuschauerraum.

Martin Nachbar dagegen legt in seiner viel diskutierten Auseinandersetzung mit Dore Hoyers Zyklus *Affectos Humanos* (UA 1962), *Urheben Aufheben* (UA 2008) die Quellenlage offen und bezieht sogar eine Filmaufnahme von Dore Hoyer in die Aufführung mit ein. Anhand einer Schultafel rekonstruiert er mit Kreide seinen eignen Weg ins Archiv. Wo Barba in seiner Inszenierung seine persönliche Motivation und Fragestellung an die deutsche Ausdruckstänzerin nicht in die Dramaturgie des Abends einfließen lässt, beginnt Nachbar mit der Offenlegung seines Erarbeitungsprozesses, seiner eigenen Biografie und der Fragen, zu denen ihn die nunmehr zehnjährige Beschäftigung mit Dore Hoyer geführt habe. Auf diese Weise werden Entscheidungsprozesse offengelegt, die die Position des Tänzers und Choreografen heute betreffen. Wie nähert sich ein in zeitgenössischen Tanztechniken ausgebildeter Tänzer der spezifischen Körperlichkeit von Dore Hoyer, wie verkörpert ein Mann die Bewegungen einer Frau? All diese Verschiebungen zwischen den Mitteln und Materialien erzeugen eine Teilung des Blicks, eine Spaltung zwischen Gestern und Heute, zwischen Hoyer und Nachbar, die den Abstand zwischen den beiden stets mit reflektiert.

Lecture Performance

Martin Nachbars Stück stellt nicht nur eine Aufführung von Dore Hoyers Tänzen dar, sondern es diskursiviert auch Nachbars Wissen über Hoyer und macht diesen Diskurs zum Teil der Aufführung. Im Modus einer akademischen Vorlesung spricht Nachbar über seine Arbeit, deren Ergebnisse er zugleich zeigend evident macht. Wird Tanz als Wissensproduktion verstanden, vermischen sich in den Aufführungen oft Sprechen und Tanzen, wofür sich das Format der Lecture Performance etabliert hat. Kennzeichnend für Lecture Performances ist, dass sie zwei mediale Strukturen miteinander verschränken: das Zeigen und das Sagen. Für den Medientheoretiker Dieter Mersch eignet dem Zeigen, dem Tanzen in unserem Fall, eine *aisthetische* Dimension, die auf die Materialität und die Performanz in der Wahrnehmung der Rezipienten abzielt. Das Sagen funktioniert dagegen diskursiv mit dem Ziel, Differenzen zu produzieren, die immer genauere Beschreibungen und Aussagen möglich machen (Mersch 2003: 16). Im gegenseitigen Bezug aufeinander, so Gabriele Brandstetter, wird das Sagen zum Zeigen und das Zeigen zum Sagen, wobei sich zwischen den beiden Modi und Funktionen auch Unterschiede oder gar Widersprüche auftun können. Die Evidenzfunktion, die, wie Sibylle Peters gezeigt hat, dem Experiment etwa in naturwissenschaftlichen Vorträgen zugesprochen wird (Peters 2006: 209), kann hier ins genaue Gegenteil umschlagen. Anstatt etwas zu plausibilisieren und anschaulich zu machen, erscheinen Tanz und Diskurs als nicht deckungsgleich, wobei den Zuschauenden dabei die Rolle zukommt, wach und aufmerksam in die Lücken zwischen Zeigen und Sagen vorzustoßen (Brandstetter 2010: 59).

Vermischt die Lecture Performance auf spielerische Weise Kunst und Wissenschaft, so trennt sie sowohl die Kunst als auch die Wissenschaft von sich. Die Theatersituation fokussiert nicht allein auf das Zusammenkommen von Zuschauenden und Performenden, sondern auf das, was dieser Zusammenkunft vorausgeht und diese ermöglicht. Auf diese Weise gerät die Praxis des Produzierens von Tanz in all ihren Dimensionen in den Blick. In der Theatersituation der Lecture Performance stellt sich mithin die Frage nach der Handlung und der Praxis des Tanzes, die die Aufführung zugleich in ein ästhetisches Spiel mit der Praxis überführt. Dies wird besonders deutlich, wenn sich Lecture Performances nicht in erster Linie der Geschichtlichkeit oder der Überlieferung annehmen, sondern die Arbeits- und Produktionsbedingungen der Aufführung, der wir beiwohnen, zum Thema machen. So fragt etwa Jochen Roller in seiner Trilogie *Perform Performing* (UA 2002–2004) nach dem persönlichen Einsatz des Choreografen für seine Kunst und legt anhand eines Flipcharts dar, wie viele Stunden er bei H&M, im Call Center oder als Gigolo arbeiten muss, um seine Kunst zu finanzieren. Damit steht die Frage im Raum, wie viel die Kunst respektive der Tanz der Gesellschaft überhaupt wert ist und wie diese ihre Künstler finanziert. Wie viel Selbstausbeutung und Self-Management sind für einen Choreografen unumgänglich, damit er seine Kunst im aktuellen gesellschaftlichen Umfeld produzieren kann? Was Roller durch sein Rollenspiel als Verkäufer oder rechnender Betriebswirt auch zeigt, ist, wie der Künstler zum Modell für prekäre Arbeitsverhältnisse auch in nicht-künstlerischen Tätigkeitsbereichen wird, in denen Werte wie Flexibilität, Risikobereitschaft und Selbstoptimierung immer wichtiger werden. Nach den Machtverhältnissen zwischen Institutionen, Choreografen und Tänzer*innen fragt etwa Jérôme Bel in einer Reihe von Soli, die er zwischen 2004 und 2009 mit Protagonist*innen namhafter Tanzkompanien wie dem Pariser Opernballett (*Véronique Doisneau*, UA 2004), der Merce Cunningham Dance Company (*Cédric Andrieux*, UA 2009), oder dem Tanztheater Wuppertal (*Lutz Förster*, UA 2009) produziert hat. Die Tänzer*innen sprechen darin über ihre Arbeit, ihre Vorlieben und ihre Abneigungen, zeigen Passagen aus Stücken oder präsentieren Trainingseinheiten, aus denen die Disziplinierung ihrer Körper auch ohne Worte spricht (Siegmund 2017: 173–223).

Xavier Le Roy hat in seiner Lecture Performance *Product of Circumstances* (UA 1999) die Analogie zwischen Wissenschaft und Kunst als Forschung am deutlichsten hervorgehoben. In seinem Stück geht Le Roy die Stationen seines beruflichen Werdegangs ab von seinen Forschungen an der medizinischen Fakultät in Montpellier, an der er mit einer Arbeit über die Markierung von Krebszellen promoviert wurde, bis hin zu den einzelnen Stationen seiner Entwicklung als Tänzer, die zeitgleich mit seinen Zweifeln an der Objektivität medizinischer Ergebnisse einsetzt: der einseitigen, interessegeleiteten Betrachtung des Körpers, der im Wissenschaftsbetrieb in erster Linie der Karriere der Wissenschaftler und nicht der Erkenntnis dient. Doch auch im Tanz gibt es Muster, denen sich der Körper unterwerfen muss, um überhaupt als tanzender Körper zu gelten, Mechanismen, die er bedienen muss, um erfolgreich vermarktbar zu sein. Mit jedem Versuch, eine etablierte Tanztechnik wie das klassische Ballett zu erlernen, zeigt Le Roy auf der Bühne, dass sich sein Körper den impliziten Normen der jeweiligen Technik oder der Ästhetik eines Choreografen partout nicht anpassen kann. »In meine Begeisterung für den zeitgenössischen Tanz«, sagt er, »und meine Faszination durch die Vielfalt von bewegten Körpern auf der Bühne mischte sich Enttäuschung und das Gefühl, ausgeschlossen zu sein. Mein Körper widersetzte sich den Normen des Tanzes.« (Le Roy 1999: 64) Plötzlich fangen Tanz und Wissenschaft an, sich ineinander zu brechen und zu spiegeln, wirkt die Ausschließlichkeit des einen ebenso absurd wie der Wahrheitsanspruch der anderen. Dem setzt Le Roy einen, *seinen* anderen Körper entgegen, der »auf historischer, gesellschaftlicher, kultureller und biologischer Ebene« verflochten ist und »als Brücke zwischen unterschiedlichen Gedanken«, Orten und Zeiten fungiert, »eine[n] Körper, der unfähig ist, sich in Abstraktion und Theorie zu verwandeln« (ebd.: 67). Der Tanz wird für Le Roy zu einer anderen, komplexeren und umfassenderen Art, über den Körper nachzudenken, einer Art, die sich im Idealfall der Zweckrationalität widersetzt, weil sie die Singularität eines jeden Körpers anzuerkennen vermag.

8.3 Verbinden

Wenn der Tanz aufgrund seiner Körperlichkeit die relationalste aller Kunstformen ist, stellt sich für viele Tanzkünstler*innen die Frage, worin diese Relationalität besteht, wie sie hergestellt und weitergegeben werden kann.[72] Phänomenologisch liegt die Relationalität in der grundlegenden Fähigkeit des menschlichen Körpers oder Leibes begründet zu respondieren. Der menschliche Körper sieht andere und wird zugleich von anderen gesehen. Ebenso kann er sich und andere berühren und von sich selbst wie von anderen berührt werden. Weder nur Objekt noch nur Subjekt, überkreuzen sich im menschlichen Leib das Sichtbare und das Berührbare und stellen auf diese Weise eine Verbindung zum anderen her. Dieser Chiasmus erzeugt eine Dichte, die der französische Philosoph Maurice Merleau-Ponty als Substanz begreift und die er »Fleisch« nennt. »Die Dichte des Leibes wetteifert nicht mit der Dichte der Welt, sondern ist im Gegenteil das einzige Mittel, das ich habe, um mitten unter die Dinge zu gelangen, indem ich mich Welt und sie Fleisch werden lasse.« (Merleau-Ponty 1986: 178) Welt zu werden, mein Zur-Welt-Sein hat zur Folge, dass mir die Dinge nicht wie Objekte erscheinen, sondern dass diese immer schon Teil meines respondierenden Leibes sind und »in seine Umfriedung« eindringen (ebd.: 181). Der zeitgenössische Tanz macht sich, und darin ist er der modernen Vorstellung einer körperlichen Kommunikation durchaus weiterhin verpflichtet, diese Erkenntnis dahingehend zu eigen, dass zahlreiche Tänzer*innen durch Erkunden der Empfindungsqualitäten des eigenen Leibes dessen Resonanz im Leib-Körper der Zuschauer*innen erproben wollen. Dies geschieht zumeist mithilfe sogenannter »somatischer Techniken« wie dem Body-Mind-Centering oder den verschiedenen Ausprägungen der Release-Technik, die das Erspüren von Bewegungen im Inneren des Körpers und ein Hineinhorchen in den eigenen Körper und dessen Zell- und Wachstumsstruktur sowie dessen anatomischen Aufbau ermöglichen sollen.[73] Damit verbunden ist ein anderes Verständnis von Tanztechnik. Wollen traditionelle Techniken den Körper disziplinieren und ihn nach bestimmten Prinzipien formen, verstehen sich somatische Techniken als Techniken, die unterschiedliche Bewegungsqualitäten ermöglichen, statt sie einzugrenzen.

Zusammen mit der phänomenologischen Grundeinsicht, dass die Leiblichkeit des Menschen ihn mit der Welt und anderen

Menschen verbindet, nehmen Überlegungen zur Relationalität des Tanzes ihren Ausgang bei Theorien zur Gemeinschaft, wie sie in den 1980er Jahren von Philosophen wie Maurice Blanchot (vgl. Kapitel 5.3) und Jean-Luc Nancy entwickelt wurden. Damit wird sowohl die Praxis des Tanzes als Arbeit in Form von Kollaborationen mit anderen Künstler*innen zum Thema als auch, wie es die Beispiele von Meg Stuarts *With* und Jeremy Wades *Together Forever* in Kapitel 1 gezeigt haben, die Ethik der Aufführung als Frage- und Sorgepraxis nach dem und um den anderen. Nancys theoretischer Einsatz bestand nach den Erfahrungen des Nationalsozialismus und des Kommunismus darin, Gemeinschaft gerade nicht als Kollektivkörper zu denken, der auf einem kollektiven Imaginären beruht, das diesem Körper eine Identität, eine Eigenart oder ein gemeinsames Ziel verleihen würde. Weder Schicksalsgemeinschaft eines Volkes noch revolutionärer Körper der Arbeiterschaft, findet diese andere Art der Gemeinschaft ihren Zusammenhalt paradoxerweise über das Moment der Trennung und der Teilung. Die Gemeinschaft fußt nicht auf einem gemeinsamen Prinzip oder einer gemeinsamen Ideologie, sondern auf der Einsicht und der Erfahrung einer fundamentalen Trennung von meinem Nächsten. Wir teilen das Geteilt-Sein. Das Singuläre, Heterogene wird, wie Helga Finter mit Artauds Konzept der Grausamkeit argumentiert hat, nicht auf den anderen (die Juden, die Ausländer, die Schwulen etc.) projiziert, um sich durch diesen Ausschluss als homogene Gemeinschaft zu setzen. Vielmehr wird das Singuläre, Heterogene zur Grundlage einer Gemeinschaft, die nur aus Differenzen besteht, die sich gegenseitig anerkennen (vgl. Kapitel 5.3).

Jean-Luc Nancy hat für diesen Zustand die Formulierung »Singulär plural sein« geprägt. Ausgehend von Martin Heideggers Fundamentalontologie bestimmt Nancy das Mit-Sein als wesentliche und sogar als konstituierende Kategorie des Seins. Für Nancy ist das Mit-Sein dem Sein nicht mehr länger untergeordnet, sondern stellt dessen Herausforderung und sogar dessen Sinn dar. »Nicht zuerst das Sein des Seienden und dann das Seiende selbst als Mit-ein-ander«, schreibt Nancy in Bezug auf Heidegger in einer Schreibweise, die die Trennung im Gemeinsamen bereits im Schriftbild sichtbar macht,

> »sondern das Seiende – und alles Seiende – in seinem Sein als Mit-einander seiend. Singulär plural: derart, dass eines jeden Singularität von seinem Sein-mit-anderen nicht zu trennen ist, und weil tatsächlich und im allgemeinen Singularität von Pluralität nicht zu trennen ist.« (Nancy 2004: 61)

Weil es kein hierarchisches Verhältnis zwischen den Differenzen geben kann, »weil die Welt keinen anderen Ursprung hat als diese singuläre Vielfalt von Ursprüngen« (ebd.: 33), vermag sich die Gemeinschaft wie der organlose Körper Artauds kein Bild von sich zu machen. Nancy entwickelt mithin eine Vorstellung von Gemeinschaft, die sich nicht in sich selbst abschließen kann, sondern permanent als Prozess ihre eigenen Grundlagen befragen und sich stets neu begründen muss. Anstatt von einem »Wir«, das diese Gemeinschaft prägt, spricht Martina Ruhsam daher von einem »Mit« (Ruhsam 2011: 155). Mit-Sein, Mit-Anderen-Sein basiert auf der Erfahrung des Getrenntseins, das allererst die Möglichkeit eröffnet, »die Erfahrungen des Lebens zu teilen und an diesen Erfahrungen teilhaben zu lassen« (ebd.: 29). Krassimira Kruschkova sieht in diesem »Mit«, das sich als menschliche Existenzbedingung jeglicher ideologischer Schließung verweigert, gerade die Ethik des Performativen begründet: »Indem es aller Bedingtheit, aller Kontingenz des Anderen ins Auge sieht, um ihn bedingungslos und kontingent zu adressieren.« (Kruschkova 2011: 12)

Das Theater, so scheint es nun, ist der privilegierte Ort des gemeinsamen Teilens von Raum und Zeit sowie des Teilens von Mit-Teilungen, die uns zu anderen machen. Schließlich ist das Theater, so Christoph Menke, der Ort, an dem wir nur zusammenkommen, um uns zu »entzweien« (Menke 2018: 146). Wir sind für uns jeweils *andere*. Wir trennen uns ganz grundsätzlich in Zuschauende und Spielende und beziehen uns nur über diese Trennung aufeinander, die sich in jeder Singularität als zuschauend spielende und als spielend zuschauende wiederholt. Unser Mit-Sein im Theaterraum betrifft uns somit zunächst als gespaltene Singularitäten, die nichts gemeinsam haben, sondern lediglich zusammen erscheinen. Die Zufallsgemeinschaft von Spielenden und Zuschauenden, die sich jeden Abend mit jeder Vorstellung anders zusammensetzt, erscheint gemeinsam als verteilte, als im Raum aufgeteilte und choreografisch angeordnete Singularitäten. Die Theatersituation macht auch hier die Dimension des Theaters, reale Zusammenkunft von Menschen zu sein, als ihr Mit-Sein zum Thema. Doch diese Dimension des Sich-aufeinander-Beziehens tritt vor allem dann als solche zutage, wenn nichts (inhaltlich) mit-geteilt oder nachgeahmt wird, sondern nur der reine Akt des Zusammenerscheinens erfahrbar gemacht wird – gleichsam als leere oder hohle Form des Theaters. Theater, hier verstanden als raum-zeitliches Dispositiv, das auch der Tanz nutzen kann, schenkt uns Zeit mit-ein-ander, gerade weil es *unterlässt*, *gewisse* Erwartungen auszubilden und Setzungen zu machen, weil es also *unterlässt* zu handeln. Ethik wird in dieser Lesart nicht als Tun, sondern als Praxis der »Enthaltung« definiert, die im Zuschauer eine Sehnsucht nach der Verantwortung gegenüber dem Singulären wachruft (Kruschkova 2011: 11). An diesem Grenz- oder Nullpunkt der Gemeinschaft fällt das Ethische, wie es Kruschkova definiert, als Gleich-Gültigkeit aller Differenzen, als Suspension von Urteil und Wertung, mit dem

Ästhetischen zusammen. Die Suspension des Urteilens ermöglicht eine Reflexion auf die Möglichkeitsbedingungen des Urteilens und der damit verbundenen Werte und Vorstellungen. Die Suspension von Handlung, die, wie Menke sie denkt (Kapitel 4.1), nur ästhetisches Spiel sein kann, weil theatrales Handeln gesellschaftlich-politische Sachverhalte nicht im Feld des Politischen in die Tat umsetzen kann, bringt die *eigene* Handlung des Theaters/Tanzes als Praxis des Zusammenkommens ins Spiel.

Hier nun taucht ein Problem für unsere Definition der Theatersituation auf, die sich mit Lehmann darauf bezog, dass sich Ästhetik und Ethik voneinander *weg bewegen*, einen Schritt fort vom Theater machen, wie es Lehmann formuliert hat, ohne doch aufhören zu können, sich als gespaltene aufeinander zu beziehen. Wie die Auseinandersetzung mit zeitgenössischen Formen wie dem Theater als Versammlung oder im Bereich des Tanzes der Lecture Performance gezeigt hat, geht es vielen Künstler*innen heute gerade darum, wieder *bestimmte* Inhalte zu setzen und bestimmte Machtkonstellationen und Entscheidungsprozesse infrage zu stellen. Nancys Befragung der Gemeinschaft, und darauf hat Oliver Marchart hingewiesen, ist immer auch eine Befragung des Politischen als jenes Orts, an dem Gemeinschaft ins Spiel gebracht wird (Marchart 2010: 99). Marchart kritisiert Nancys Vorstellung des Politischen nun dahingehend, dass sie politisches Handeln im Prinzip unmöglich mache. Die Gemeinschaft der Mit-Seienden kann nur im rein Philosophischen, aber nicht im Feld des Politischen als solche erscheinen. Denn das Politische besteht für Marchart gerade darin, Grenzlinien ziehen zu können, um »die Herstellung einer *gewissen* Ordnung, einer *gewissen* Gemeinschaft, einer *gewissen* civitas und einer *gewissen* Fundierung« denken zu können (ebd.: 113). Das reine Mit-Sein verhindere aber die Verknüpfung singulärer Elemente, weil sich aus dem Mit-Sein als fundamentalontologischer Kategorie »keine Bedeutung stabilisiert und keine Identität aus der reinen Zerstreuung von Elementen konstruiert werden kann« (ebd.: 114).

Das Mit-Sein, so können wir durchaus auch entgegen bestimmten Selbstannahmen der Künstler*innen ergänzen, kann nicht nur nicht im Politischen, es kann auch nicht im Theater als solches erfahren werden. Denn auch Theater ist eine *gewisse* Ordnung, die sich aufgrund von *bestimmten* Entscheidungen etabliert und in Szene setzt, die *andere* Differenzen ausschließt. Theater, das sich als Gemeinschaft im oben skizzierten Sinne denkt, versteht sich, positiv gewendet, immer nur als eine *mögliche* zukünftige Gemeinschaft, über deren Möglichkeiten oder Potenzialitäten zwar bestimmte Vorstellungen oder Fiktionen entscheiden, die andere nicht realisieren, ausschließen, nicht gelten lassen oder in den Hintergrund rücken. Diese Setzungen setzen sich im Theater aber selbst aufs Spiel; sie ent-setzen sich auf das noch Ungedachte, Unformulierte. Das Mit-Sein im Theater ist politisch in dem Sinn, dass es nicht tages-politisch sein kann und muss.[74] Nur dadurch aber wird die Ent-Haltung zu einer gewissen ethischen Haltung, die sich zugleich aus der ästhetischen Distanz heraus als mögliche zeigt.

Objekte, Tiere, Landschaften

Mit dem Thema der Relationalität ist auch die Frage verbunden, mit wem sich der Tänzer oder die Tänzerin eigentlich verbindet. Sind es nur andere Tänzerinnen und Tänzer, mithin also andere Menschen, mit denen der Mensch Beziehungen eingeht, oder ist der Mensch nicht immer schon eingebettet in viel größere Zusammenhänge, die seine herausgehobene Position relativieren? Ausgelöst durch ökonomische und ökologische Krisen einerseits sowie durch die Erfahrungen einer globalisierten und digitalisierten Welt andererseits rücken auch im Tanz posthumanistische Ansätze in den Blick, die die alleinige Handlungsmacht des Menschen infrage stellen. Die »posthumane Situation« beschreibt, so Rosi Braidotti, »einen grundlegenden Wandel in unseren Vorstellungen dessen, was eigentlich unsere Gattung, unser Gemeinwesen und unser Verhältnis zu anderen Bewohnern dieses Planeten ausmacht.« (Braidotti 2014: 7) In der posthumanen Situation sind Natur und Kultur keine Gegensätze mehr. Sie bilden vielmehr ein »Natur-Kultur-Kontinuum« (ebd.: 8), das »die selbstorganisierende (oder autopoietische) Kraft lebendiger Materie betont« (ebd.: 9). Damit ist die Frage nach dem Humanen nicht obsolet geworden. Sie stellt sich nur auf eine andere Art und Weise, nämlich relational zu nicht-menschlichen Akteuren wie Objekten, Tieren oder ganz allgemein zu sich bewegender und organisierender Materie.

Die Beziehung zwischen Tänzer*innen und Objekten spielt schon seit dem postmodernen Tanz der 1960er Jahre eine besondere Rolle. Sollen doch durch die Konfrontation des menschlichen Körpers mit Gegenständen aller Art seine Handlungs- und Bewegungsmöglichkeiten auf unvorhergesehene Art erweitert werden. Körper und Objekt gehen dabei eine Beziehung ein, die die subjektive Freiheit der menschlichen Bewegung zunächst einschränkt, weil das Objekt bestimmte Bewegungen nicht oder nur mit viel Mühe zulässt. Dafür erfordert und ermöglicht es andere, die die Tänzer*innen vorher gar nicht ersonnen hätten, um sie so zu kreativen Lösungen in der Auseinandersetzung mit dem Objekt anzuspornen. In zahlreichen Tanzstücken seit Mitte der 1990er Jahre wie etwa in Jérôme Bels *Nom donné par l'auteur* (UA 1994) oder in *La Ribots Distinguished Pieces* (UA 1993–2003) wird durch den Einsatz von Objekten auf die Objekthaftigkeit des Körpers auf der Bühne hingewiesen. Nicht mehr das

Herauskitzeln ungeahnter Bewegungen steht hierbei im Vordergrund, sondern der tanzende Körper erscheint als ein weiteres Objekt in einer Reihe von Objekten. Der menschliche Körper wird durch choreografische Strukturen zu einem Rädchen im Getriebe degradiert oder er wird durch den Blick der Zuschauer*innen gleichsam verdinglicht und als Objekt ausgestellt. Die spanische Tänzerin und Choreografin Maria La Ribot hat in ihrer Serie kurzer Stücke das Spiel mit Dingen und Gegenständen zum Prinzip erhoben. In einem schmucklosen Theater- oder Galerieraum hängen Kleidungsstücke an der Wand, liegen Wasserflaschen, Bauklötzchen, Schuhe und Perücken auf dem Boden herum. Nach und nach schreitet La Ribot die Objekte ab, holt sie zwischen den auf dem Boden sitzenden Zuschauer*innen hervor und bringt sie mit ihrem nackten Körper in Verbindung. Die zerbrochenen Einzelteile eines Klappstuhls bindet sie sich an die Beine und versucht sich dabei aufzurichten wie eine Ballerina auf Spitze. Sie verbindet Kopf, Hals, Oberkörper und Beine mit einem Packseil und hängt sich anschließend das Gepäckband eines Koffers am Flughafen wie eine Schärpe um die Schulter. Mit einem Pappschild mit der Aufschrift »Se vende« um den Hals steht sie auf einem Klappstuhl und bietet sich dem Publikum zum Verkauf an. Im Umgang mit den Objekten entstehen immer wieder humorvolle, fast slapstickartige Szenen, in denen der Körper nicht mehr in Opposition zur Dingwelt, sondern als hybrides Wesen zwischen Mensch und Gegenstand verstanden wird.

Dass Objekte sich der menschlichen Verfügungsgewalt entziehen, diese einschränken und eine eigene Wirk- und Handlungsmacht entwickeln, darauf weist der amerikanische Choreograf William Forsythe in seiner Serie von »choreografischen Objekten« hin. Dabei handelt es sich nur zum Teil um Gegenstände wie etwa einen Staubwedel, den die Betrachter*innen am ausgestreckten Arm vollkommen ruhig halten sollen, was aufgrund der Mikrobewegungen des Körpers und der Zirkulation der Luft im Raum nicht gelingen kann.

Forsythes Objekte materialisieren sich in verschiedenen Medien und Formaten von einfachen niedergeschriebenen Anweisungen über Videos und begehbaren Räumen hin zu installationsartigen Performances, in denen die Zuschauer*innen zum Handeln und damit dazu aufgefordert werden, sich zu bewegen (vgl. Siegmund 2019). Choreografische Objekte machen deutlich, dass es nicht der Mensch ist, der die Objekte choreografiert, sondern es sind die Objekte, die den Menschen choreografieren. Damit wird unsere Aufmerksamkeit auch darauf gelenkt, dass wir in unserem Alltag durch die architektonischen Anlagen einer Stadt oder durch Verbote choreografiert und gelenkt werden.[75] Auffällig wird dies erst, wenn uns, ausgelöst durch Krisen, Blockaden oder Demonstrationen, unsere gewohnten Wege plötzlich nicht mehr zur Verfügung stehen. Populäre urbane Tanzformen wie etwa *Parcours*, bei dem sich die Tänzerinnen und Tänzer geschickt an den Häuserwänden abstoßen, machen sich dies zunutze, um die scheinbar selbstverständlichen Grenzen spielerisch zu überwinden und neue horizontale Verbindungen zwischen Gebäuden zu ziehen. Im Anschluss an einen erweiterten Choreografiebegriff löst Forsythe Choreografie vom Tanz und dem menschlichen Körper und überträgt deren Prinzipien auf Objekte, an denen Balance, Kontrapunkt, Synchronisierung, Gewicht, Koordination, Schwung oder Wirkungsweisen wie die allseits empfundene Euphorie beim Tanzen studiert und am eigenen Leib nachvollzogen werden können. Choreografie ist für Forsythe primär eine Idee, die Bewegungsimpulse auslöst. »Das choreografische Objekt ist kein Ersatz für den Körper, sondern eher ein alternativer Schauplatz, an dem das Verständnis für den möglichen Impuls und die Organisation von Handlung angesiedelt sind.« (Forsythe 2008: 11) Im Zusammenspiel zwischen Körper und Objekt entsteht ein Beziehungsgefüge (Maar 2019), das den Teilnehmenden Handlungsoptionen eröffnet.

Während das phänomenologische Konzept der Zwischenleiblichkeit (Merleau-Ponty 1986) in erster Linie auf die Beziehung zwischen *menschlichen* Körpern abzielt, erinnern posthumanistische Ansätze daran, dass zur Dichte der Welt auch Tiere beitragen, deren Körper ebenso wie der menschliche respondieren kann. Für den Tanz ist der Bezug zur Tierwelt nichts Neues. Schließlich artikulierte sich schon das Ideal der Schwerelosigkeit im klassischen Ballett wie in *Schwanensee* über die Figur des Schwans, der das Imaginäre des Balletts prägte, indem er den tanzenden Körper transformierte und in eine Bewegung zwischen Mensch und Tier hineinführte. Seit den 1980er Jahren nehmen Choreografen wie Jan Fabre Abschied von derartigen Idealisierungen, indem sie die Tiere selbst auf die Bühne holen. Fabres Stücke werden bevölkert von lebendigen Papageien, Spinnen und Kaninchen, deren Potenzial für das Theater darin liegt, dass ihre Bewegungen nicht zu choreografieren sind. Sie fügen Fabres strengen Choreografien ein Moment des Unvorhersehbaren und Unverfügbaren hinzu, das die Form durch den Einbruch des Realen unterläuft. Die Choreografie entzieht sich der Kontrolle des Choreografen und öffnet sich auf das nicht-choreografierbare Andere.

Widmen sich zeitgenössische Choreograf*innen den Tieren, geschieht dies unter gänzlich anderen Vorzeichen (vgl. auch Brandstetter 2017). In den jüngeren Versuchen, sich mit Tieren auseinanderzusetzen, geht es nicht darum, die Grenzen zwischen Tieren und Menschen zu verwischen, was im Theater als einer von Menschen inszenierten Zusammenkunft und angeschauten Darbietung ohnehin schwierig wäre und neue ethische Probleme aufwerfen würde. Vielmehr versuchen sich Choreograf*innen in die Differenz hineinzubegeben, um darin *Berührungen* zwischen Menschen und Tieren zu ermöglichen. Dies kann, wie in Xavier *Le Roys Low Pieces* (UA 2011) auf der Grundlage einer intensiven Bewegungsstudie geschehen, die Tier-Körper, vermutlich ein Rudel großer Raubkatzen, und Mensch-Körper auf rein körperlicher Ebene aneinander angleicht. Das Stück besteht aus fünf Bildern, wovon das erste und das letzte jeweils eine Unterhaltung zwischen den Tänzer*innen und dem Publikum über die Rampe des Bühnenraums hinweg in Gang zu setzen versuchen. Die Sprache als das Merkmal, das den Menschen vom Tier scheidet, wird hier bewusst als Signal für den Menschen eingesetzt, während die drei sprachlosen Teile Tieren, Pflanzen und Steinen gewidmet sind, die sich durch gänzlich andere (Bewegungs-)Qualitäten bis hin zur vermeintlichen Regungslosigkeit auszeichnen. In der ersten Gesprächsrunde sitzen die Tänzer*innen auf dem Boden und verweigern dem Menschen somit seinen charakteristischen aufrechten Gang. Auf der gleichen Ebene wie Tiere, Pflanzen und Steine operierend, setzen sie als Gleiche unter Gleichen ihre Transformationen in Gang, die eine innere, körperliche Berührung mit dem anderen auslösen.

Einen anderen Weg wählt die in Berlin arbeitende Choreografin Kat Válastur in ihrem Stück *Rasp Your Soul* (UA 2019). Wie Boris Charmatz (vgl. Kapitel 7.4) setzt Válastur auf eine ausgeklügelte Tonspur, auf der sich elektronische Geräusche, Atem, verzerrte Stimmen, Maschinen- und Tiergeräusche wie z.B. galoppierende Pferde überlagern. Zwischen diesen hörbaren Körpern und dem anschaulichen Körper des Tänzers auf der Bühne entspinnt sich eine Interaktion, in der sich die Identität des Tänzers als völlig wandelbar, plastisch und modulierbar erweist. Er erscheint als transformierbares Wesen, dessen menschliche Substanz sich geradezu verflüssigt und sich mit dem Nichtmenschlichen vermischt. In beiden Beispielen erscheint der menschliche Körper in seiner ungeheuren Plastizität, die innere und äußere Berührungen über den Bewegungssinn oder über das Hören und Sehen mit dem Nicht-Menschlichen ermöglicht.

Sind es bei Xavier Le Roy noch menschliche Körper, die sich zu Steinen formen, verzichtet die dänische Choreografin Mette Ingvartsen in einer Reihe von Stücken mitunter völlig auf menschliche Akteure. In *Evaporated Landscapes* (UA 2009) choreografiert und orchestriert Ingvartsen von ihrem Mischpult am Rand der Bühne aus das Wechselspiel von Objekten, Licht und Trockeneisnebel, das die Szenerie unwirklich erscheinen lässt, eine bizarre, entvölkerte Landschaft, die sich permanent verändert, eine Landschaft vor der Entwicklung des Menschen oder nach seinem Untergang. In *The Artificial Nature Project* (UA 2012) sind die Akteure zwar zurückgekehrt, doch auch hier stehen sie nicht im Zentrum der Aufmerksamkeit. Stattdessen regnen Millionen Folienschnipsel vom Bühnenhimmel, aus denen die Tänzer*innen mit ihren Händen oder mit Laubbläsern bizarre Formationen bilden.

»The materials are set into motion by dancers, composing a body that is no longer made of human flesh but rather of a floating, flying mass. The emerging choreography is partly performed by human, partly by non-human performers set in motion.« (Homepage) Die menschlichen Akteure werden hier Teil eines viel größeren Organismus, der sich nicht allein aufgrund ihrer Handlungen entfaltet. Im Wechselspiel von Materie, Licht und ihren Bewegungen entsteht eine Choreografie, die nicht vorher festgelegt ist, sondern sich erst durch die zum Teil kontingenten Reaktionen und als Relation aller involvierten Elemente in situ entwickelt. Mette Ingvartsen choreografiert Materie, zu der *auch* der Mensch gehört.

Das Phänomen der im künstlerischen Sinne Kollaboration bietet die Möglichkeit, traditionelle Hierarchie- und Machtverhältnisse zwischen Choreograf*innen und Tänzer*innen infrage zu stellen. Kollaboration verändert mithin das Selbstverständnis der Choreograf*innen dahingehend, dass sie nicht mehr alleinige Autorschaft über ihr Werk beanspruchen können, weil es von vielen getragen und verantwortet wird. Martina Ruhsam schreibt:

> »Zeitgenössische Choreographien entstehen zunehmend in kollaborativen Arbeitsprozessen, die nicht der Umsetzung der Vorstellungen eines Choreographen gewidmet sind, sondern vielmehr der Konfrontation der Involvierten, dem Testen ihrer Vorschläge und der Verknüpfung ihrer Fähigkeiten. Es ist oft die Begegnung der Kollaborationspartner selbst, die den choreographischen Prozess erst auslöst und seinen weiteren Verlauf bestimmt.« (Ruhsam 2011: 17)

Daran knüpft sich die Beobachtung, dass Choreograf*innen häufig auch als Kurator*innen auftreten. Sie laden sich Kollaborationspartner*innen und Gäste ein, mit ihnen zusammen zu arbeiten, wobei jede und jeder seine eigenen Fähigkeiten, Qualitäten, Ansichten in den Prozess einbringt, dessen Resultat oft auch unter schwierigen Bedingungen ausgehandelt werden muss. Meg Stuarts Projekt *With*, das zu Anfang dieses Buches als Einstieg gewählt wurde, kann hier noch einmal als Beispiel dienen. Die Künstlerin Meg Stuart tritt hier nicht als Choreografin auf, die die Bewegungen ihrer Tänzer*innen in welcher Form auch immer gestaltet. Vielmehr wird sie zur Kuratorin, die Kolleginnen und Kollegen einlädt, gemeinsam etwas herauszufinden, von dem niemand weiß, was es ist. Sie eröffnet mithin ein Feld der Möglichkeiten, deren Ausgang ungewiss und kontingent ist. Sie lädt darüber hinaus andere Künstler*innen ein, nicht nur ihr körperliches, sondern auch ihr diskursives Wissen am Tisch einzubringen, ihre Erfahrungen, Probleme, Interessen, über die gemeinsam diskutiert wird. Die Veranstaltung öffnet sich auf eine Diskussionsrunde. Und drittens erhebt sie einen dezidiert gesellschaftspolitischen Anspruch, nämlich »gemeinsam mit dem Publikum herauszufinden, was sie verbindet und was auf dem Spiel steht« (Programmzettel). Sie erprobt Kommunikation mit choreografischen Mitteln und versucht Entscheidungsprozesse zu gestalten und einsehbar zu machen.

Im Anschluss an *With* lassen sich mit Blick auf das Thema der Zusammenarbeit zwei Punkte festhalten. Das Projekt stellt zum einen eine gewisse Praxis des Tuns und des Fragens dar. Als solche ist es ein Teil von Stuarts eigener künstlerischer Praxis, die sich hier nicht in erster Line als Bühnenstück realisiert, sondern ein anderes hybrides Format generiert. Zum anderen ist es in bestimmten Momenten die Aufführung der Praxis, wobei die Praxis aber *unabhängig* von der Aufführung zu denken ist. Der Begriff der Praxis hat sich im Feld des zeitgenössischen Tanzes dahingehend durchgesetzt, dass er eine Kontinuität des Arbeitens beschreibt. Diese kann sich in täglichen Routinen äußern, die, einer Art Training gleich, den oft prekären, weil projektbasierten Arbeits- und Lebensverhältnissen der Tänzer*innen eine gewisse Stabilität verleihen (Schuh 2019). Oft sind es somatische Praktiken, die als Grundlage der Praxis dienen, weil diese abseits normierter Ästhetiken einen anderen Bezug zum eigenen Körper ermöglichen.[76] Praxis kann aber auch eine Praxis des Kollaborierens in Gestalt von Workshops bedeuten und damit eine Öffnung und Konfrontation des eigenen Tuns und Denkens auf das und mit dem Denken und Tun anderer. Die britische Kuratorin und Theoretikerin Irit Rogoff schlägt in diesem Zusammenhang deshalb vor, Kunst nicht mehr länger als »Event« zu begreifen, sondern als einen kontinuierlichen Prozess, der es Künstler*innen ermöglicht, das, was sie ohnehin tun, weiterzuverfolgen, wobei ihr Tun durch das, was andere ohnehin tun, affiziert werden kann. Diese anderen müssen nicht unbedingt andere Künstler*innen sein, sondern es können auch Workshop-Teilnehmer*innen, Passant*innen, Besucher*innen oder Zuschauer*innen sein (zitiert in: van Eikels 2017: 122). Insofern werden die Zuschauer*innen bei *With* zum Teil der Praxis, die auch diesseits einer Aufführung ohne ihre Teilnahme stattfindet. Die Aufführung ist lediglich ein Ausschnitt, eine andere Art des Zusammenkommens mit anderen, deren ästhetische Dimension zugunsten der ethischen nahezu komplett in den Hintergrund tritt. Die je singulären subjektiven Situationen der Teilnehmer*innen bilden die aktuelle gemeinsame Situation heraus, die durch die Teilung in teilnehmende Zuschauer und zuschauende Teilnehmende an ihre Grenze geführt wird. Diese Grenze der aktuellen gegenständlichen Situation führt ein ästhetisches Moment in das ethische Handeln der Teilnehmenden ein und eröffnet paradoxerweise gerade durch das ästhetische Moment die Möglichkeit, die Situation zu verändern und zu transzendieren. Durch das ästhetische Moment öffnet sich die Situation. Sie setzt sich fort in den anderen Raum der Zuschauenden, von wo aus sie sich ohne Kontrolle der Beteiligten weiterentwickeln kann oder, wie es Oliver Marchart in Bezug auf das Politische formuliert hat, *eben auch nicht*. Die Immanenz der Situation, die ohne die Zäsur der zuschauenden Blicke lediglich der Selbstverständigung einer geschlossenen Gruppe von Insidern diente, eröffnet erst durch die Unterbrechung der Handlung die Möglichkeit eines anderen (gesellschaftlichen) Handelns. Sie setzt sich fort in einen anderen Raum über die Grenze des Bühnenraums hinweg: in den der Zuschauer*innen.

Die Frage, was in der Theatersituation geschieht, muss im Feld des Tanzes anders beantwortet werden als im Bereich Theater. Die Situation des Tanzes resultiert aus dessen besonderem Fokus auf dem menschlichen Körper, seinen Möglichkeiten, seiner Materialität und seiner Responsivität anderen menschlichen und nicht-menschlichen Körpern gegenüber. Funktionen wie Anordnen, Diskursivieren und Verbinden treten neben Funktionen wie Durchspielen, Fiktionalisieren und Anerkennen. Andere Formate entstehen, die auch den Tanz einen Schritt fort von der autonomen Kunst machen lassen. Er bewegt sich auf einem Feld, auf dem er auf das Theater trifft und das sich ebenfalls wegbewegt hat von der traditionellen Form der Drameninszenierung. Der theatrale Tanz und das verkörperte Theater berühren sich auf dem Feld der Performance.

Anmerkung

1 *A Long Lasting Affair* wurde im Rahmen des Tanzkongresses 2019 vom 5. bis 10. Juni 2019 im Festspielhaus Dresden-Hellerau veranstaltet. Der Tanzkongress, gefördert unter anderem von der Kulturstiftung des Bundes, findet alle drei Jahre an wechselnden Orten in Deutschland statt. 2019 wurde die Leitung zum ersten Mal einer Künstlerin, Meg Stuart, übertragen, die die Veranstaltung als Ort der Zusammenkunft und des Austauschs von Tanzpraktiker*innen konzipiert hatte. *With* fand vom 29. Februar bis 6. März 2020 in der Kammer 3 der Münchner Kammerspiele statt. Die Veranstaltung war am 3., 4. und 5. März mit wechselnden und flexiblen Zeitangaben für das Publikum geöffnet. Das Festival »Tanzplattform Deutschland« wird alle zwei Jahre von einem Partner im Verbund freier Theaterhäuser, die sich in ihrem Programm dem Tanz verpflichtet fühlen, ausgerichtet.

2 Nun ist *With* zwar kein Bühnenstück, es ist aber doch Teil des künstlerischen Projekts der Choreografin. Der Programmzettel weist dann auch Meg Stuart zusammen mit Moriah Evans als Verantwortliche für das Konzept aus, die bildende Künstlerin Doris Dziersk für das Raumkonzept. Auch für die anderen Gewerke wie Dramaturgie (Silke Bake), Licht (Jürgen Kolb) und Sound (Richard König) sind Namen genannt, wodurch sich die Veranstaltung als inszenierte zu erkennen gibt.

3 Der Sammelband *Theater und Medien*, der aus den Beiträgen des 8. Kongresses der Gesellschaft für Theaterwissenschaft 2006 in Erlangen hervorgegangen ist, versammelt hierzu wichtige Beiträge; Schoenmakers/Bläske/Kirchmann/Ruchatz 2008.

4 So liest z.B. Bernhard Greiner Schillers Ästhetik als Versuch, entgegen Kants Bestimmungen in der *Kritik der Urteilskraft* einen »Brückenschlag zwischen dem Schönen und dem Sittlichguten« zu voll-

ziehen: »die sinnliche Natur des Menschen soll eine mitwirkende Partei beim sittlichen Handeln sein«, Greiner 1998, S. 31–32.

5 Juliane Rebentisch argumentiert, dass Rezeptionsprozesse von Kunstwerken prinzipiell offen und auf die Situiertheit der Betrachter*innen angewiesen sind, wodurch jedem Kunstwerk ein Moment der Theatralität eigen ist. Mit der Figur der Theatralität lassen sich auch Werke der bildenden Kunst in das hier beschriebene Spannungsfeld zwischen Ästhetik und Ethik eintragen; Rebentisch 2013.

6 Vgl. etwa den Titel des Sammelbandes *AufBrüche. Theaterarbeit zwischen Text und Situation* (Primavesi und Schmitt 2004).

7 In Pina Bauschs Stücken *1980 – Ein Stück von Pina Bausch* (1980) tanzt das Ensemble in einer girlandenartigen Formation immer wieder durch die Publikumsreihen. In *Viktor* (1986) werden Brötchen geschmiert und an die Zuschauer verteilt.

8 Eine Freie Szene gab es in Deutschland bereits seit den 1970er Jahren (Weihs 1981). Sie entwickelte sich im Umfeld diverser Aktionsformen der Studentenbewegung, blieb aber im Gegensatz zu den Entwicklungen seit den 1990er Jahren weitgehend in der Soziokultur bestimmter Milieus verhaftet. Während Henning Fülle (2016) in seiner Studie eine kontinuierliche Entwicklung der Freien Szene seit den 1960er Jahren beschreibt, der er gegenüber dem Stadttheater als einziger Form ästhetische Innovationskraft zuspricht, setze ich aufgrund ihrer unterschiedlichen Werte, Ziele, Arbeits- und Produktionsweisen zwischen den beiden Erscheinungsformen der Freien Szene eine Zäsur.

9 Pina Bausch etwa hat durch Verfahren der Wiederholung Probenprozesse zum Teil der Aufführung werden lassen, vgl. Siegmund 2017.

10 Bojana Kunst ist den Verbindungen zwischen der Art und Weise, wie heute Kunst produziert und rezipiert wird, und postfordistischer und affektiver Arbeit nachgegangen; Kunst 2015.

11 Die Kulturstiftung des Bundes hatte zwischen 2005 und 2013 den Fonds »Heimspiel« aufgelegt, in dessen Rahmen die Stadttheater aufgefordert waren, »in ihnen bisher unbekannte Stadtviertel zu gehen, dort die Biografien und Alltagsgeschichten der Bewohner kennenzulernen, um in einem nächsten Schritt Formen zu schaffen ›für einen echten Austausch zwischen dem Theater und den Menschen der Stadt‹« (Mundel und Mackert 2011: 132).

12 Ähnlich und mit kritischem Blick auf bestimmte Lesarten von Lehmanns Text argumentiert auch Theresia Birkenhauer, wenn sie das postdramatische Theater nur als eine weitere Spielart von Theater betrachtet, die das Spannungsverhältnis zwischen dramatischer Handlung und szenischem Geschehen auf eine bestimmte Art und Weise bearbeitet (Birkenhauer 2006).

13 Ähnlich argumentiert die Philosophin Judith Siegmund in ihrem Versuch, vor dem Hintergrund zeitgenössischer Kunstproduktion die Zweckfreiheit von Kunst und die damit verbundene Vorstellung einer autonomen Kunst infrage zu stellen. Siegmund argumentiert dahingehend, dass Kunst heute nicht mehr länger als Sphäre höherer geistiger Werte gedacht werden kann, weil sich unsere Gesellschaft selbst als durch ästhetische Prozesse konstituierte zu erkennen gibt; Siegmund 2019.

14 Der amerikanische Tänzer und Choreograph Jeremy Wade lebt und arbeitet in Berlin. Sein Stück *Together Forever* hatte im Februar 2014 im HAU Hebbel am Ufer (HAU 3) in Berlin Premiere. Von und mit: Jeremy Wade, Liz Rosenfeld, Michiel Keuper, Igor Koruga, Jared Gradinger.

15 Die Gruppe Wrights & Sites besteht aus vier »artist researchers«, Stephen Hodge, Simon Persighetti, Phil Smith und Cathy Turner, die ihre Arbeit als »focused on peoples' relationship to places, cities, landscape and walking« beschreiben (http://www.mis-guide.com/ws/about.html); zu ihrer Arbeit und der Arbeit anderer Künstler, die sich mit dem Gehen und der Erkundung von Räumen beschäftigen, vgl. Ralph Fischer 2011.

16 Richard Schechner war von 1967 bis 1980 Leiter der New Yorker Performance Group, mit der er zahlreiche dramatische Texte wie etwa Euripides' *Die Bakchen* oder Bertolt Brechts *Mutter Courage* inszenierte. Gleichzeitig arbeitete Schechner als Lehrer an der New York University, an der er schließlich 1980 das Institut für Performance Studies mitbegründet hat.

17 Schechners Arbeit wurde bislang vor allem unter dem Gesichtspunkt des Rituals diskutiert und kritisiert. So enthält die Performance *Dionysus in 69* die Aufführung eines Geburts- und eines Todesrituals, die Schechner, wie Erika Fischer-Lichte schreibt, »sich direkt von den Asmat in Neu-Guinea ausborgte« (Fischer-Lichte 1997: 35). Die

Funktion der Rituale lag in der Hoffnung, sie mögen eine Art Gemeinschaft herstellen, die die Gesellschaft heilen könne. »Man ging davon aus«, so Fischer-Lichte weiter, »dass man durch den Vollzug bestimmter Rituale die beteiligten Performer und Zuschauer, die einerseits an ihrer Einsamkeit und Anonymität und andererseits an ihrer Konformität in der Massengesellschaft litten, in ›Gemeinschaftswesen‹ verwandeln könnte.« (ebd.) Im Kontext der amerikanischen Bürgerrechts- und Anti-Vietnamkriegs-Bewegung schien, so Fischer-Lichte, der direkte Rückgriff auf die Forderungen der historischen Avantgarden, Kunst und Leben zu verschmelzen, eine erfolgversprechende Strategie zu sein. Im Ritual verschmelzen Kunst und Leben. Schechner und Debord teilen die Denkfigur der Avantgarden. Demgegenüber schlage ich hier anhand des Textes »Six Axioms for Environmental Theater« eine andere Lesart vor, die die Aufführung im Bereich des Theaters belässt, um aus dem Theater selbst ein Spannungsverhältnis zwischen Leben und Kunst, Ethik und Ästhetik zu entwickeln.

18 Michael Kirby hat diese Definition 1966 für den Raum der Happenings entwickelt. Happenings und environmental theater beziehen die Zuschauer räumlich in ihr Spiel ein (Kirby 1966: 24).

19 Schechner war nicht der erste und einzige Theaterpraktiker, der in den 1960er Jahren anfing, den Theaterraum anders zu denken und zu nutzen. Der polnische Regisseur Jerzy Grotowski, der mit seinem Theater-Labor im polnischen Opole und später in Wrocław für viele Regisseure der Zeit wie etwa Peter Brook oder Eugenio Barba als Vorbild diente, hatte 1962 in seiner *Kordian*-Inszenierung nach Juliusz Słowacki die Handlung in eine psychiatrische Klinik verlegt, wo er die Zuschauer auf mehrere Etagenbetten im Raum verteilte. Den Zuschauern wurde die Rolle der Patienten zugewiesen, während die Schauspieler neben, unter, zwischen und vor ihnen agierten. Auch für Grotowski blieb, nachdem er alle Zufälligkeiten wie Requisiten oder Dekor aus seiner Definition von Theater ausgeschlossen hatte, die Beziehung zwischen Publikum und Akteuren die einzige Grundlage für Theater.

20 The Acency bestehen aus vier Mitgliedern: Magdalena Emmering, Belle Santos, Rahel Spöhrer und Yana Thönnes, die seit 2015 zusammenarbeiten. Ihre Stücke werden regemäßig an den Münchner Kam-

merspielen, dem FFT in Düsseldorf sowie in den Sophiensälen in Berlin gezeigt. Die Produktion *Love Fiction* hatte im Rahmen des Festivals »Freischwimmer« am 15. November 2016 in den Berliner Sophiensälen Premiere. *Perfect Romance* wurde am 14. Februar 2018 an den Münchner Kammerspielen uraufgeführt.

21 Für Jon McKenzie hat das Paradigma der Performance das Disziplinardispositiv als Regelungs- und Steuerungsmechanismus unserer spätkapitalistischen Gesellschaften abgelöst. Performance wird in ganz unterschiedlichen Bereichen wie der technologischen Entwicklung, der Wirtschaft und der Kunst zum neuen Imperativ (McKenzie 2001).

22 Juliane Rebentisch leitet daraus eine besondere Verfasstheit der ästhetischen Erfahrung ab, die die Rezipient*innen aufgrund der Unverfügbarkeit der eigenen Erfahrung zur Reflexion über die Möglichkeitsbedingungen des eigenen Urteilens anhalte (Rebentisch 2013: 86–89); in ähnlicher Weise kritisiert Ines Kleesattel Rancières Konzept, wenn sie sagt, dass dem freien Spiel der Meinungen und Intelligenzen durch die spezifische Verfasstheit des Objekts, mithin also dessen Mitteln der Darstellung, Grenzen gesetzt sind. Das »individuelle Abenteuer« der Rezipienten ist kein hinreichender Grund dafür, Kunstwerke als »kritisch« verstehen zu können (Kleesattel 2016: 182). Ungeachtet dieser Kritik wird Rancières Text häufig als Referenz herangezogen, wenn es um unmittelbar partizipative und politische Formen des Theaters geht, um deren emanzipatorische Wirkung zu unterstreichen. Dies ist m.E. aber nur möglich, weil Rancières Nähe zur Autonomieästhetik, die sich aus dem Denken des deutschen Idealismus speist, völlig außer Acht gelassen wird.

23 Vgl. etwa zuletzt Matthias Warstat 2018: 117. Warstat bringt Rancières emanzipierten Zuschauer explizit gegen Guy Debord in Stellung, um Debords Grundannahme, dass der Mensch in der Gesellschaft des Spektakels ein völlig fremdbestimmtes Leben führe, zu widersprechen.

24 Ähnlich argumentiert Andreas Kotte, wenn er die Situation als Voraussetzung für szenische Vorgänge begreift: »Geraten Situationen in Bewegung, kann man die entstehenden Komplexe von Handlungen Vorgänge nennen.« Je nach Grad der Hervorhebung und der Konsequenzverminderung erscheinen diese Vorgänge dem Betrachter dann als Theater oder als Wirklichkeit; Kotte 2005: 19.

25 Aus diesem Grund bestimmt André Eiermann im Gegensatz zu Erika Fischer-Lichte die Aufführung nicht über die leibliche Ko-Präsenz von Darstellern und Zuschauern. Ob eine Situation als Aufführung oder als Ausstellung betrachtet wird, hängt nicht von Eigenschaften wie etwa der Ko-Präsenz ab, sondern »in welcher dispositivischen Szene, vor dem Hintergrund welcher Übereinkunft und auf der Grundlage welcher mit dieser Übereinkunft verbundenen Erwartungshaltungen und Aufmerksamkeitsmodi des Publikums sie erfahren wird«; Eiermann 2009: 371.

26 Karl Jaspers denkt daher die gemeinsame Situation als Resultat des Willens Einzelner und deren Handelns in der Sache, die gewollt wird. »Letzthin ist nur der Einzelne in einer Situation. Von da übertragend *denken* wir die Situation von Gruppen, Staaten, der Menschheit, von Institutionen wie Kirche, Universität, Theater, von objektiven Gebilden wie Wissenschaft, Philosophie, Dichtung. Wie wir den Willen einzelner dieser als ihre Sache ergreifen sehen, ist dieser Wille mit seiner Sache in einer Situation.« (Jaspers 1999: 23) Der Situation ist immer schon ein Zweck eingeschrieben, der erkannt werden und nach dessen Zielsetzung das Subjekt handeln muss. »Dann stehe ich der Situation nicht mehr gegenüber, sondern verwirkliche sie in einem Dasein.« (ebd.: 24)

27 Für Jacques Lacan ist dieser Blick, der eigentlich ein Hören ist, das aber sofort kontrafaktisch ein Angeblicktwerden als Reaktion auslöst, das Einfallstor für eine andere Art Blick: den Blick des Dritten, der kein reales Gegenüber ist, sondern der (internalisierte) Blick der symbolischen Ordnung der Kultur.

28 Bernhard Waldenfels kritisiert Sartres Grundannahme einer »ontologischen Dichotomie« zwischen dem Sein und dem Nichts, die es nahezu unmöglich mache, eine gelebte Verbindung zwischen dem Für-sich und dem An-sich herzustellen. So ist für Sartre der Leib entweder von mir gelebt oder von anderen als Objekt betrachtet und benutzt. Erst im Betrachtetwerden kommt er zu sich; von ihm selbst als gelebtem Leib geht mithin keine eigene Motivation für Handlungen oder Verhalten aus. Der Doppelcharakter des Leibes, gleichzeitig berührter als auch berührender zu sein, findet in Sartres Denken keinen Eingang; Waldenfels 1987: 92–93.

29 Das Konzept der Theatralität wurde im Fach Theaterwissenschaft lange und kontrovers diskutiert. Was Theatralität auslöst, etwa eine bestimmte Verwendung von Zeichen, und vor allem wer sie auslöst – die Produzierenden, die ihren Inszenierungen eine bestimmte ›theatrale‹ Qualität verleihen, die Rezipienten, die die Inszenierungen auf eine bestimmte ›theatrale‹ Weise wahrnehmen –, war Thema lang anhaltender Debatten. Für einen sehr guten Überblick über die einzelnen Beiträge vgl. Féral 2002.

30 Richard Schechner hat für diese Verschiebung innerhalb der Person der Performer*in die Formulierungen »Nicht-Ich« und »nicht-Nicht-Ich« geprägt. Die Performer*innen sind im theatralen Rahmen nie sie selbst, weil das, was sie sind, von anderen (der Rolle, den Zuschauer*innen) abhängt; sie sind »Nicht-Ich«. Gleichzeitig spielen sie in diesem Falle aber keine ausgestaltete Rolle, sondern sind ihr eigenes Material, das in der Aufführung zum Thema wird; sie sind daher auch zugleich »nicht-Nicht-Ich« (Schechner. 1990: 217).

31 Dass auch dies geschieht, steht außer Frage. Im Bereich der bildenden Kunst wäre hier die Arbeit der österreichischen Gruppe »Wochenklausur« zu nennen, deren Mitglieder auf Antrag in gesellschaftspolitische Prozesse intervenieren, um z.B. in Konfliktfällen mit allen Beteiligten eine nachhaltige Lösung eines Problems zu erarbeiten oder Projekte zu initiieren. Ihr Handeln unterscheidet sich damit nicht von der Tätigkeit anderer Mediatoren und Interessengruppen. Es zeitigt greifbare Resultate, indem es das Lebensumfeld von Bürgern etwa durch das Bauen eines Jugendtreffs im österreichischen Goldegg oder die zivilgesellschaftliche Nutzung einer Kirche in Köln in der Tat verändert. Ob man ihre Arbeit noch als Kunst verstehen will, ist dabei eine nachgeordnete Frage; vgl. http://www.wochenklausur.at/kunst.php?lang=de

32 *Deutschland 2* fand am 27. Juni 2002 in der Schauspielhalle Bonn-Beuel statt, nachdem der damalige Bundestagspräsident Wolfgang Thierse die ursprünglich vorgesehene Nutzung des alten Plenarsaals des Deutschen Bundetags in Bonn untersagt hatte. Thierse sah durch die Aufführung die Würde des Bundestags in Gefahr und wollte sie zunächst verbieten. Nach einer Welle des Protests schlug er die Nutzung der Schauspielhalle vor; vgl. https://www.rimini-protokoll.de/website/de/project/deutschland-2-theater.

33 Eine beißende Kritik an diesem Projekt hat der Philosoph Alexander García Düttmann (2016) verfasst. Düttmann spricht dem Projekt ab, eine Theateraufführung zu sein, und bemängelt das fehlende Reflexionspotenzial des Abends, der für ihn an Banalität kaum zu übertreffen war.

34 She She Pop beziehen sich für ihre Praxis selbst immer wieder auf Brechts Lehrstücktheorie und haben sich für ihr Stück *Oratorium* (UA 2018) von dieser inspirieren lassen; vgl. Birgfeld 2018.

35 Die Choreografin Pina Bausch hat in ihren Arbeiten seit Ende der 1970er Jahre das Herstellen und Probieren einzelner Szenen in ihren Stücken selbst reflektiert, vgl. dazu Siegmund 2017c.

36 In Anlehnung an Jean-Luc Nancys Kategorie der *adoratio*, die das Sprechen als an-sprechen einer göttlichen, abwesenden Instanz als Ursprung des Sprechens versteht, klingt für Helga Finter diese Art der Ansprache auf der Bühne heute in der poetischen Form der Sprache nach: »Doch Theater bleibt nur dann kritisch, wenn es die *adoratio* ins Zentrum stellt: eine Ansprache, die als Figurenrede oder Rede an ein Publikum sich zugleich an einen abwesenden, unmöglichen Dritten richtet und damit Sprache und Sprechen selbst als vom Unmöglichen signiert thematisiert.« (Finter 2013b: 568)

37 *Say It Like You Mean It* wurde am 15. März 2000 auf Kampnagel in Hamburg uraufgeführt; von und mit: Johanna Freiburg, Alex Large, Sean Patten, Liane Sommers, Berit Stumpf, Simon Will; Video: Alex Large, Diashow: Leigh Haas.

38 Die »szenische Installation« *Making Of :: Marylin* hatte am 2. Juni 2013 am Schauspiel Frankfurt Premiere; Regie: Bernhard Mikeska, Text: Lothar Kittstein, Dramaturgie: Alexandra Althoff, Bühne: Dominic Huber, mit: Sandra Gerling, Esther Hausmann, Henrike Johanna Jörissen, Franziska Junge, Martin Rentzsch, Valery Tscheplanowa.

39 An dieser Stelle sei lediglich auf die Rolle des Zeugen in Brechts Straßenszene verwiesen, die aber vornehmlich den Spieler als Zeugen in den Blick nimmt, der anderen, Dritten, von dem Geschehen berichtet und es aus seiner Perspektive heraus vorführt; für Andrzej Wirth geht Brechts Lehrstücktheorie unmittelbar aus der Straßenszene hervor; vgl. Wirth 2013: 170.

40 Bels Zusammenarbeit mit dem Theater HORA hat heftige Diskussionen ausgelöst. Bel stelle die Schauspieler*innen aus und gebe ihnen wenig Raum, ihr eigenes Können zu entfalten; vgl. dazu Wihstutz/Umathum 2015 und Siegmund 2017b: 244–263.

41 *Versuch über das Sterben* von und mit Boris Nikitin wurde am 11. September 2019 in der Kaserne Basel, Schweiz, uraufgeführt; der Text ist erschienen bei Edition Frida, Chur 2020.

42 An diesen Gedanken schließen sich weiterführende Überlegungen zur Wiederholbarkeit von Performances generell sowie zum Status von Archiven und ihren Dokumenten an. Die Debatte und das, was mit dem Archiv auf dem Spiel steht, wird sehr gut dargestellt in Schneider 2011; zur Bedeutung des Körpers in Bezug zur Figur des Zeugen vgl. Siegmund 2013.

43 Eva Holling hat aufgezeigt, dass Anerkennung auf dem psychischen Mechanismus der Übertragung basiert, bei dem wir einem Anderen unterstellen, Wissen zu besitzen, das wir nicht haben. Zuschauer*innen und Schauspier*innen begegnen sich am Ort des Theaters, um sich über ihr Nicht-Wissen hinweg, von dem sie aber annehmen, dass es der andere weiß, zueinander in Beziehung zu setzen; vgl. Holling 2016.

44 Das Künstlerkollektiv Signa wurde von Signa und Arthur Köstler gegründet und arbeitet seit 2001 an verschiedenen Performances; *Die Erscheinungen der Martha Rubin* wurde in drei Blöcken in der Zeit vom 13. bis 28. Oktober 2007 in der Halle Kalk des Schauspiels Köln uraufgeführt; https://signa.dk/projects_pid=53980.html

45 Die britische Gruppe Punchdrunk arbeitet seit 2000 unter der künstlerischen Leitung von Felix Barrett zusammen und kreiert seitdem »a form of immersive theatre in which roaming audiences experience intimately epic storytelling inside sensory theatrical works« (Machon 2013: 3); vgl. auch https://www.punchdrunk.org.uk.

46 machina eX wurden 2010 im Umfeld des Studiengangs Angewandte Kulturwissenschaften der Universität Hildesheim gegründet. Zum Team gehören Anna Sina Fries, Jan Philip Steimel, Clara Ehrenwerth, Lasse Marburg, Matthias Prinz, Yves Regenass und Robin Hädicke; vgl. auch https://www.machinaex.com/de/projects

47 An dieser Stelle eröffnet sich die Frage nach einer anderen Form der Kritik als jener, die Bernd Stegemann für das realistische Theater an-

strebt (vgl. Kapitel 4.1). Geht Stegemanns Vorstellung eines kritischen Theaters immer noch davon aus, dass es einen richtigen, marxistisch-linken Standpunkt außerhalb des Systems gibt, von dem aus Kritik geübt werden kann, geben viele zeitgenössische Theaterformen jenen externen Standpunkt zugunsten der Feststellung auf, immer schon in die Widersprüche der Zeit involviert zu sein. Daraus ergeben sich andere Forderungen an Kritik, die gleichsam aus dem Inneren des System heraus operieren muss; vgl. dazu zahlreiche Beiträge in Ebert, Holling et al. 2018.

48 Public Movement wurden 2006 von Omar Krieger und Dana Yahalomi gegründet, die seit 2011 die Gruppe alleine leitet, vgl. auch http://www.publicmovement.org/about/

49 Es ist nachgerade ein Topos linker Kunstphilosophie, auf ein zukünftiges Moment (der Revolution, des Politischen) zu vertrauen, an dem Kunst als Katalysator teilhat, um sich in dem Zustand danach, in dem keine explizite Kunst mehr nötig sei, in einer Lebenskunst aufzulösen. So verwirklicht sich Brechts Lehrstück im Großen Pädagogium, das erst nach der Revolution seine Notwendigkeit beweisen wird, und Guy Debords *dérives* sind inszenierte Vorstufen einer Lebenskunst, die erst nach der Revolution auf ihren Inszenierungscharakter verzichten kann und als nicht-entfremdete Erfahrung zur vollen Entfaltung kommt. Für Debord und viele seiner Anhänger trat dieser Zustand dann tatsächlich während der Proteste im Mai 68 auch ein.

50 Milo Raus Projekte, die dieser zusammen mit seiner Produktionsfirma International Institute of Political Murder realisiert, sind aufwendig in Buchpublikationen und Filmen dokumentiert; vgl. http://international-institute.de/

51 Das Zentrum für politische Schönheit unter der Leitung von Philipp Ruch ist bekannt geworden durch Aktionen wie *Die Toten kommen* (2015), bei der angeblich die Leichen von Geflüchteten exhumiert und von den Außengrenzen der EU nach Berlin transportiert worden sind, wo sie aufgebahrt und anschließend bestattet wurden, oder zuletzt *Sucht nach uns* (2019), eine Aktion, in der angeblich die Asche von Holocaust-Opfern in einer Stele als Mahnung vor dem Deutschen Reichstag platziert wurde; zu den Zielsetzungen der For-

mation vgl. Ruch 2015 sowie https://politicalbeauty.de/ueber–das-ZPS.html

52 Jonas Staal ist bildender Künstler, der an der Schnittstelle von Kunst und Demokratie arbeitet; zum *New World Summit* vgl. http://www.jonasstaal.nl/projects/new-world-summit-berlin/

53 Bekannt geworden ist ein Vorfall am Ende von Raus *Generalversammlung* an der Schaubühne am Lehniner Platz Berlin (3. bis 5. November 2017), bei dem ein türkischer Abgeordneter nach einer Entscheidung des Regisseurs Milo Rau des Saales verwiesen wurde, weil er den Genozid an den Armeniern leugnete; zahlreiche Delegierte wehrten sich gegen Raus autokratische Entscheidung, sodass der Abgeordnete wieder in den Saal zurückbeordert wurde; vgl. dazu Malzacher 2020: 113.

54 *Welt-Klimakonferenz* hatte am 21. November 2014 am Deutschen Schauspielhaus in Hamburg Premiere; ein Zusammenschnitt der Veranstaltung findet sich unter https://www.rimini-protokoll.de/website/de/project/welt-klimakonferenz

55 *Hamlet* wurde am 24. September 2016 in der Kaserne Basel uraufgeführt; Konzept, Regie, Text: Boris Nikitin, Performance, Text: Julia*n Meding, Songs: Uzrukki Schmidt, Barockensemble: Der musikalische Garten, Ausstattung: Nadia Fistarol, Video: Georg Lendorff, Elvira Isenring, Dramaturgie, Ton: Matthias Meppelink.

56 Es gibt im deutschsprachigen Raum nach wie vor wenig Studien im tanzwissenschaftlichen Bereich, die sich explizit mit Genderfragen auseinandersetzen. Eine Ausnahme bildet hier die Studie von Janine Schulze (1999).

57 Brandstetter entwickelt anhand Aby Warburgs Theorie eine dekonstruktive Lesart der Pathosformel. Sie begreift diese analog zur rhetorischen Figur, in der Wissen, Affekte und Raum zu einer Figur zusammengeschlossen sind. Brandstetters Figurbegriff zielt in der Folge nicht auf das Wiedererkennen eines festgefügten unabänderlichen Schemas. Vielmehr beinhaltet er immer schon seine eigene De-Figuration, die in seiner performativen Qualität gründet, seine »transformatorische, inversive und konfigurative Eigenschaft« (Brandstetter 2002: 10). Figur wird so selbst zur Szene einer wahrnehmungsästhetischen und wissenstheoretischen Auseinandersetzung (ebd.: 13). Und dies im doppelten Sinne: Durch den Akt des Lesens einer-

seits, durch den die Tänzerinnen und Tänzer ihre Figuren auffassen, und durch den Akt des Lesens andererseits, den das Publikum im Akt der Rezeption durch die Interpolation von kulturellen und ästhetischen Codes und Wissensbeständen vornimmt, um Bedeutungen fortzuschreiben.

58 Die Bedeutung Artauds für die Generation der Theatermacher der 1960er Jahre ist schon vielfach erforscht worden. So bildet Artauds utopisches Körpertheater den Referenzpunkt für Jerzey Grotowskis Arbeit mit seinem Theaterlabor im polnischen Opole und Wrocław, für Eugenio Barba und sein Odin Teatret in Dänemark oder für Peter Brooks Arbeit in Großbritannien. Er überschrieb die Saison der Royal Shakespeare Company 1964/65 mit dem Titel »Theater der Grausamkeit«; für einen Überblick vgl. Martin 1991.

59 Artaud selbst betont, dass seine Vorstellung von Grausamkeit »nicht gleichbedeutend mit vergossenem Blut, mit Märtyrerfleisch und gekreuzigtem Feind« ist. »Ich gebrauche das Wort Grausamkeit im Sinne von Lebensgier, von kosmischer Unerbittlichkeit und erbarmungsloser Notwendigkeit, im gnostischen Sinne von Lebensstrudel, der die Finsternis verschlingt, im Sinne jenes Schmerzes, außerhalb dessen unabwendbarer Notwendigkeit das Leben unmöglich wäre.« (Artaud 1996: 110)

60 Jacques Derrida hat in zwei berühmten Aufsätzen Artauds Theater als ein unmögliches Theater beschrieben, weil es »die Reinheit einer Präsenz ohne innere Differenz und ohne Wiederholung« anstrebe (Derrida 1976a: 378). Artauds Versuche, den westlichen Dualismus von Körper und Seele in einem einzigen unwiederholbaren Akt, einer »reinen Schöpfung des Lebens« (Derrida 1976b: 267), einer »werklosen Kunst«, aufzuheben, stehe stets an der Grenze zur Repräsentation, die für Derrida immer schon begonnen hat (1976a: 379).

61 Gilles Deleuze und Félix Guattari haben in ihrer Schizoanalyse des Spätkapitalismus Artauds Formulierung des organlosen Körpers dafür verwendet, einen Körper zu bezeichnen, den man gerade nicht durch Bezeichnungen oder Funktionszuschreibungen identifizieren kann. Vielmehr dient der organlose Körper in ihrer Lesart als Ort der Produktion von Wunschmaschinen und Verkettungen von Körperteilen, Objekten, Wünschen und Lüsten, deren Intensitäten sich

ständig wandeln und deren Zustände »ein transpositionelles Subjekt« durchläuft; Deleuze/Guattari 1988: 114.

62 Matthias Warstat untersucht anhand des Begriffs der Heilung die Beziehung von Krise und Theater in der Moderne. Dem Theater wird in der Moderne vor dem Hintergrund gesellschaftlicher Krisen eine heilende Wirkung zugesprochen, die die Wirkungsästhetik des modernen Theaters nachhaltig geprägt hat; Warstat 2011.

63 Aufgrund ihrer Geschichte als Repräsentation einer in ihrem Ursprung staatlichen Ordnung stehen Teile der Tanzwissenschaft dem Konzept der Choreografie kritisch gegenüber. Für André Lepecki stellt Choreografie einen »apparatus of capture« dar, der die Freiheit jedes Einzelnen, sich zu bewegen, einschränkt. Lepecki hat dafür den Begriff der »choreopolice« geprägt (Lepecki 2013); vgl. zu dieser Diskussion Siegmund 2012; für einen Überblick über den Wandel des Choreografiebegriffs seit dem 17. Jahrhundert vgl. Foster 2011.

64 Die viel diskutierte Ausnahme ist hier Strawinskys *Le sacre du printemps* in der Choreografie von Vaslav Nijinsky, die bei ihrer Uraufführung in Paris 1913 zu einem der größten Theaterskandale des 20. Jahrhunderts wurde. Strawinskys komplexe rhythmische Komposition und Nijinskys für damalige Augen brutale, stampfende Bewegungen wurden von Teilen des Publikums als unerträglich empfunden. Allerdings stehen auch hier Musik und Choreografie immer noch in einem Entsprechungsverhältnis.

65 Zur performativen Dimension der Stimme sind in den vergangenen Jahren zahlreiche Studien erschienen; vgl. Jenny Schrödl 2012 und Doris Kolesch et al. 2008; Kolesch/Schrödl 2004.

66 Die Problematisierung jener Annahmen, die dem modernen Tanz zugrunde liegen, ist auf unterschiedliche Arten und Weisen geschehen. André Lepecki spricht von einer Erschöpfung der Bewegung, die in der Spätmoderne stillgestellt und ausgesetzt wird, um das, was Tanz kann, neu denken zu können (Lepecki 2006). Entgegen der Behauptung, Tanz erzeuge ein gesteigertes Präsenzbewusstsein, betont der Autor dieser Studie Momente der Abwesenheit, die einem solchen Präsenzdenken inhärent sind. Durch das Auslassen oder Weglassen einzelner Parameter in der Aufführung entsteht ein Freiraum sowohl für den Tanz als auch für das Denken und die Wahrnehmung der Zuschauer*innen (Siegmund 2006).

67 In diese Richtung argumentiert auch Kati Röttger, indem sie die Übertragung zugleich als Konstitution von Phänomenen auffasst. »Damit«, so Röttger, »ist nicht nur die Medialität des Körpers, sondern auch die Verkörperung durch Techniken und Medien angesprochen.« (Röttger 2008: 119)

68 Für Christopher Balme ist diese wahrnehmungstechnische Dimension die Voraussetzung dafür, von Intermedialität sprechen zu können. Intermedialität definiert er daher als Realisierung »der ästhetischen Konventionen und/oder Seh- und Hörgewohnheiten« eines Mediums in einem anderen Medium (Balme 1999: 135; Balme 2004).

69 *Kammer/Kammer* basiert auf zwei literarischen Texten, die den beiden Protagonisten zugeordnet sind. Dana Caspersen spielt Catherine Deneuve in Ann Carsons Text »Irony is Not Enough: Essay on My Life as Catherine Deneuve«. Der Text bezieht sich auf die Rolle der Marie, die Deneuve in André Téchinés Film *Les Voleurs* aus dem Jahr 1996 gespielt hat, eine Philosophieprofessorin, die sich mit Sappho, Sokrates und dem Wesen der Liebe auseinandersetzt und selbst in eine Dreiecksbeziehung verstrickt ist. Antony Rizzi spielt »The Boy in the Blue Sock Hat« von Douglas A. Martin, der von seinem Leben mit einem bekannten Rockstar erzählt.

70 Ulrike Haß führt dieses dezentrierte Raumkonzept auf die Überlegungen des Theaterreformers Adolphe Appia zurück, der für sein Konzept der rhythmischen Räume neben dem Körper der Darsteller*innen »eine ganze Phalanx szenischer Mitspieler« vorschlägt (Haß 2014: 364). Appia bricht mit der Tradition und der Vorherrschaft des Visuellen auf dem Theater und ordnet das szenische Geschehen nach musikalischen Prinzipien.

71 Die Auseinandersetzung um zeitgenössische Positionen im Tanz seit den 1990er Jahren wurde sowohl von künstlerischer als auch von wissenschaftlicher Seite maßgeblich im Rahmen der Debatte um Rekonstruktion, deren Möglichkeit und Unmöglichkeit sowie deren Bedeutung für die Gegenwart geführt; die Ergebnisse dieser Diskussion sind in zwei Sammelbänden sehr gut dokumentiert: Franko 2017 und Thurner/Wehren 2010.

72 Die Betonung von Relationalität im zeitgenössischen Diskurs nimmt ihren Ausgang von einer veränderten Perspektive auf den Tanz. An die Stelle der Frage, was Tanz ist, rückt die Frage, was Tanz tut oder

leisten kann. Tanz nicht mehr als Ontologie, sondern als Vermögen zu begreifen (Apostolou-Hölscher: 2015) führt zu einem breit gefächerten Verständnis von Relationalität: Relationalität als kritische Praxis im Sinne einer kritischen Produktions- und Arbeitsweise (Husemann 2009) oder Relationalität als ein Aufbauen von materiellen Beziehungen zwischen Tänzer*innen und Publikum (Sabisch 2010).

73 Die Frage, die sich hier anschließt, ist die Frage nach dem Übergang von einer Trainingspraxis, die zunächst auf keinerlei Außenwirkung angelegt ist, hin zu einer Aufführung mit Publikum. Was geschieht mit der »guten« Bewegung als körperlicher Handlung, wenn sie in einen ästhetischen Aufführungs- und Spielkontext überführt wird? Wie reflektiert oder denkt sie diese Spaltung ihrer Ethik durch das Ästhetische? Kai van Eikels betrachtet den Fokus auf somatische Praktiken im Hinblick auf das Choreografieren von Gemeinschaft kritisch. Die vermeintliche Offenheit dieser Techniken, die sie für die Herausbildung von Gemeinschaften zu prädestinieren scheint, orientiert sich, so van Eikels, an bestimmten vorgegebenen Konzepten von Körper, die durch einzelne Führungspersonen mithilfe von Sprache in den Körper hineinprojiziert werden. Was also eigentlich aus der inneren Logik des Körpers selbst entspringen soll, ist letztlich das Produkt imaginär-symbolischer Projektionen. Um der Gefahr der Gleichschaltung zu entgehen, schlägt van Eikels vor, Kollektivität von der (selbst-)organisatorischen Effektivität einer »relativen Distanz« der Beteiligten her zu denken. Durch die Synchronisation von heterogenen Energien, die in ihren individuellen Grooves locker verbunden sind, bilden sich polychromatische Muster, die aus der Verbindung verschiedener Rhythmen entstehen (van Eikels 2017; 2013).

74 Ausgehend von den Texten von Walter Benjamin, Bertolt Brecht und Heiner Müller entwickelt vor allem Nikolaus Müller-Schöll aus dekonstruktivistischer Perspektive die Vorstellung eines Theaters der Potenzialität, das sich analog zu Derridas Konzept der *différance* als reine Öffnung begreift, ohne sich jemals als solches materialisieren zu können; vgl. Müller-Schöll 2013.

75 Ausgangspunkt für Überlegungen zur choreografierten Stadt sind eben Guy Debords Konzepte des *dérive* und des *détournement* (vgl. Kapitel 3.1) sowie vor allem die Überlegungen Michel de Certeaus zur

Kunst des Handelns (1988), die das Gehen im Stadtraum als eine subjektive Aneignung und Entwendung symbolisch sanktionierter und vorgeschriebener Wege begreifen.

76 Ana Vujanović kritisiert somatische Techniken daher als individualistische und damit neo-liberale Praktiken, die die Umsetzung einer transindividuellen künstlerischen und gesellschaftlichen Praxis eher verhindern als ermöglichen, vgl. Vujanović 2017.

Literatur

Agamben, Giorgio (2003): Was von Auschwitz bleibt. Das Archiv und der Zeuge, Frankfurt/Main: Suhrkamp.

Alston, Adam (2016): Beyond Immersive Theatre. Aesthetics. Politics and Productive Participation, Houndmills: Palgrave Macmillan.

Apostolou-Hölscher, Stefan (2015): Vermögende Körper. Zeitgenössischer Tanz zwischen Ästhetik und Biopolitik, Bielefeld: transcript Verlag.

Artaud, Antonin (2002): Schluß mit dem Gottesgericht. Das Theater der Grausamkeit. Letzte Schriften zum Theater, München: Matthes & Seitz.

Artaud, Antonin (1996): Das Theater und sein Double, München: Matthes & Seitz.

Artaud, Antonin (1983): Frühe Schriften, München: Matthes & Seitz.

Balme, Christopher (1999): »Robert Lepage und die Zukunft des Theaters im Medienzeitalter«, in: Transformationen – Theater der Neunziger Jahre, hrsg. von Erika Fischer-Lichte/Doris Kolesch/Christel Weiler, Berlin: Verlag Theater der Zeit, S. 133–146.

Balme, Christopher (2004): »Theater zwischen den Medien. Perspektiven theaterwissenschaftlicher Intermedialitätsforschung«, in: Crossing Media, hrsg. von Christopher Balme/Markus Moninger, München: ePodium Verlag, S. 13–32.

Banes, Sally (1987): Terpsichore in Sneakers. Post-Modern Dance, Hanover: Wesleyan University Press.

Baxmann, Inge (2007): »Der Körper als Archiv. Zum schwierigen Verhältnis zwischen Bewegung und Geschichte«, in: Wissen in Bewegung. Perspektiven der künstlerischen und wissenschaftlichen Forschung im Tanz, hrsg. von Sabine Gehm/Pirkko Husemann/Katharina von Wilcke, Bielefeld: transcript Verlag, S. 217–227.

Bel, Jérôme (1999): »Ich bin dieses Loch zwischen ihren beiden Wohnungen«, in: körper.kon.text. Das Jahrbuch der Zeitschrift ballett international/tanz aktuell, Berlin: Friedrich Verlag, S. 36–37.

Benjamin, Walter (1991): »Das Kunstwerk im Zeitalter seiner technischen Reproduzierbarkeit«, in: Abhandlungen. Gesammelte Schriften Band I-2, hrsg. von Rolf Tiedemann/Hermann Schweppenhäuser, Frankfurt/Main: Suhrkamp, S. 431–469.

Berg, Jan/Hügel, Hans-Otto/Kurzenberger, Hajo (Hg.) (1997): Authentizität als Darstellung, Hildesheim: Olms Verlag.

Birgfeld, Johannes (Hg.) (2018): She She Pop. Sich fremd werden. Beiträge zu einer Poetik der Performance, Berlin: Alexander Verlag.

Birkenhauer, Theresia (2006): »Verrückte Relationen zwischen Szene und Sprache«, in: Politik der Vorstellung. Theater und Theorie, hrsg. von Joachim Gerstmeier und Nikolaus Müller-Schöll, Berlin: Verlag Theater der Zeit, S. 178–191.

Bishop, Claire (2012): Artificial Hells. Participatory Art and the Politics of Spectatorship, London und New York: Verso.

Blanchot, Maurice (2007): Die uneingestehbare Gemeinschaft, Berlin: Matthes & Seitz.

Braidotti, Rosi (2014): Posthumanismus. Leben jenseits des Menschen, Frankfurt/Main/New York: Campus Verlag.

Brandstetter, Gabriele (2010): »Tanzen Zeigen. Lecture Performance im Tanz seit den 1990er Jahren«, in: Konzepte der Tanzkultur. Wissen und Wege der Tanzforschung, hrsg. von Margrit Bischof/Claudia Rosiny, Bielefeld: transcript Verlag, S. 45–61.

Brandstetter, Gabriele (2019): »Tanzarchive in transition. Zwischen Ausstellung und Aufführung«, in: Das Jahrhundert des Tanzes. Ein Reader, hrsg. von Johannes Odenthal, Berlin: Alexander Verlag, S. 282–298.

Brandstetter, Gabriele (2017): »Human, Animal, Thing. Shifting Boundaries in Modern and Contemporary Dance«, in: Moving (Across) Borders. Performing Translation, Intervention, Participation, hrsg. von Gabriele Brandtsetter/Holger Hartung, Bielefeld: transcript Verlag, S. 23–42.

Brandstetter, Gabriele/Peters, Sibylle (Hg.) (2002): de figura. Rhetorik – Bewegung – Gestalt, München: Wilhelm Fink.

Brandstetter, Gabriele (1995): Tanz-Lektüren. Körperbilder und Raumfiguren der Avantgarde, Frankfurt/Main: Fischer.

Brauneck, Manfred (2018): Die Deutschen und ihr Theater, Bielefeld: transcript Verlag.

Burzynska, Anna R. (Hg.): Joined Forces. Audience Participation in Theatre, Berlin: Alexander Verlag.

Butler, Judith (1997): Körper von Gewicht, Frankfurt/Main: Suhrkamp.

Carlson, Marvin (2012): »Immersive Theatre and the Reception Process«, in: Forum Modernes Theater 27, S. 17–25.

Carlson, Marvin (1996): Performance. A Critical Introduction, London/ New York: Routledge.

Charmatz, Boris/Launay, Isabelle (2002): Entretenir: à propos d'une danse contemporaine, Dijon: Les presses du réel.

Conquergood, Dwight (1991): »Rethinking Ethnography: Towards a Critical Cultural Politics«; in: Communication Monographs 58:2, S. 179–194.

Craig, Edward Gordon (1969): Die Kunst des Theaters, Berlin: Gerhardt Verlag.

Cvejić, Bojana (2017): »Problem as a Choreographic and Philosophical Kind of Thought«, in: The Oxford Handbook of Dance and Politics, hrsg. von Rebekah Kowal, Gerald Siegmund und Randy Martin, New York: Oxford University Press, S. 199–220.

Debord, Guy (1996): Die Gesellschaft des Spektakels, Berlin: Edition Tiamat.

Debord, Guy (2008a): »Rapport über die Konstruktion von Situationen und die Organisations- und Aktionsbedingungen der internationalen situationistischen Tendenz«, in: Situationistische Internationale. Der Beginn einer Epoche, hrsg. von Roberto Ohrt, Hamburg: Edition Nautilus, S. 28–44.

Debord, Guy (2008b): »Vorbereitendende Probleme bei der Konstruktion einer Situation«, in: Situationistische Internationale. Der Beginn einer Epoche, hrsg. von Roberto Ohrt, Hamburg: Edition Nautilus, S. 48–51.

Debord, Guy (2008c): »Beitrag zu einer situationistischen Definition des Spiels«, in: Situationistische Internationale. Der Beginn einer Epoche, hrsg. von Roberto Ohrt, Hamburg: Edition Nautilus, S. 47–48.

Debord, Guy (2008d): »Theorie des Umherschweifens«, in: Situationistische Internationale. Der Beginn einer Epoche, hrsg. von Roberto Ohrt, Hamburg: Edition Nautilus, S. 64–67.

Deck, Jan/Sieburg, Angelika (Hg.) (2008): Paradoxien des Zuschauens. Die Rolle des Publikums im zeitgenössischen Theater, Bielefeld: transcript Verlag.

de Certeau, Michel (1988): Kunst des Handelns, Berlin: Merve Verlag.

Deleuze, Gilles/Guattari, Félix (1988): Anti-Ödipus, Frankfurt/Main: Suhrkamp.

Derrida, Jacques (1976a): »Das Theater der Grausamkeit und die Geschlossenheit der Repräsentation«, in: Die Schrift und die Differenz, Frankfurt/Main: Suhrkamp.

Derrida, Jacques (1976b): »Die soufflierte Rede«, in: Die Schrift und die Differenz, Frankfurt/Main: Suhrkamp.

Diderot, Denis (1984a): »Dorval und Ich«, in: Ästhetische Schriften I, hrsg. von Friedrich Bassenge, Berlin: deb, S. 159–238.

Diderot, Denis (1984b): »Von der dramatischen Dichtkunst«, in: Ästhetische Schriften I, hrsg. von Friedrich Bassenge, Berlin: deb, S. 239–347.

Dreysse, Miriam (2008): »Cross-Dressing. Zur (De)Konstruktion von Geschlechtsidentität im zeitgenössischen Theater«, in: Performativität und Performance: Geschlecht in Musik, Theater und MedienKunst, hrsg. von Martha Oster, Waltraud Ernst und Marion Gerards, Hamburg: Lit, S. 36–47.

Düttmann, Alexander García (2016): »Die teilnahmslose Kunst«, in: Politik und Kunst. Über Möglichkeiten, das Ästhetische politisch zu denken, hrsg. von Leonhard Emmerling und Ines Kleesattel, Bielefeld: transcript Verlag, S. 35–49.

Ebert, Olivia/Holling, Eva/Müller-Schöll, Nikolaus/Schulte, Philipp/Siebert, Bernhard/Siegmund Gerald (2018): Theater als Kritik. Theorie, Geschichte und Praktiken der Ent-Unterwerfung, Bielefeld: transcript Verlag.

Eiermann, André (2009): Postspektakuläres Theater. Die Alterität der Aufführung und die Entgrenzung der Künste, Bielefeld: transcript Verlag.

Eke, Norbert Otto/Haß, Ulrike/Kaldrack, Irina (Hg.) (2014): Bühne: Raumbildende Prozesse im Theater, München: Wilhelm Fink.

Elswit, Kate (2018): Theatre & Dance, London: Palgrave Macmillan.

Féral, Josette (2002): »Theatricality«, in: Substance 31:2/3, Madison: University of Wisconsin Press.

Finter, Helga (2014a): »Das Reale, der Körper und die soufflierten Stimmen: Artaud heute«, in: Die soufflierte Stimme: Text, Theater, Medien. Aufsätze 1979–2012, Frankfurt/Main et al.: Peter Lang, S. 273–302.

Finter, Helga (2014b): »Nach dem Diskurs. Zur Ansprache im aktuellen Theater«, in: Die soufflierte Stimme: Text, Theater, Medien. Aufsätze 1978–2012, Frankfurt/Main: Peter Lang Verlag, S. 559–573.

Finter, Helga (1990): Der subjektive Raum, Band 2: »... der Ort, wo das Denken seinen Körper finden soll«: Antonin Artaud und die Utopie des Theaters, Tübingen: Gunter Narr Verlag.

Fischer, Ralph (2011): Walking Artists. Über die Entdeckung des Gehens in den Performativen Künsten, Bielefeld: transcript Verlag.

Fischer-Lichte, Erika (2005): »Aufführung«, in: Metzler Lexikon Theatertheorie, hrsg. von Erika Fischer-Lichte: Doris Kolesch und Matthias Warstat, Stuttgart und Weimar: J.B. Metzler Verlag, S. 16–26.

Fischer-Lichte, Erika (2004): Ästhetik des Performativen, Frankfurt/Main: Suhrkamp.

Fischer-Lichte, Erika (1997): Die Entdeckung des Zuschauers. Paradigmenwechsel auf dem Theater des 20. Jahrhunderts, Tübingen und Basel: Francke Verlag.

Fischer-Lichte, Erika (1983): Semiotik des Theaters. Das System der theatralischen Zeichen, Tübingen: Gunter Narr Verlag.

Forsythe, William (2008): Suspense, hrsg. von der Ursula Blicke Stiftung, Zürich: jrp/ringier.

Forsythe, William (1997): »Statement«, in: Ballett International/Tanz Aktuell 8/9, Sondernummer Tanz und Technologie, Berlin: Friedrich Verlag, S. 8.

Foster, Susan (2011): Choreographing Empathy. Kinesthesia in Performance, New York/London: Routledge.

Franko, Marc (Hg.) (2017): The Oxford Handbook of Dance and Reenactment, New York: Oxford University Press.

Fuchs, Georg (1909): Die Revolution des Theaters, München/Leipzig: Georg Müller Verlag.

Fülle, Henning (2016): Freies Theater. Die Modernisierung der deutschen Theaterlandschaft (1960–2010), Berlin: Verlag Theater der Zeit.

Gadamer, Hans-Georg (1990): Wahrheit und Methode. Grundzüge einer philosophischen Hermeneutik, Tübingen: J.C.B. Mohr.

Goffman, Erving (2019): Interaktionsrituale. Über Verhalten in direkter Kommunikation, Frankfurt/Main: Suhrkamp.

Goffman, Erving (2018): Rahmen-Analyse. Ein Versuch über die Organisation von Alltagserfahrungen, Frankfurt/Main: Suhrkamp.

Grau, Oliver (2003): Virtual Art: From Illusion to Immersion, Cambridge, MA: MIT Press.
Greiner, Bernhard/Moog-Grünewald, Maria (Hg.) (1998): Etho-Poietik. Ethik und Ästhetik im Dialog: Erwartungen, Forderungen, Abgrenzungen, Bonn: Bouvier Verlag.
Greiner, Bernhard (1998): »Die Geburt der ästhetischen Erziehung aus dem Geist der Resozialisation. Schillers Verbrecher aus verlorener Ehre«, in: Etho-Poietik. Ethik und Ästhetik im Dialog: Erwartungen. Forderungen, Abgrenzungen, hrsg. von Bernhard Greiner und Maria Moog-Grünewald, Bonn: Bouvier Verlag, S. 31–50.
Günzel, Stephan (Hg.) (2007): Topologie. Zur Raumbeschreibung in den Kultur- und Medienwissenschaften, Bielefeld: transcript Verlag.
Haß, Ulrike (2014): »Von der Schau-Bühne zur Architektur und über das Theater hinaus«, in: Bühne: Raumbildende Prozesse im Theater, hrsg. von Norbert Otto Eke/Ulrike Haß/Irina Kaldrack, München: Wilhelm Fink, S. 345–370.
Heeg, Günther (2000): Das Phantasma der natürlichen Gestalt. Körper, Sprache und Bild im Theater des 18. Jahrhunderts, Frankfurt/Main/ Basel: Stroemfeld.
Hegel, G.W.F. (1986): Vorlesungen über die Ästhetik I. Werke 13, Frankfurt/Main: Suhrkamp.
Heidegger, Martin (1987): »Über das Wesen der Universität und des Akademischen Studiums. Sommersemester 1919. Nachschrift von Oskar Becker«, in: Gesamtausgabe II. Abteilung: Vorlesungen Band 56/57. Zur Bestimmung der Philosophie, Frankfurt/Main: Vittorio Klostermann, S. 205–214.
Hoffmann, Hilmar (1979): Kultur für alle. Perspektiven und Modelle, Frankfurt/Main: Fischer.
Holling, Eva (2016): Übertragung im Theater. Theorie und Praxis theatraler Wirkung, Berlin: Neofelis Verlag.
Holling, Eva (2012): »Eingriffe in den Möglichkeitsraum? Stadtprojekte als neues Genre des Theaters«, in: Interventionen. Grenzüberschreitungen in Ästhetik, Politik und Ökonomie, hrsg. von Doreen Hartmann, Inga Lemke und Jessica Nitsche, München: Wilhelm Fink, S. 113–125.
Husel, Stefanie (2014): Grenzwerte im Spiel. Die Aufführungspraxis der britischen Kompanie »Forced Entertainment« – Eine Ethnografie, Bielefeld: transcript Verlag.

Husemann, Pirkko (2009): Choreographie als kritische Praxis, Bielefeld: transcript Verlag.

Jaspers, Karl (1973): Philosophie II. Existenzerhellung, Berlin, Heidelberg und New York: Springer Verlag.

Jaspers, Karl (1999): Die geistige Situation der Zeit, Berlin und New York: de Gruyter.

Jeschke, Claudia (2007): »Re-Konstruktionen: Denkfiguren und Tanzfiguren: Nijinskys Faun«, in: Wissen in Bewegung. Perspektiven der künstlerischen und wissenschaftlichen Forschung im Tanz, hrsg. von Sabine Gehm/Pirkko Husemann/Katharina von Wilcke, Bielefeld: transcript Verlag, S. 181–192.

Kirby, Michael (1966): Happenings. An Illustrated Anthology, New York: E.P. Dutton.

Kleesattel, Ines (2016): »Kunst und Kritik. Das Problem in Rancières politischer Kunsttheorie und eine Erinnerung an Adorno«, in: Politik der Kunst. Über Möglichkeiten, das ästhetische politisch zu denken, hrsg. von Leonhard Emmerling und Ines Kleesattel, Bielefeld: transcript Verlag, S. 175–189.

Kolesch, Doris/Pinto, Vito/Schrödl, Jenny (2008): Stimm-Welten. Philosophische, medientheoretische und ästhetische Perspektiven, Bielefeld: transcript Verlag.

Kolesch, Doris/Schrödl, Jenny (2004): Kunst-Stimmen, Berlin: Verlag Theater der Zeit.

Laban, Rudolf von (1920): Die Welt des Tänzers, Stuttgart: Verlag von Walter Seiffert.

Kotte, Andreas (2005): Theaterwissenschaft. Eine Einführung, Köln: UTB.

Kruschkova, Krassimira (2011): »Mit-Sein, Kollaboration, Respons. Zur Ethik der Performance«, in: Kollaborative Praxis: Choreographie. Die Inszenierung der Zusammenarbeit und ihre Aufführung, Wien/Berlin: Turia + Kant, S. 9–13.

Kunst, Bojana (2015): Artist at Work. Proximity of Art and Capitalism, Alresford: Zone Books.

Laurenti, Jean-Noel (1994): »Feuillet's Thinking«, in: Traces of Dance. Drawings and Notations of Choreographies, hrsg. von Laurence Louppe, Paris: Éditions Dis Voir, S. 81–108.

Lavender, Andy (2016): Performance in the Twenty-First Century. Theatres of Engagement, London/New York: Routledge.

Lehmann, Hans-Thies (2006): »Ein Schritt fort von der Kunst (des Theaters). Überlegungen zum postdramatischen Theater«, in: Kunst – Fortschritt – Geschichte, hrsg. von Christoph Menke und Juliane Rebentisch, Berlin: Kadmos Verlag, S. 169–177.

Lehmann, Hans-Thies (2002a): »Lehrstück und Möglichkeitsraum«, in: Das Politische Schreiben, Berlin: Verlag Theater der Zeit, S. 366–378.

Lehmann, Hans-Thies (2002b): »Versuch über Fatzer«, in: Das Politische Schreiben, Berlin: Verlag Theater der Zeit, S. 251–260.

Lehmann, Hans-Thies (2002c): »Fabel-Haft«, in: Das Politische Schreiben, Berlin: Verlag Theater der Zeit, S. 219–237.

Lehmann, Hans-Thies (1999): Postdramatisches Theater, Frankfurt/Main: Verlag der Autoren.

Lehmann, Johannes Friedrich (2000): Der Blick durch die Wand. Zur Geschichte des Theaterzuschauers und des Visuellen bei Diderot und Lessing, Freiburg i.Br.: Rombach.

Lepecki, André (2013): »Choreopolice and Choreopolitics: Or, the Task of the Dancer«, in: TDR The Drama Review 57:4, S. 13–27.

Lepecki, André (2006): Exhausting Dance. Performance and the Politics of Movement, New York/London: Routledge.

Le Roy, Xavier (1999): »Product of Circumstances. Vortragsperformance eines Molekularbiologen, der Tänzer wurde«, in: körper.kon.text. Das Jahrbuch der Zeitschrift ballett international/tanz aktuell, Berlin: Friedrich Verlag, S. 58–67.

Liebl, Franz (2014): Strategien zur Erzeugung von Glaubwürdigkeit. Von der Erregung zum Misstrauen, in: Dokument, Fälschung, Wirklichkeit. Materialband zum zeitgenössischen Dokumentarischen Theater, hrsg. von Boris Nikitin, Carena Schlewitt und Tobias Brenk, Berlin: Verlag Theater der Zeit, S. 135–146.

Lucassen, Lisa (2018): »Wir sind einige von Euch. She She Pop und ihr Publikum«, in: She She Pop. Sich fremd werden. Beiträge zu einer Poetik der Performance, hrsg. von Johannes Birgfeld, Berlin: Alexander Verlag, S. 7–32.

Maar, Kirsten (2019): Entwürfe und Gefüge. William Forsythes choreographische Arbeiten in ihren architektonischen Konstellationen, Bielefeld: transcript.

Machon, Josephine (2013): Immersive Theatres. Intimacy and Immediacy in Contemporary Performance, London: Palgrave Macmillan.

Mackert, Josef/Goebbels, Heiner/ Mundel, Barbara (2011): Heart of the City. Recherchen zum Stadttheater der Zukunft, Berlin: Verlag Theater der Zeit.

Magel, Eva-Maria (2014): »Die Poetisierung des Rhein-Main-Gebiets«, in: FAZ, RMZ 12.09.2014.

Malzacher, Florian (2020): Gesellschaftsspiele. Politisches Theater heute, Berlin: Alexander Verlag.

Malzacher, Florian (2004): »Es gibt ein Wort für Leute wie Euch: Publikum. Der Zuschauer als schlechter Zeuge und schlechter Voyeur«, in: Not Even a Game Anymore. Das Theater von Forced Entertainment, hrsg. von Judith Helmer und Florian Malzacher, Berlin: Alexander Verlag, S. 121–135.

Marchart, Oliver (2019): Conflictual Aesthetics. Artistic Activism and the Public Sphere, Berlin: Sternberg Press.

Marchart, Oliver (2010): Die Politische Differenz, Berlin: Suhrkamp.

Marcus, Greil (2002): »The Long Walk of the Situationist International«, in: Guy Debord and the Situationist International. Texts and Documents, hrsg. von Tom McDonough, Cambridge, Mass. und London: MIT Press, S. 1–23.

Martin, Jacqueline (1991): The Voice in Modern Theatre, London/New York: Routledge

Martin, John (1965): Introduction to the Dance, Princeton, NJ: Dance Horizons Books.

Matzke, Annemarie (2011): »Inszenierte Co-Abhängigkeit. Zur Aufgabe der souveränen Darstellerposition im zeitgenössischen Performance-Theater«, in: Schauspielen Heute. Die Bildung des Menschen in den performativen Künsten, hrsg. von Jens Roselt und Christel Weiler, Bielefeld: transcript Verlag, S. 109–123.

Matzke, Annemarie (2015); »Das Theater auf die Probe stellen. Kollektivität und Selbstreflexivität in den Arbeitsweisen des Gegenwartstheaters«, in: Arbeitsweisen im Gegenwartstheater, hrsg. von Beate Hochholdinger-Reiterer, Mattias Bremgartner, Christina Kleiser und Géraldine Boesch, Berlin: Alexander Verlag, S. 15–33.

Matzke, Annemarie (2005): Testen, Spielen, Tricksen, Scheitern. Formen szenischer Selbstinszenierung im zeitgenössischen Theater, Hildesheim: Olms.

Mauss, Marcel (1997): »Die Techniken des Körpers«, in: Soziologie und Anthropologie 2, Frankfurt/Main: Fischer, S. 197–220.
McKenzie, Jon (2001): Perform or else. From Discipline to Performance, London und New York: Routledge.
Menke, Christoph (2006): »Doppelter Fortschritt: postdramatisch – postavantgardistisch«, in: Kunst – Fortschritt – Geschichte, hrsg. von Christoph Menke und Juliane Rebentisch, Berlin: Kadmos Verlag, S. 178–187.
Menke, Christoph (2018): »Kritik und Apologie des Theaters«, in: Am Tag der Krise, Berlin: August Verlag, S. 133–151.
Menke, Christoph (2004): »Praxis und Spiel. Bemerkungen zur Dialektik eines postavantgardistischen Theaters«, in: AufBrüche. Theaterarbeit zwischen Text und Situation, hrsg. von Patrick Primavesi und Olaf A. Schmitt, Berlin: Verlag Theater der Zeit, S. 27–35.
Merleau-Ponty, Maurice (1986): Das Sichtbare und das Unsichtbare, München: Wilhelm Fink.
Mersch, Dieter (Hg.) (2003): Die Medien der Künste. Beiträge zu einer Theorie des Darstellens, München: Wilhelm Fink.
Meyerhold, Wsewolod E. (1979): Schriften. Erster Band 1891–1917, Berlin: Henschel Verlag.
Mikeska, Bernhard (2013): Programmheft Making of :: Marilyn, hrsg. von Schauspiel Frankfurt.
Müller-Schöll, Nikolaus (2013): »Theater der Potentialität. Brecht, Benjamin und das Theater der Gegenwart«, in: Jahrbuch der Koreanischen Brechtgesellschaft, Seoul, S. 25–51.
Müller-Schöll, Nikolaus (2002): Das Theater des »konstruktiven Defaitismus«. Lektüren zur Theorie eines Theaters der A-Identität bei Walter Benjamin, Bertolt Brecht und Heiner Müller, Frankfurt/Main und Basel: Stroemfeld/Nexus.
Münchner Kammerspiele (2020): With. Programmzettel zur Veranstaltung.
Mundel, Barbara/Mackert, Josef (2011): »Fluxus für das Stadttheater«, in: Heart of the City. Recherchen zum Stadttheater der Zukunft, hrsg. von Josef Mackert, Heiner Goebbels und Barbara Mundel, Berlin: Verlag Theater der Zeit, S. 128–136.
Nancy, Jean-Luc (2004): Singulär plural sein, Zürich/Berlin: diaphanes.
Nikitin, Boris (2020): Versuch über das Sterben, Chur: Edition Frida.

Nikitin, Boris/Schlewitt, Carena/ Brenk, Tobias (2014): Dokument, Fälschung, Wirklichkeit. Materialband zum zeitgenössischen Dokumentarischen Theater, Berlin: Verlag Theater der Zeit.

Nikitin, Boris (2014): »Der unzuverlässige Zeuge. Zwölf Behauptungen zum Dokumentarischen«, in: Dokument, Fälschung, Wirklichkeit. Materialband zum zeitgenössischen Dokumentarischen Theater, hrsg. von Boris Niktion, Carena Schlewitt und Tobias Brenk, Berlin: Verlag Theater der Zeit, S. 12–19.

Oberender, Thomas (2013): »Ein Theater neuen Typs. Kulturpolitische Wege der Infarktbekämpfung«, in: Theater entwickeln und planen. Kulturpolitische Konzeptionen zur Reform der Darstellenden Künste, hrsg. von Wolfgang Schneider, Bielefeld: transcript Verlag, S. 69–89.

Peters, Sibylle (2006): »Von der Kunst des Demonstrierens. Von der Figuration der Evidenz in der Performance des Vortrags«, in: Intellektuelle Anschauung. Figuration von Evidenz zwischen Kunst und Wissen, hrsg. von Sibylle Peters/Martin Jörg Schäfer, Bielefeld: transcript Verlag, S. 201–225.

Phelan, Peggy (1993): Unmarked. The Politics of Performance, New York/ London: Routledge.

Primavesi, Patrick (2018): »Kritisches Durchspielen. Spiel und Kritik in Milo Raus Five Easy Pieces«, in: Theater als Kritik. Theorie, Geschichte und Praktiken der Ent-Unterwerfung, hrsg. von Olivia Ebert, Eva Holling et al., Bielefeld: transcript Verlag, S. 231–239.

Primavesi, Patrick/Schmitt, Olaf A. (Hg.) (2004): AufBrüche. Theaterarbeit zwischen Text und Situation, Berlin: Verlag Theater der Zeit.

Rainer, Yvonne (1974): Works 1961–73, Halifax: Press of the Nova Scotia College of Art and Design.

Rancière, Jacques (2009a): »Die Paradoxa der politischen Kunst«, in: Der emanzipierte Zuschauer, Wien: Passagen Verlag, S. 63–99.

Rancière, Jacques (2009b): »Der emanzipierte Zuschauer«, in: Der emanzipierte Zuschauer, Wien: Passagen Verlag, S. 11–34.

Rau, Milo (2020): Die Rückeroberung der Zukunft. Ein Essay, Reinbek b. Hamburg: Rowohlt.

Rebentisch, Juliane (2013): Theorien der Gegenwartskunst. Zur Einführung, Hamburg: Junius Verlag.

Rischbieter, Henning (Hg.) (1999): Theater im geteilten Deutschland 1945 bis 1990, Berlin: Propyläen Verlag.

Roselt, Jens (2008): Phänomenologie des Theaters, München: Wilhelm Fink.

Röttger, Kati (2008): »Intermedialität als Bedingung von Theater. Methodische Überlegungen«, in: Theater und Medien/Theatre and the Media. Grundlagen – Analysen – Perspektiven. Eine Bestandsaufnahme, hrsg. von Henri Schoenmakers et al., Bielefeld: transcript Verlag, S. 117–124.

Ruch, Philipp (2015): Wenn nicht wir, wer dann?: Ein politisches Manifest, München: Ludwig.

Rühle, Günther (1976): »Das dokumentarische Drama und die deutsche Gesellschaft«, in: Theater in unserer Zeit, Frankfurt/Main: Suhrkamp, S. 119–152.

Ruhsam, Martina (2011): Kollaborative Praxis: Choreographie. Die Inszenierung der Zusammenarbeit und ihre Aufführung, Wien/Berlin: Turia + Kant.

Ruprecht, Lucia (2019): Gestural Imaginaries. Dance and Cultural Theory in the Early Twentieth Century, New York: Oxford University Press.

Sabisch, Petra (2010): Choreographing Relations. Practical Philosophy and Contemporary Choreography, München: ePodium Verlag.

Sartre, Jean-Paul (1993): Das Sein und das Nichts. Versuch einer phänomenologischen Ontologie, hrsg. von Traugott König, Reinbek b. Hamburg: Rowohlt.

Schechner, Richard (1994 [1967]): »Six Axioms for Environmental Theater«, in: Environmental Theater, hrsg. von Richard Schechner, New York und London: Applause Books, S. xix–li.

Schechner, Richard (1990): Theater-Anthropologie. Spiel und Ritual im Kulturvergleich, Reinbek b. Hamburg: Rowohlt.

Schlemmer, Oskar (1965). »Mensch und Kunstfigur«, in: Die Bühne im Bauhaus, hrsg. von Hans M. Wingler, Mainz/Berlin: Florian Kupferberg, S. 7–24.

Schmitz, Hermann (2005): Situation und Konstellation. Wider die Ideologie totaler Vernetzung, Freiburg und München: Verlag Karl Alber.

Schneider, Rebecca (2011): Performing Remains. Art and War in Times of Theatrical Reenactment, New York und London: Routledge.

Schoenmakers Henri/Bläske, Stefan/Kirchmann, Kay/Ruchatz, Jens (Hg.) (2008): Theater und Medien. Grundlagen – Analysen – Perspektiven. Eine Bestandaufnahme, Bielefeld: transcript Verlag.

Schrödl, Jenny (2014): »Gender Performances. Theaterwissenschaftliche Perspektiven und Problematiken«, in: etum 1:1, S. 33–52.
Schrödl, Jenny (2012): Vokale Intensitäten: Zur Ästhetik der Stimme im postdramatischen Theater, Bielefeld: transcript Verlag.
Schuh, Anna (2019): »Having a Personal (Performance) Practice: Dance Artists' Everyday Work, Support, and Form«, in: Dance Research Journal 51:1, S. 79–94.
Schulze, Janine (1999): Dancing Bodies – Dancing Gender. Tanz im 20. Jahrhundert aus der Perspektive der Gender-Theorie, Dortmund: Edition Ebersbach.
Siegmund, Gerald (2020): »Triumph der Illusionen. Florentina Holzingers neues Stück ›Tanz‹ empowert Hexen und andere weibliche Luftgeister«, in: Theater heute 61:1, S. 36–37.
Siegmund, Gerald (2019): »Dance, Theatre, and their Post-Medium Condition«, in: The Routledge Companion to Dance Studies, hrsg. von Helen Thomas/Stacey Prickett, London/New York: Routledge, S. 443–454.
Siegmund, Gerald (2018): »Against Participation, or: From a Distance«, in: Being-With in Contemporary Performing Arts, hrsg. von Eliane Beaufils und Eva Holling, Berlin: Neofelis Verlag, S. 59–71.
Siegmund, Gerald (2017a): »Zwischen Repräsentation und Partizipation. Zur gesellschaftlichen Lage des Theaters«, in: WestEnd. Neue Zeitschrift für Sozialforschung 14:2, Frankfurt/Main: Campus Verlag, S. 27–52.
Siegmund, Gerald (2017b): Jérôme Bel. Dance, Theatre, and the Subject, London: Palgrave Macmillan.
Siegmund, Gerald (2071c): »Rehearsing In-Difference. The Politics of Aesthetics in the Performances of Pina Bausch and Jérôme Bel«, in: The Oxford Handbook of Dance and Politics, hrsg. von Rebekah Kowal, Gerald Siegmund und Randy Martin, New York: Oxford University Press, S. 181–198.
Siegmund, Gerald (2013): Zeugen: Vom Zeigen des Nicht-zeigen-Könnens«, in: Moments. Eine Geschichte der Performance in 10 Akten, hrsg. von Sigrid Gareis, Georg Schöllhammer und Peter Weibel, Köln: Verlag Walther König, S. 41–52.
Siegmund, Gerald (2012): »Negotiating Choreography, Letter, and Law in William Forsythe«, in: New German Dance Studies, hrsg. von Susan

Manning/Lucia Ruprecht, Urbana et al.: University of Illinois Press, S. 200–216.

Siegmund, Gerald (2010): »Die List des Modernisten: VA Wölfl«, in: Theater heute 51: 8/9, S. 60–65.

Siegmund, Gerald (2006): Abwesenheit. Eine performative Ästhetik des Tanzes, Bielefeld: transcript Verlag.

Siegmund, Judith (2019): Zwischen Zweck und Zweckfreiheit. Zum Funktionswandel der Kunst im 21. Jahrhundert, Stuttgart/Berlin: Springer/J.B. Metzler.

Söntgen, Beate (2012): »Das Theater des Herrn Diderot findet im Innenraum statt. Zum Rahmen wahrer Darstellung im späten 18. Jahrhundert«, in: Theaterfeindlichkeit, hrsg. von Stefanie Diekmann, Christopher Wild und Gabriele Brandstetter, München: Wilhelm Fink, S. 127–146.

Stanislawski, Konstantin (1996): Die Arbeit des Schauspielers an sich selbst, Teil 1, übers. von Ingrid Tintzmann, Frankfurt/Main: Zweitausendeins.

Stegemann, Bernd (2015): Lob des Realismus, Berlin: Verlag Theater der Zeit.

Steinweg, Reiner (1976): Das Lehrstück. Brechts Theorie einer politisch-ästhetischen Erziehung, Stuttgart: J.B. Metzler.

Tatari, Marita (2017): Kunstwerk als Handlung. Transformationen von Ausstellung und Teilnahme, München: Wilhelm Fink.

Thurner, Christina/Wehren, Julia (2010): Original und Revival. Geschichts-Schreibung im Tanz, Zürich: Chronos Verlag.

Tobler, Andreas (2014): »Kontingente Evidenzen. Über Möglichkeiten dokumentarischen Theaters«, in: Dokument, Fälschung, Wirklichkeit. Materialband zum zeitgenössischen Dokumentarischen Theater, hrsg. von Boris Nikitin, Carena Schlewitt und Tobias Brenk, Berlin: Verlag Theater der Zeit, S. 147–161.

van Eikels, Kai (2017): »Performing Collectivity«, in: The Oxford Handbook of Dance and Politics, hrsg. von Rebekah Kowal, Gerald Siegmund und Randy Martin, New York: Oxford University Press, S. 117–128.

van Eikels, Kai (2013): Die Kunst des Kollektiven. Performance zwischen Theater, Politik und Sozio-Ökonomie, München: Wilhelm Fink.

Vujanović, Ana (2017): »Performance Practice: Between Self-Production and Transindividuality«, in: Performance und Praxis: Praxeologische Erkundungen in Tanz, Theater, Sport und Alltag, hrsg. von Gabriele Klein und Hanna Katharina Göbel, Bielefeld: transcript Verlag, S. 295–311.

Wahl, Christiane/Rau, Milo (2012): Die Wahrheit der Wiederholung, in: Theater heute 53:4, S. 24–27.

Wahl, Christiane (2014): »Es gibt keinen Ort, der sich schlechter für Moral eignet als das Theater«. Ein Arbeitsporträt des Regisseurs Milo Rau, in: Dokument, Fälschung, Wirklichkeit. Materialband zum zeitgenössischen Dokumentarischen Theater, hrsg. von Boris Nikitin, Carena Schlewitt und Tobias Brenk, Berlin: Verlag Theater der Zeit, S. 201–210.

Waldenfels, Bernhard (1987): Phänomenologie in Frankreich, Frankfurt/Main: Suhrkamp.

Warstat, Matthias (2018): Soziale Theatralität. Die Inszenierung der Gesellschaft, München: Wilhelm Fink.

Warstat, Matthias (2011): Krise und Heilung. Wirkungsästhetiken des Theaters, München: Wilhelm Fink.

Weihs, Angie (1981): Freies Theater. Berichte und Bilder, die zum Sehen, Lernen und Mitmachen anstiften, Reinbek b. Hamburg: Rowohlt.

White, Gareth (2012): »On Immersive Theatre«, in: Theatre Research International 37:3, S. 221–235.

Wihstutz, Benjamin/Umathum, Sandra (2015): Disabled Theater, Zürich/Berlin: diaphanes.

Wirth, Andrzej (2013): »Lehrstück als Sprechmaschine. Fatzer an der Stanford University USA«, in: Flucht nach vorn. Gesprochene Autobiografie und Materialien, hrsg. von Thomas Irmer, Leipzig: Spector Books, S. 135–141

Wittrock, Eike (2020): »Fremdes Erbe. Nelisiwe Xaba and German Dance Heritage«, in: TDR The Drama Review 64:2, S. 38–53.

Wrights & Sites (2006): »A Manifesto for a New Walking Culture. ›Dealing with the city‹«, in: Performance Research 11:2, S. 115–122.

Internetquellen

Bel, Jérôme: www.jeromebel.fr

Boldt, Esther (2014): »Krieg ist die Parole dieser Gesellschaft«, in: www.nachtkritik.de 13.09.2014.

Dorner, Willi: http://www.ciewdorner.at/index.php?page=start

Forsythe, William: www.williamforsythe.com

Gob Squad: https://www.gobsquad.com/projects/say-it-like-you-mean-it/

Holzinger, Florentine: https://floholzinger.wordpress.com

Ingvartsen, Mette: https://www.metteingvartsen.net/performance/the-artificial-nature-project/

Kolesch, Doris (n.d.): »Theater und Immersion«, https://blog.berlinerfestspiele.de/theater-und-immersion/

Le Roy, Xavier: www.xavierleroy.com

Linyekula, Faustin: https://www.kabako.org

machina eX: https://www.machinaex.com/de/projects

Mikeska, Bernhard: http://www.bernhardmikeska.de

Müller, Tobi (2019): »Fummeln statt Leiden«, in: republik.ch/219/02/09/fummeln-statt-leiden

NEUER TANZ: http://www.neuertanz.com

Public Movement: http://www.publicmovement.org/about/

Punchdrunk: https://www.punchdrunk.org.uk

Rakow, Christian (2012): »Ritter der Interaktivität. Computerspiele und Theater – wie die neue Medienkunst die Bühnenwirklichkeit verändert«, in:»https://www.nachtkritik.de/index.php?option=com_content&view=article&id=7452:computerspiele-und-theater-wie-die-neue-medienkunst-die-buehnenwirklichkeit-veraendert&catid=101:debatte&Itemid=84

Rau, Milo: http://international-institute.de/

Rimini Protokoll: https://www.rimini-protokoll.de/website/de/project/deutschland-2-theater

Salamon, Eszter: https://eszter salamon.net/Reproduction

She She Pop: https://sheshepop.de/50-grades-of-shame/

Signa: https://signa.dk/projects_pid=53980.html

Staal, Jonas: http://www.jonasstaal.nl/projects/new-world-summit-berlin/

Takayama, Akira: www.evakuieren.de

The Agency: https://www.postpragmaticsolutions.com/about

Wochenklausur: http://www.wochenklausur.at/kunst.php?lang=de

Wrights & Sites: http://www.mis-guide.com/ws/about.html
Valastur, Kat: http://www.katvalastur.com
Zentrum für Politische Schönheit: https://politicalbeauty.de/ueber–das-ZPS.html

Personen-, Sach- und Stückeregister

Dr. Gerald Siegmund, Studium der Theaterwissenschaft, Anglistik und Romanistik an der Goethe-Universität Frankfurt am Main, ist Professor für Angewandte Theaterwissenschaft an der Justus-Liebig-Universität Gießen. Zwischen 2005 und 2008 war er Assistenzprofessor am Institut für Theaterwissenschaft der Universität Bern. Von 2015 bis 2018 leitete er das DFG-Projekt »Theater als Dispositiv«. Er ist Mitglied der dezentralen DFG-Forschungsgruppe »Krisengefüge der Künste«. Zu seinen Forschungsschwerpunkten zählen Theater seit den 1960er Jahren, Theatertheorie, Ästhetik, Entwicklungen im zeitgenössischen Tanz und im postdramatischen Theater im Übergang zur Performance und zur bildenden Kunst. Von 2012 bis 2016 war Gerald Siegmund Präsident der deutschsprachigen Gesellschaft für Theaterwissenschaft (GTW). Zu seinen Buchpublikationen gehören: *William Forsythe – Denken in Bewegung*, Berlin 2002; *Abwesenheit. Eine performative Ästhetik des Tanzes – William Forsythe, Jérôme Bel, Xavier Le Roy, Meg Stuart*, Bielefeld 2006; *Jérôme Bel. Dance, Theatre, and the Subject*, London 2017; (zus. mit Rebekah Kowal u. Randy Martin), *The Oxford Handbook of Dance and Politics*, Oxford 2017.